彭实 刘鸿 ● 主编

ZHONGXUE
HUAXUE
SHIYAN
LÜSEHUA YANJIU

中学化学实验绿色化研究

PEOPLE'S EDUCATION PRESS 人民教育出版社

图书在版编目（CIP）数据

中学化学实验绿色化研究/彭实，刘鸿主编．—北京：人民教育出版社，2010

ISBN 978-7-107-22970-1

Ⅰ．①中…　Ⅱ．①彭…　②刘…　Ⅲ．①化学实验—教学研究—中学　Ⅳ．①G633.82

中国版本图书馆CIP数据核字（2010）第191572号

人民教育出版社出版发行

网址：http://www.pep.com.cn

人民教育出版社印刷厂印装　全国新华书店经销

2010年6月第1版　2013年5月第2次印刷

开本：890毫米×1 240毫米　1/32　印张：8.5

字数：224千字　　印数：3 001～6 000册

定价：15.00元

（联系地址：北京市海淀区中关村南大街17号院1号楼　邮编：100081）

主　编：彭　实　刘　鸿

顾　问：卞学诚

副主编：薛秉敏　熊美容　曹　葵　赵东洋

编　委：白建娥　白　雪　鲍亚培　曹治淮　陈才喜
陈力凡　崔　丽　郭国保　郭汉兴　郭善刚
郭志强　韩独石　韩洪祥　黄育全　贾宁竹
江文平　郎庆利　李安峰　李海燕　刘学温
刘翠茹　刘济昌　刘　堃　娄福艳　马洪武
马可龙　孟　茂　潘娟湘　全芙君　孙翠萍
孙燕渤　田海莲　王昌军　王　春　王庆兰
王文志　武敬泉　夏　枚　薛敬东　杨德龙
杨彦华　杨荫川　曾庆利　张观成　张仕兰
张重相　郑小立　郑自铨

前　言

随着资源、环境问题的日益突出，人们对清洁生产与可持续发展的呼吁和要求愈发强烈，因此“绿色化学”成为了化学学科的重要基本理念。这一理念也是国内外化学课程改革的重要指导思想。中学化学实验绿色化是以绿色化学的理念和原则来指导实验工作，在满足教学要求的前提下，使化学实验彻底避免或尽量减少使用和产生有害物质，使实验室废气、废液、废渣的排放降低到最低程度并能得到妥善处理。中学化学实验绿色化研究是中学化学实验改革的新课题。多年以来，在绿色化学思想的指导下，广大化学教师不仅设计和改进了大量化学实验，还自制了教学仪器，其中有些已转化为教学仪器产品。教育部教学仪器研究所在学校化学实验室废液的规范化管理方面也做了较深入的研究并取得了一些成果。以上这些研究成果有很多已在教学实际中取得了较好的应用效果。为了总结和推广这些成果，促进中学化学实验早日实现绿色化，教育部教学仪器研究所组织编写了本书。

本书共分四章，第一章是“中学化学实验绿色化概述”，在这一章中对绿色化学及化学实验绿色化进行了介绍，包括绿色化学思想简介、中学化学实验绿色化的意义以及实现化学实验绿色化的途径等内容。第二章是“绿色化学实验研究”，共分六节，按照基本概念与基本理论、卤族、氧族、氮族、碳族、有机化学的顺序编排了九十多个以绿色化为特色的实验。实验选题以人民教育出版社初、高中课程标准实验教科书·化学所涉及的内容为基础，并有适当的延伸。每个实验均包括实验原理、实验试剂、实验仪器、实验步骤、实验注意事项和实验点评等内容。这些实验绝大部分是人大附中、北大附中、清华附中、北京十九中等学校的老师们的研究成果。第三章是“绿色化学实验仪器的研究与开发”，介绍了以实现化学实验绿色化为特色的自制仪器和新产品，这些仪器大多来自于全国自制教具评选中的获奖作品。介绍的内容有仪器的用途特点、构造原理、使用方法等，自制仪器还包括了制作方法。第四章是“实验室废液的绿色化管理”，包括管理化学实验室废液的重要性、废液管理规范以及废液处理方法等内容。

全书的统稿和定稿由教育部教学仪器研究所彭实和北京航空航天大学附属中学刘鸿主持，是集体智慧的结晶。书中还参考或引用了许多相关的研究成果，在此向所有为本书作出贡献的单位和个人表示诚挚的谢意！

本书可作为中学化学教学参考书和教师培训资料，也可供高等学校化学专业师范生选用，还可以作为中学生进行实验探究的教材。由于时间和水平有限，书中不当甚至错误之处，敬请广大读者批评、指正！

编者

2010年2月

目　录

第一章 中学化学实验绿色化概述

进入二十一世纪以来，绿色化学的理念已经成为国内外化学课程改革的重要指导思想。近年来，随着中学新课程标准的实施，中学化学教师越来越关注化学实验的绿色化问题，对中学化学实验的绿色化进行了许多探索。

第1节 绿色化学思想简介

化学作为一门以实验为基础的自然科学，其研究领域涉及资源、能源、环境以及新材料、新技术等与人类社会发展密切相关的问题。可以说化学是现代科学技术发展和社会进步的基础学科，现代社会的生产和生活都离不开化学。自二十世纪中期开始，现代工业社会发展所引起的环境问题日益受到人们的广泛关注。针对化学给人类赖以生存的环境带来的诸多负面影响，1991 年美国化学会提出了“绿色化学”（Green Chemistry）的全新观念。

绿色化学，又称为环境无害化学（Environmentally Benign Chemistry）、环境友好化学（Environmentally Friendly Chemistry）、清洁化学（Clean Chemistry），是一门具有明确的社会需求和科学目标的新兴交叉学科。它是用化学的技术和方法从源头上避免和消除那些对人类健康、生态环境有毒有害的原料、催化剂、溶剂和试剂的使用和相关副产物等的产生，力求使化学反应具有“原子经济性”，实现废物的“零排放”。绿色化学的目的是把现有化学和化工生产的技术路线从“先污染、后治理”改变为“从源头上根除污染”。绿色化学的理想在于不再使用有毒有害的物质，不再产生废物，不再处理废物。从科学观点看，绿色化学是对传统化学思维方式的更新和发展；从环境观点看，它是从源头上消除污染；从经济观点看，它合理利用资源和能源，降低生产成本，符合经济可持续发展的要求。因此，绿色化学是人类与自然和谐的化学，是发展生态经济和工业的关键，是实现经济、环境、社会可持续发展战略的重要组成部分。

美国化学家 B. M. Trost 在 1991 年首先提出了“原子经济性”的概念，即原料分子中究竟有百分之几的原子转化成了产物。其主要内容是化学反应应该最大限度地利用原料分子中的每一个原子，使它们都结合到目标分子中去，从而达到零排放，即没有副反应，不生成副产物，更不能产生废弃物。原子经济性可以用原子利用率来衡量：

$$原子利用率=\frac{期望产物的总质量}{全部生成物的总质量}\times 100\%$$

当原子利用率达到 100%时，原料分子中的每个原子通过反应全部整合到目标分子中，不产生副产物或废物，从而实现了零排放。原子经济性就好比做一件衣服，既要完全合身，又要不产生一点废料。说起来容易，但想真正实现这一目标，还有很长的路要走。

美国化学家 P. T. Anastas 和 J. C. Warner 在 1998 年出版的《*Green Chemistry*：*Theory and Practice*》一书中提出了为国际化学界所公认的绿色化学 12 条原则，反映了在绿色化学领域中所开展的多方面研究工作的内容，同时也指明了未来绿色化学的发展目标。这 12 条原则是：

1. 从源头制止污染，而不是在末端治理污染；

2. 合成方法应具有“原子经济性”，即尽量使参加过程的原子都进入最终产物；

3. 在合成方法中尽量不使用和不产生对人类健康和环境有毒有害的物质；

4. 设计具有高使用效益、低环境毒性的化学产品；

5. 尽量不用溶剂等辅助物质，不得已使用时它们必须是无害的；

6. 生产过程应该在温和的温度和压力下进行，而且能耗应最低；

7. 尽量采用可再生的原料，特别是用生物质代替石油和煤等矿物原料；

8. 尽量减少副产品；

9. 使用高选择性的催化剂；

10. 化学产品在使用后应能降解成无害的物质并且能进入自然生态循环；

11. 发展实时分析技术以便监控有害物质的形成；

12. 选择参加化学过程的物质，尽量减少发生意外事故的风险。

绿色化学的研究主要围绕化学反应、原料、催化剂、溶剂和产品的绿色化等方面展开，如下图所示：

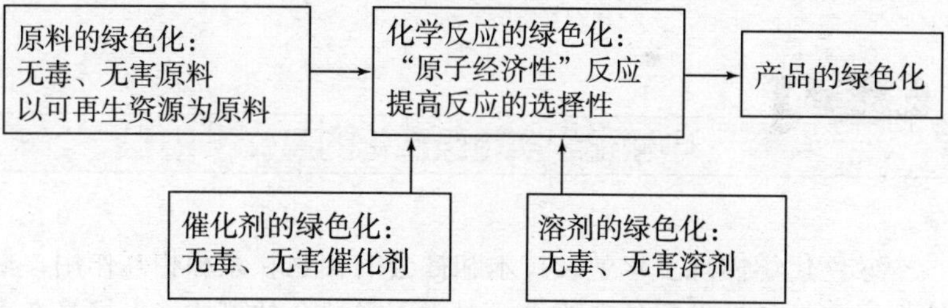

图 1-1-1

此外，还有学者提出了使用化学品的 5R 基本原则：

1. 减量（reduction），减量是从节省资源、减少污染的角度提出的。它包括两层意思：其一是减少资源用量，在保证产量的情况下如何减少用量，有效途径之一是提高转化率，减少损失率；其二是减少“三废”排放量，主要是减少废气、废水及废渣（副产物）的排放量，特别是废水排放量必须降到一定标准以下。

2. 重复使用（reuse），重复使用不仅是降低成本的需要，也是减少废物排放的需要。诸如化学合成过程中的催化剂、载体等，从一开始就应考虑可重复使用的设计。

3. 回收（recycling），回收可以有效实现“节省资源、减少污染、降低成本”的要求。它包括回收未反应的原料，回收副产物（含“三废”）和回收助溶剂、催化剂、稳定剂等非反应试剂。

4. 再生（regeneration），再生是变废为宝、节省资源和能源、减少污染的有效途径。它要求在设计的开始就应考虑到有关原料的再生。

5. 拒用（rejection），拒绝使用是杜绝污染的最根本办法。它是指拒绝在化学反应过程中使用一些无法替代又无法回收、再生和重复使用的药品原料。

总之，绿色化学的核心就是从源头上消除污染，发展不产生污染的新化学反应和化学产品。绿色化学的思想是人类可持续发展的客观要求和具体体现。

第2节 中学化学实验绿色化的意义

绿色化学体现了化学、技术和社会的相互联系和相互作用，是社会对化学科学发展的新要求，对于人类社会的可持续发展具有重要意义。因此，绿色化学的理念理应是中学化学教育的重要指导思想。

以实验为基础是化学学科的重要特征之一。中学化学实验对全面提高学生的科学素养有着极为重要的作用。化学实验有助于激发学生学习化学的兴趣，创设生动活泼的教学情景，帮助学生理解和掌握化学知识和技能，启迪学生的科学思维，训练学生的科学方法，培养学生的科学态度和价值观。可见，化学实验在化学教学中发挥着不可替代的作用。

然而，如果用绿色化学的标准来衡量中学化学实验的各个环节，不难看出离绿色化学的目标还有相当大的差距，一些实验还没有达到绿色化的要求。

随着绿色化学的理念逐步被广大化学教师所接受，化学实验绿色化已经成为中学化学实验改革的新趋势和新课题。化学实验的绿色化就是以绿色化学的理念和原则来指导实验工作，在满足教学要求的前提下，使化学实验彻底避免或尽量减少使用和产生有害物质，使实验室废气、废液、废渣的排放降低到最低程度并能得到妥善的处理。这对于强化师生的绿色化学观念和环境意识，加强实验教学，提升实验室的安全性以及保护环境都具有重要的现实意义。

一、中学化学实验绿色化是帮助学生树立绿色化学理念、建立环保意识、养成良好行为习惯的有效途径

中学化学课程的基本理念之一是“从学生已有的经验和将要经历的社会生活实际出发，帮助学生认识化学与人类生活的密切关系，关注人类面临的与化学相关的社会问题”“了解化学品对人类健康的影响，懂得运用化学知识和方法去治理环境污染，合理地开发和利用化学资源；增强学生对自然和社会的责任感，使学生在面临与化学有关的社会问题的挑战时，能做出更理智、更科学的决策”。化学课程标准中明确指出化学课程的内容要“体现绿色化学的思想”，要使学生“树立绿色化学思想”“树立珍惜资源、爱护环境、合理使用化学物质的观念”“强化实验安全意识”。

化学实验教学与绿色化学联系最为紧密，也最为直接。因此，在实验教学中贯彻绿色化学思想尤为重要。

在实验教学中，如果学生亲眼所见、亲手所做的实验中大多是化学试剂消耗量大、污染严重的实验；教师在演示实验时，废气不加以吸收，废液、废渣不加以回收处理，而是随意排放；在学生实验时，教师对实验废弃物的处理不仅不提出明确要求，而且对乱倒、乱排“三废”的现象也不及时加以制止，那么所有这一切对学

生的负面影响是不可低估的。污染严重的实验以及随意排放实验废物的行为给学生传递的不良信息是："做化学实验排放有毒有害物质是不可避免的""实验产生的废气、废液直接排放到环境中并无大碍"。应该看到，实验教学过程中所造成的环境问题，不仅直接影响着环境，而且对学生及社会的教育示范作用的影响更为深远。日后，学生一旦将这些不良的观念和行为习惯带入社会，将不利于整个社会的可持续发展。

相反，如果教师能够把绿色化学的思想和某些相关基本知识渗透到化学教学中去，用绿色化学思想指导化学实验的设计，在实验方案中尽可能做到不用有毒化学品、减少化学品使用量和污染物零排放，并规范自己和学生的实验行为，帮助学生养成良好的实验习惯，让学生知道随意排放污染物是一种错误的行为，甚至是一种违法行为。那么，学生就能从化学的角度认识到科学技术、自然和社会的统一性，认识到科学技术在人类可持续发展和知识经济中的作用，就会逐步形成绿色化学的观念，自觉地关心、爱护环境，养成严格自律的良好习惯。而这些观念和习惯将渗透到学生今后社会生活的各个方面。

因此，在学生一开始接触化学实验时，就受到绿色化学的教育，并将绿色化学的理念贯穿在化学学科学习和应用的始终，对培养学生科学的环境观、资源观，提高他们的环保紧迫感和责任感，树立绿色化学的思想，养成良好的行为习惯是十分重要的。可以说，在节能减排、保护环境成为人类所面临的重大课题的今天，年轻的一代是否具有绿色化学的理念，会影响到整个社会的可持续发展。

二、中学化学实验绿色化是开展实验探究、实现学生人人动手实验的重要保证

根据新课程标准的理念，化学实验是学生学习化学、实现科学探究的重要途径，是化学课程内容的有机组成部分，也是全面实现化学课程目标的基本保证。新课程提倡每个学生都亲自动手做实

验，淡化了教师演示实验与学生实验的界限，许多演示实验都由学生亲自动手完成，学生实验的数量大大增加。

但在现实生活中，由于许多人对于化学学科不够了解，有些学生特别是家长对化学学习产生畏惧，其主要原因是认为“学化学就要接触有毒有害物质”，造成了有些学生只希望“看实验”而不愿意“做实验”。要克服学生对化学实验的畏惧心理，要使学生愿意“做实验”，保证实验安全，保证师生健康，保护环境，是开展实验探究活动的前提。而化学实验绿色化，恰恰既能减少化学实验室的污染，又能降低危险事故的发生几率，减轻学生对化学实验的恐惧感，还有利于改变社会对化学科学的错误看法和认识，为实现学生人人动手实验提供了重要保证。

按照绿色化学的思路设计、开发和改进的化学实验往往更加安全、更加环保，同时也更加适合学生动手操作。这对于鼓励学生积极参与实验教学过程，自己动手做化学实验，在实验过程中掌握化学实验的基本技能，培养观察能力、分析能力和思维能力，全面提高学生的科学素养都是极为有利的。只有这样才能不断激发学生学习化学的兴趣，进而理解化学原理，认识化学研究的科学方法，认识实验在化学学习和研究中的重要作用。

三、中学化学实验绿色化是控制实验室污染和保护环境的重要措施

我国人口众多，在中学化学实验室产生的大量有害废弃物目前还没有统一规范的处理办法。许多学校对实验废弃物的处理相当随意，在不经意之间，对环境——包括空气、水、土壤造成污染。全国有大约 1.6 万所普通高中，化学实验室的数量多，分布广，学生人数众多。有统计显示，在我国学生的高中阶段人均有害废液的产生量大约为 100～400 mL/年。总体来讲，中学化学实验室是不可忽视的污染源之一。

以高中化学中铜和浓硫酸反应为例，如果每个实验小组取 2 mL浓硫酸，则会产生 400 mL 左右的二氧化硫气体，一个班（24

个实验小组）的实验就排放出 9 600 mL 二氧化硫气体。按实验室空间为 90 m^2 ×3 m=270 m^3 计算，实验期间，实验室内二氧化硫气体的质量浓度约为 100 mg/m^3，是我国规定居民区大气中二氧化硫最大允许质量浓度（0.15 mg/m^3）的 667 倍。即使扩散到大气中，也会对环境和生物造成局部的严重危害。同样是这个实验，实验后每个实验小组得到实验废液中的 Cu^{2+} 浓度约为 589 000 mg/L，是《中华人民共和国综合污水排放标准》中允许的总铜最高排放浓度（2.0 mg/L）的 294 500 倍。

大部分学校的实验废液和部分废渣通过下水道直接排放流入江河、水塘或者渗入地下，其中的有害废物最终会进入生态系统，破坏我们赖以生存的环境。以中学化学实验室的实验废弃物中产量最大的废酸和废碱为例，如果不经处理就倒入下水道排放，不仅极易造成实验室下水管道和城市污水管道的腐蚀，还会破坏水体的酸碱平衡，影响动植物的生长。

由此可见，中学化学实验室对环境的污染问题绝不可小视，对实验污染必须加以严格控制。这种控制的重点不应该是在污染物产生后对其进行收集和集中处理。因为这种集中处理需要消耗大量人力、物力和财力，加之我国的中学数量多，分布广，在目前整个社会对有害废弃物的管理系统不健全、处理设施不完备的条件下，对中学实验废弃物采取像高校那样，收集后送交有资质的危险废物处理部门集中处理的办法是不现实的。控制中学化学实验室污染的根本措施是以绿色化学思想为指导实现化学实验的绿色化，尽可能从源头上预防污染物的产生。对不可避免会形成污染的实验，在保证实验现象明显的前提下，尽可能使其微型化、微量化，使污染物达到最小值。

总之，在整个社会都依据可持续发展的理念大力推行循环经济、构建节约型社会的今天，中学化学实验绿色化具有更为重大的现实意义，它是可持续发展战略在中学化学实验中的具体体现。中学化学实验绿色化既在整个实验过程中全面贯彻了绿色化学的思想，又有效实现了尽可能减小剂量进行实验，达到节约资源、减少污染、降低成本、保证安全的目标，还增强了学生的环境保护意识，是中学化学实验教学改革与发展的重要方向，在当今的新课程教学改革中将会发挥出越来越重要的作用。

第3节 中学化学实验绿色化的途径

多年来，中学化学教师在改进和开发中学化学实验方面进行了持续不断的努力，取得了丰硕的成果。许多行之有效的实验设计和实验方法在中学化学实验教学中被广泛采用。近年来，随着中学新课程标准的实施，以及中学化学教师环境意识的不断增强和绿色化学理念的逐步推广，在化学实验绿色化方面的研究和实践正在成为中学化学教学研究活动的重要内容。

化学实验的绿色化，不同于过去的教学实验改进。化学实验绿色化的研究是以绿色化学的理念为指导，结合中学化学的教学目标和教学内容，研究教学实验的设置以及绿色化实验的开发与设计。中学化学实验绿色化的经济效益、环保效益和教学效果是显著的。建议从下列几个主要途径推进化学实验绿色化的研究和实践。

一、尽量不用有毒有害化学品

根据使用化学品的“5R”原则中的“拒用原则”，化学实验中要尽量不用有毒有害化学品。对于不得不使用的、无法替代的有毒有害物质，应该尽量控制使用。所谓“控制使用”包括：禁止使用；严格规定在什么情况下才能使用，并且限制用量，尽量不用；对使用后的剩余物质提出回收、处理要求，规定回收处理的方法。应该控制使用的试剂有：酸性腐蚀品：盐酸、硫酸、硝酸、磷酸、甲酸等；碱性腐蚀品：氢氧化钠、氢氧化钾、氢氧化钡等；有毒品和剧毒品：四氯化碳、三氯甲烷、溴乙烷、苯酚、苯胺、苯、甲苯、溴、草酸、氯化汞、氯化钡等；有害品：重铬酸钾、硫酸铜、醋酸铅等重金属化合物。对于这些物质，应该明确说明控制使用的原因及回收处理的要求和方法。这样在使用药品时就可以有意识地控制使用。

选用合适的替代试剂，也是实验绿色化的重要方法。例如，对于检验碘单质的实验，应该用淀粉的显色反应来检验，尽量不使用四氯化碳的萃取实验来检验碘单质；在制乙烯时用氧化铝代替浓硫酸作催化剂，可以有效地减少硫酸带来的污染；在清洗有银镜、铜镜的试管时，用氯化铁溶液代替硝酸清洗，可以避免产生的一氧化氮给空气带来的污染以及硝酸本身的污染；做萃取实验时，用煤油来替代有毒的四氯化碳作萃取剂，做完实验后再回收处理，循环利用。

二、减少试剂用量和降低试剂浓度

使用化学品“5R”原则的第一项就是“减量”。在根据新课程标准编写的化学教材中，有些实验指明了药品取用量和浓度，有些实验则没有。实验时，学生往往对药品的用量没有清晰的概念，多数情况下是超量使用。这样既影响实验效果，又会造成药品的浪费，还会增加废弃物的排放，也不利于培养学生进行规范化的操作。教学中，教师要告诉学生，用试管做实验时，小试管（12 mm×70 mm）的容积大约为 8 mL，溶液的用量一般为 1～2 mL，不会超过小试管容积的 1/4。对于演示实验，试剂量则可以适当增加。对于有污染物产生的反应，药品的用量要加以控制，尽量减少药品用量。例如，做硫在氧气中燃烧的实验时，就要特别注意控制硫粉的用量。减少试剂用量的有效办法是在学生分组实验中尽量使用小规格仪器。例如，常见的沉淀反应或溶液中的显色反应，如果用 12 mm×70 mm 的试管代替常用的 15 mm×150 mm 或 18 mm×180 mm 试管，则试剂用量就可以大大减少，而且操作要求与常量实验相同，不会影响对学生实验技能的培养。如果用点滴板代替试管，则试剂用量可以更少。

此外，要对实验中所用药品的浓度进行摸索，尽可能降低药品浓度，既节约药品，保证实验效果，又减少了环境污染。例如，在苯酚的性质实验中，将苯酚溶液的浓度由2%①降至0.5%～1.0%；在乙醛（醛类）的氧化反应实验中，将硫酸铜溶液的浓度由2%降至1%；在浓度对化学平衡的影响的实验中，将硫氰酸钾的浓度由0.01 mol/L降为0.000 5 mol/L，氯化铁溶液的浓度由1 mol/L降为0.5 mol/L，实验效果同样很好。再如，在一般的离子检验实验中，用0.1%的硝酸银已经足够了。在这些实验中，药品浓度的改动不仅不会影响正常的实验现象，反而可能增强了实验的效果。中学化学实验中类似的例子还有很多，此处不再一一列举。

三、化学实验的微型化

我国中学生人数众多，中学生分组实验药品消耗的数量较大，许多教师都很注意在学生实验中使用小型仪器或微型仪器。

微型化学实验（Microscale Chemical Experiment，或Microscale Laboratory，简写为M.L.）是化学实验方法的一项重要的发展与变革。近30年来在国内外发展很快。它是在微型化的仪器装置中进行的化学实验，其试剂用量比对应常规实验节约90%以上。微型化学实验有两个最基本的特征：一是仪器微型化，二是试剂微量化。微型化学实验具有现象明显、操作简便快速、节省经费、减少污染以及安全等优点，不仅能够减少试剂的消耗，节约资源，又能相应减少废弃物及有害物质的排放。微型化学实验自从出现以来，作为化学实验改革的重要趋势也引起了国际化学教育界的重视。20世纪90年代以来的历届国际化学教育大会（ICCE）都把微型实验列为会议讨论的主题之一。美国和德国等国家已逐步在中学审定和推广了微型化学实验仪器和技术，至今已发展成为其中学化学实验的主要方式。1988年，我国也开始了关于微型化学实

① 本书中出现的“%”，如无特别说明，均指质量分数。

验的引入与开发研究。我国的研究者们在微型实验的开发上作出了巨大的努力，成立了全国微型化学实验中心，每隔 2 至 3 年举行一次全国性的微型化学实验研讨会，到目前为止共举行了 8 次，全国中学微型化学实验研讨会也已召开了 6 届，这是其他国家所没有的。据不完全统计，仅最近 13 年来我国已正式发表的相关论文就有一千多篇，居各国之首。其中也包括许多中学化学教师的研究成果。

微型化学实验是体现绿色化学试剂使用的减量原则的重要方法。把化学实验的微型化作为绿色化学实验的一项实验方法与技术是恰当的，是化学实验绿色化的成功途径之一。对中学化学实验的微型化设计，是广大教师的教学智慧和教学创新的体现。

中学化学实验微型化的一些主要的方法有：

1. 使用多用滴管和井穴板进行实验。

多用滴管和井穴板是两种成熟的塑料微型实验仪器，价格便宜，应用非常广泛。

多用滴管由聚乙烯吹塑而成（如图 1-3-1），它的基本用途是作滴管和试剂瓶。挤捏多用滴管的吸泡排出空气后便可吸入液体试剂，盖上自制的瓶盖贴上标签后就是试剂滴瓶。若需要长期保存或携带试剂，可将颈管熔封。

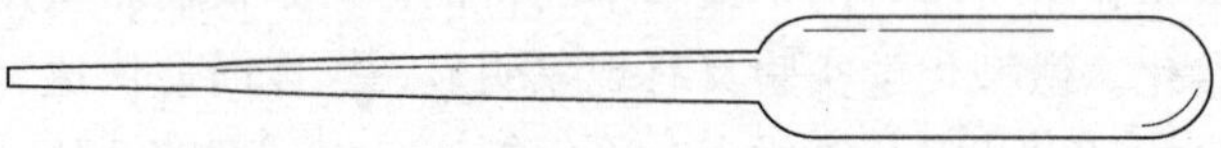

图 1-3-1　多用滴管

多用滴管还可以作为温度低于 80 ℃反应的反应容器，如可以作氢气、二氧化碳、二氧化硫等气体的发生器，以及合成乙酸乙酯等有机物的反应器。例如，图 1-3-2 就是用多用滴管做氢气的制取与点燃的实验装置。此外，已标定体积的多用滴管可以作为少量液体的计量器。多用滴管还可以用于收集、贮存少量气体和分离两种互不相溶的液体。

井穴板由透明的聚苯乙烯制成，具有烧杯、试管、点滴板等

图 1-3-2　氢气的制取与点燃的微型实验装置

仪器的功能。井穴板有多种种类和规格，中学常用的规格有：6 孔，5 mL×6，附带双导气管井穴塞；9 孔，0.7 mL×9。前者常用于气体的性质与制备。用井穴板进行沉淀反应或溶液中的显色反应，试剂用量比常规实验要少得多，而且对比现象明显，洗涤也很方便。在学生已经熟练掌握使用试管、胶头滴管的实验技能之后，许多教师在学生分组实验中，指导学生利用井穴板完成一些验证性或探究性的实验，效果很好。

例如，可以用井穴板做浓度对化学平衡的影响的实验。如图 1-3-3 所示，向九孔井穴板的九孔中自左向右依次加入 1～9 滴（即第 1 孔 1 滴，第 2 孔 2 滴，第 3 孔 3 滴，依次类推）0.01 mol/L 的 $FeCl_3$ 溶液，再各加入 1 滴 0.03 mol/L KSCN 溶液，另向各孔中补加蒸馏水至每孔中所含溶液的体积均为 10 滴，然后观察各孔中溶液的颜色。与针对同样内容的其他实验方法相比，该微型实验借助井穴板，不仅加大了比色范围、形成了明显的色阶，而且大大减少了实验试剂用量和废液产生量，操作更加简单，较好地体现了“以尽可能少的化学试剂来获取所需化学信息”的实验绿色化设计理念。

图 1-3-3　浓度对化学平衡的影响的微型实验装置

再如，图 1-3-4 是用 6 孔井穴板和双导气管井穴塞做“乙炔的制取与性质实验”的装置。

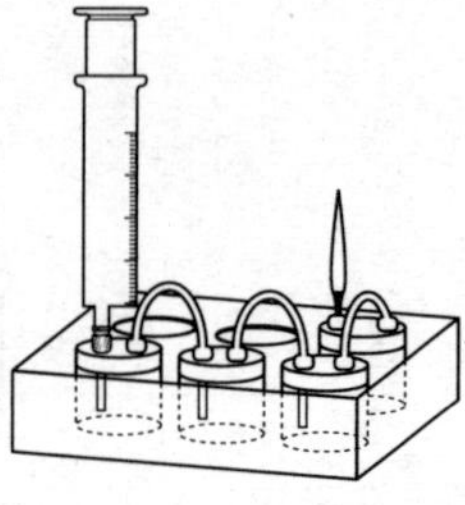

图 1-3-4　乙炔的制取与性质的微型实验装置

2. 使用玻璃管和玻璃曲管进行实验。

玻璃管具有内径小、盛装药品量少、受热快等特点，因此常被用于微型实验设计。将玻璃管加工成 W 形、V 形管道反应器（如图 1-3-5），可以用于一些产生少量气体的反应和一些气-液、气-固反应的实验，具有试剂用量少、反应现象明显、系列反应管道化、有害气体不易泄漏、污染少等优点。

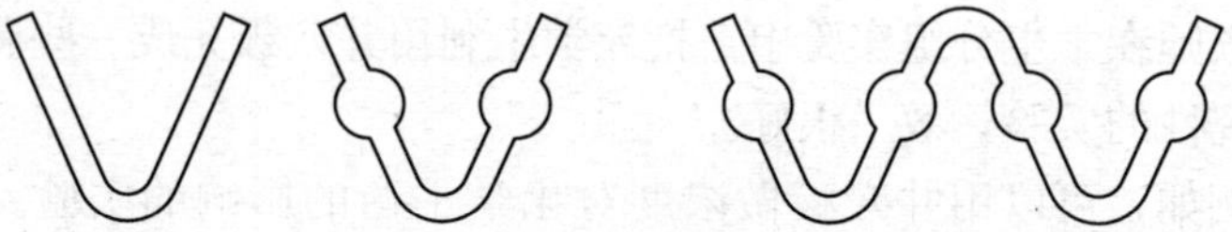

图 1-3-5　管道反应器

例如，乙酸乙酯的制取实验改用 W 形管进行（如图 1-3-6），然后水浴加热，药品用量少，反应快，现象非常明显。

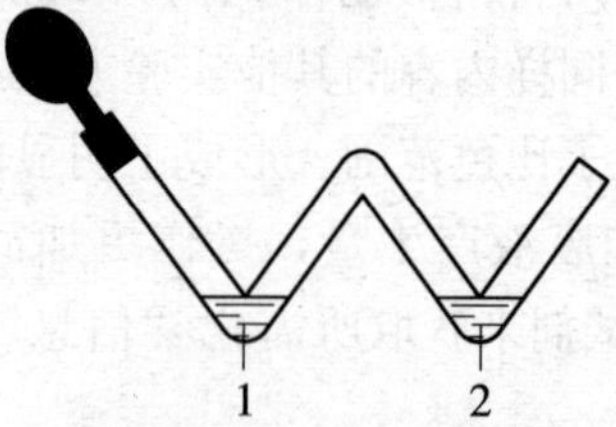

图 1-3-6　制取乙酸乙酯的微型实验装置

1. 乙醇、乙酸和浓硫酸的混合物　2. 乙酸乙酯和饱和碳酸钠溶液

再如，可以用 V 形管和 W 形管进行氯气的制取和性质实验（如图 1-3-7）。实验结束后，从 W 形管口注入氢氧化钠溶液吸收仪器中残留的氯气。

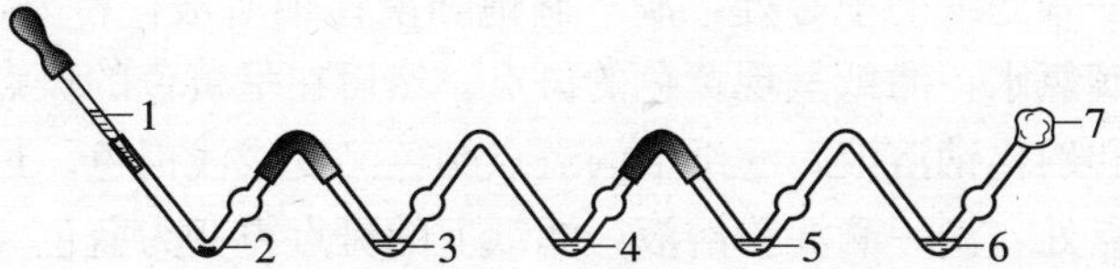

图 1-3-7　氯气的制取和性质实验的微型实验装置

1. 浓盐酸　2. $KMnO_4$　3. 紫色石蕊溶液　4. NaBr 溶液　5. KI 溶液　6. KI 淀粉混合液　7. 浸有 NaOH 溶液的脱脂棉

3. 使用成套微型仪器设计和进行实验。

近年来，不少有化学教师参与研制的成套微型仪器已经定型为产品，在市场上销售。例如“气体实验微型装置”等，方便了中学化学教学。一些仪器产品在本书第三章有所介绍。

4. 使用注射器等医用材料进行实验。

注射器具有良好的密封性和容积的可调性，因此在化学实验中也能发挥其独特的作用。

注射器用作反应器时可借助活塞控制排除空气的干扰。例如，若用注射器来做铜与稀硝酸反应的实验，可以排除空气的干扰，得到较纯的一氧化氮气体（如图 1-3-8）。

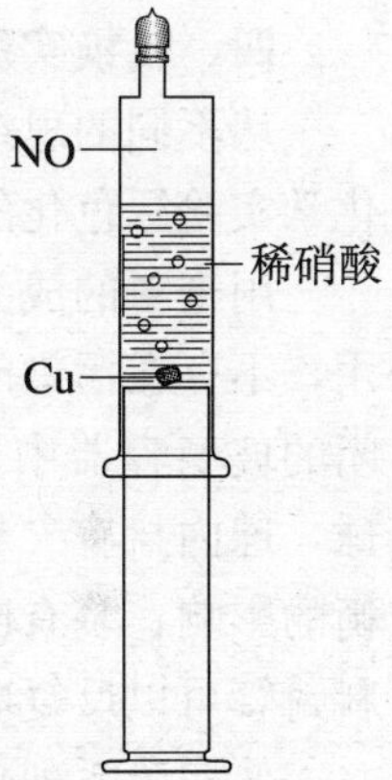

图 1-3-8　铜与稀硝酸反应的微型实验装置

此外，注射器带有刻度，可以比较直观地读出盛有的液体或气体的体积，控制起来比较容易，因此可以准确地向体系中加入试剂，进行定量实验。需要说明的是，使用注射器进行实验时一定要注意安全，并严禁使用医院废弃的医疗器械。

5. 使用滤纸进行实验。

在滤纸上进行微型实验，也是许多教师经常采用的方法，例如，验证卤族元素的性质递变规律及碘单质与淀粉的特征反应，一位教师将实验设计为：

在一张滤纸的中心处，滴一滴饱和溴化钠溶液，待其润湿后，再滴一滴氯水，滤纸呈现黄色的斑点。然后在呈黄色的斑点处，滴一滴饱和碘化钠溶液，滤纸上的斑点颜色又变成浅褐色。最后在浅褐色斑点处，滴一滴淀粉溶液，滤纸上的斑点再变为蓝色。这是一个很好的微型实验设计案例。该实验用滤纸代替试管，变间断型常规实验为连续型纸上实验，大大减少了药品用量，节约了实验时间，现象明显而有趣。

近几年来，在滤纸上进行的微型实验作为高考试题的素材，用以考查学生思维的灵活性。由于高考试题对于中学化学教学具有指导性的意义，这些微型实验素材也提示着化学教师在实验教学中应注意进行微型化学实验的探索。

四、转换实验设计思路，改进实验装置

从不同的思维角度设计实验，对一些实验装置进行改进，也是化学实验绿色化的重要方法。

用密封的成品仪器来完成有毒气体的化学实验，则可以重复使用，不存在污染问题。例如，碘升华凝华管（将少量单质碘封在密闭的玻璃容器中）能反复验证碘的升华与凝华；二氧化氮球（双球，球内封有二氧化氮和四氧化二氮）可以反复验证温度对化学平衡的影响；装有已与二氧化硫气体发生过反应的品红溶液的透明塑料封管可以反复验证二氧化硫的漂白性。

使实验系列化，把若干个实验组合在同一密闭系统中进行，对尾气进行吸收处理，也是一个比较好的实验思路。

如图 1-3-9 所示，铜丝与稀硝酸反应后生成的 NO 无色气体将稀硝酸压入长颈漏斗中。打开活塞使气体进入圆底烧瓶中，可看到圆底烧瓶中充满了红棕色的 NO_2 气体，U 形管右侧中液体又与铜丝接触。此时若关闭活塞则 U 形管中的液体又会被压进长颈漏斗。如此连续几次，待烧瓶中的氧气多数已被消耗时，打开止水夹，则圆底烧瓶中可形成喷泉。该装置使反应在密闭容器中进行，避免了有毒气体的逸出，同时很好地证实了铜与稀硝酸反应后生成的是

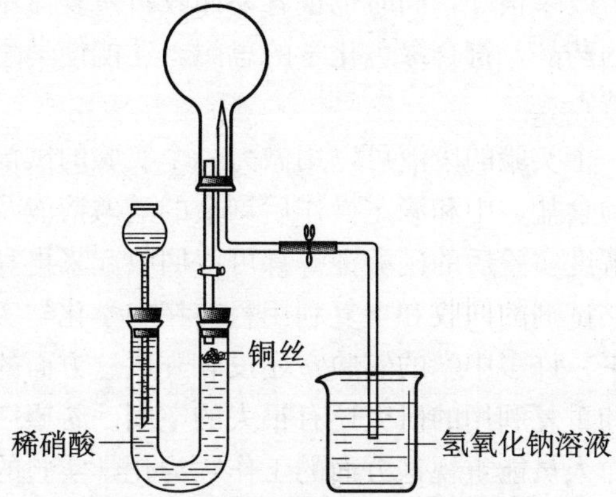

图 1-3-9　铜与稀硝酸反应的实验装置

NO，从圆底烧瓶中气体颜色的变化可清晰地观察到 NO 转化成 NO_2 的过程，NO_2 的喷泉实验在证明 NO_2 是酸性气体的同时，也使有毒废气得到了处理。

五、试剂的回收和重复使用

试剂的回收和重复使用既是绿色化学使用药品的基本原则，也是实现化学实验绿色化的重要途径。在化学实验的绿色化研究中，许多中学化学教师也注意到实验室化学试剂的回收和重复使用问题。

例如，在要求学生掌握的高中化学实验技能中，萃取是一项重要的操作。在训练学生萃取操作技能及萃取实验中，会产生大量含有碘的 CCl_4 废液。CCl_4 有毒，显然不能直接倒入下水道排放。应该将废液回收，经浓氢氧化钠溶液洗涤、分液后再循环使用。有机分组实验中合成乙酸乙酯的实验产生的大量乙酸乙酯废液，也应加以回收再利用。

再如，初中化学中 MnO_2 催化分解 H_2O_2 的实验会产生大量的 MnO_2 废弃物。许多老师研究了如何将其回收再利用的问题。例如，将 MnO_2 粉末沾在半干（尚未完全硬化）的水泥球上，晾干后进行实验，效果很好，同时也很容易回收再重复使用。这样的设计不仅能节约药品，符合绿色化学的思想，还能使学生从实例中掌握催化剂的特点。

此外，一个实验的废液可以用做另一个实验的试剂。粗盐提纯实验后所得的食盐、中和滴定操作后剩余的酸碱溶液及盐溶液、测量硝酸钾溶解度实验后的硝酸钾等都可以回收起来再利用。

应该说，试剂的回收和重复利用目前在中学化学实验室中还处于较低的水平，许多中学的实验室还没有开展这方面的工作，对于试剂的回收和重复利用的研究还有很大的空间。希望广大化学教师和实验室工作人员能重视这方面的工作，为化学实验的绿色化作出更多的贡献。

六、运用现代化的实验手段，拓展化学实验绿色化的研究空间

传感技术是一项令人瞩目的、发展迅速的高新技术。基于传感技术开发的中学数字化教学实验系统已经开始走进中学课堂，并逐渐显示出它的特色与优势。这种将传感技术和信息技术整合在一起的实验系统，主要由传感器、数据采集器、计算机等硬件设备以及实验数据处理程序等软件构成。它将温度传感器、pH 传感器、电导率传感器、压强传感器、吸光度传感器、CO_2 传感器等与数据采集器配套使用，相当于将数字温度计、pH 计、电导率计、分光光度计等多种现代实验仪器整合为一体，做到了简易化与微型化。因为数字化教学实验系统能够将化学实验现象信息转化为可检测的物理信号，再以数字信号的形式在计算机中表现出来，灵敏度较高，所以一般只需很少量的试剂，就可获取足够多的化学信息，揭示化学原理及规律，符合绿色化学的减量原则。因此，利用数字化实验教学系统开展实验也是化学实验绿色化的一个重要途径。例如，压强对化学平衡的影响的实验，常规的做法是在加压或减压条件下，观察 NO_2 和 N_2O_4 混合气的颜色变化，这就要求这两种气体的量要足够多，才能观察出明显的现象。如果用压强传感器来测量体系内部的压强变化，则只需要较少的 NO_2 和 N_2O_4 混合气即可，而且实时的压强数据可直接反映在计算机屏幕上，平衡移动的情况一目了然。

此外，还可以通过计算机多媒体仿真实现化学实验绿色化。多媒体仿真实验是一种化学试剂和仪器装置“零投入”和“废弃物零排放”的特殊实验方式，对于一些污染严重、危险性大、目前还没有充分条件改进实验过程使其绿色化的实验，将实验的过程以虚拟现实的方式呈现在屏幕上，填补该类实验开设的空白，既减少了“三废”的产生，又使学生对实验过程和实验现象有了感性认识，同时避免了条件不具备就把实验删除、仅凭理论上的讲解取而代之的弊端。特别是对一些具有一定破坏性和危险性的实验，例如，大量金属钠、钾遇水燃烧和爆炸，浓硫酸稀释的错误操作等。有的公司已经开发出了计算机仿真教学软件，学生只需要在计算机上进入虚拟现实场景，像玩游戏一样就可以学到在实际操作中可能需要付出较大代价才能学到的东西。

七、妥善处置实验产生的废物，防止污染环境

在化学实验室有部分实验会不可避免地产生污染性气体、废液和废渣等。因此，要严格按照国家有关的法律法规，切实做好实验废物处理工作。实验室需要配备良好的废气处理设施，实验完成后需要对收集的废液进行处理。废液处理方法将在本书第四章第四节予以介绍。教师要给学生做好保护环境的表率。例如在演示实验时，废气应加以吸收，废液、废渣应加以转化和回收利用，避免化学实验给环境造成污染。在学生实验时，教师应提出明确要求，对乱倒、乱排“三废”的现象及时加以制止，使学生养成良好的实验习惯，增强责任意识，并结合教学内容不失时机地向学生介绍回收处理实验废物的有关知识，师生共同努力建设绿色实验室。

第二章
绿色化学实验研究

第1节 基本概念与基本理论

一、分子运动的验证

方法一

【实验原理】

利用浓氨水易挥发的性质，氨分子在空气中扩散，与无色酚酞溶液接触后使之变红，证明分子总是在不断地运动。

【实验试剂】

浓氨水、酚酞溶液

【实验仪器】

培养皿、玻璃片、滴管

【实验步骤】

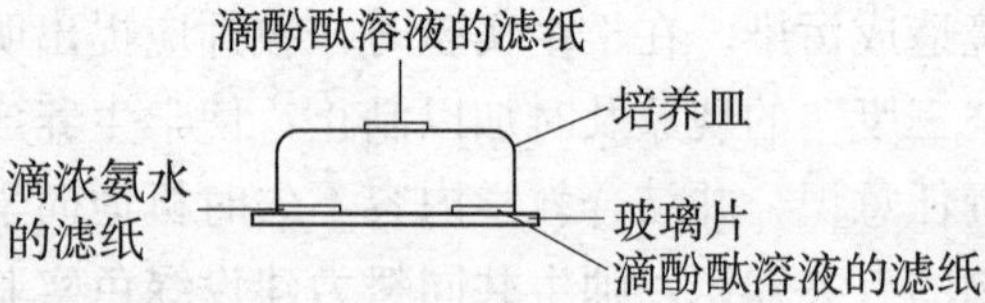

图 2-1-1-1

1. 如图 2-1-1-1 所示，在玻璃片上放两小张滤纸，选择大小合适的培养皿罩在上方。

2. 在培养皿上方表面再放一小张滤纸，做对比实验。

3. 打开培养皿，在玻璃片上的一张滤纸上滴一滴浓氨水，在另一张滤纸上滴一滴酚酞溶液，迅速盖好培养皿。

4. 在培养皿上方的滤纸上也滴一滴酚酞溶液。

5. 观察滤纸颜色的变化，可观察到培养皿内滴有酚酞溶液的滤纸变红，其余两张滤纸的颜色无明显变化。

【注意事项】

滴加浓氨水和酚酞溶液后，盖培养皿动作要迅速，防止氨气逸出。

【实验点评】

1. 根据新课程标准的理念，设计本实验可以引导学生理解“分子在不断地运动”，通过对比培养皿内外滤纸的不同变化引导学生进行深入思考。

2. 本实验如果用烧杯作为反应容器，药品用量较大。改用滤纸大大减少了药品用量，是贯彻绿色化学理念“减量”和“微型化”的实例。

（夏枚）

方法二

【实验原理】

乙醇易挥发，酸性高锰酸钾溶液具有强氧化性，酸性高锰酸钾溶液遇到乙醇分子可褪色，证明分子总是在不断地运动。

【实验试剂】

酸性高锰酸钾溶液、乙醇

【实验仪器】

滤纸、滴管、试管

【实验步骤】

1. 在一张长条滤纸上，每间隔一段距离滴一滴酸性高锰酸钾溶液，将滤纸用图钉固定在胶塞上备用，如图 2-1-1-2 所示。

2. 取一支试管，滴入一滴管乙醇，用上述胶塞迅速塞紧试管，片刻后可观察到，滴在滤纸上的紫色酸性高锰酸钾溶液由下而上逐渐褪色。

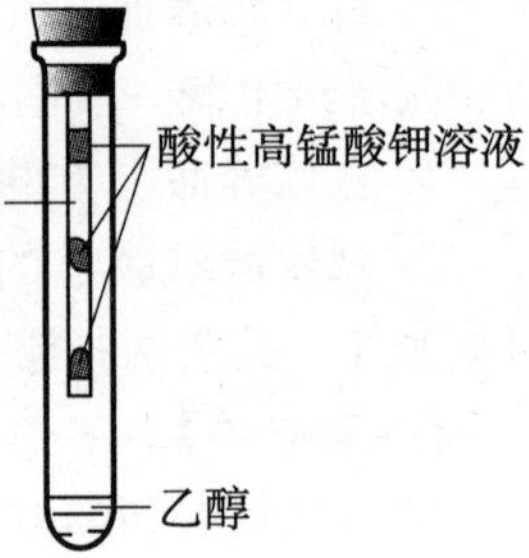

图 2-1-1-2

【注意事项】

1. 实验时注意不要让乙醇滴到试管壁上，防止试管中提前充满乙醇分子而看不到由下而上逐渐褪色的过程。

2. 滤纸条滴上酸性高锰酸钾溶液后要放到一边，避免过早接触乙醇蒸气。由于该实验非常灵敏，褪色很快，所以做实验的动作要迅速。

【实验点评】

1. 用氨水来做验证分子在不断运动的实验，通常用烧杯作为反应容器，氨水的用量较大，挥发出来的氨气有较强刺激性气味，不利于环保。改进后的实验无刺激性气味，且操作更简单，实验现象更明显，更符合“绿色”特征。

2. 该实验也可以选用酸性重铬酸钾溶液代替酸性高锰酸钾溶液，颜色变化为橙红色变为绿色，但是考虑到重铬酸钾不如高锰酸钾环保，且酸性高锰酸钾溶液的颜色是由紫色变成无色，现象更明显，所以推荐使用酸性高锰酸钾溶液。

（武敬泉）

二、质量守恒定律

【实验原理】

化学反应前后，反应物的总质量与生成物的总质量相等。利用下列反应：

$Na_2CO_3+2HCl=2NaCl+H_2O+CO_2\uparrow$

$2NaOH+CO_2=Na_2CO_3+H_2O$

【实验试剂】

Na_2CO_3 固体粉末、7％稀盐酸、30％氢氧化钠溶液

【实验仪器】

天平、砝码、100 mL 锥形瓶、10 mL 量筒、小试管、滴管、小气球

【实验步骤】

1. 向 100 mL 锥形瓶中加入 0.6 g 无水碳酸钠粉末。

2. 向小试管内倒入 7% 稀盐酸 6 mL，将其斜立在锥形瓶内。

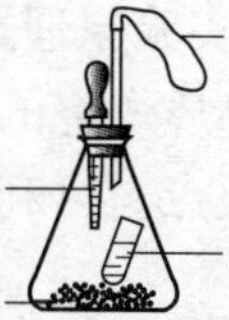

图 2-1-2-1

3. 滴管内吸入 30% 氢氧化钠溶液，盖紧橡胶塞并在天平上称重。

4. 将试管内的酸液倾倒在锥形瓶中并称重，观察天平指针有无变化。

5. 挤压胶头滴管，充分振荡锥形瓶再称重，观察现象和天平指针的变化。

【注意事项】

1. 按要求用量取用试剂。

2. 塞紧橡胶塞。

【实验点评】

1. 传统的实验是通过白磷燃烧探究质量守恒定律。由于白磷属于剧毒药品，使用起来比较危险。若用无毒试剂代替白磷进行实验，则可提高实验的安全性和环保性。

2. 根据天平指针先偏右、后平衡的现象，可以为学生提出一个很好的讨论课题，帮助学生重温气体浮力的知识，培养综合分析和解决实际问题的能力，并将化学知识与物理知识紧密结合，体现了跨学科的教学。

3. 通过氢氧化钠溶液吸收二氧化碳的现象（气球变小），引出氢氧化钠能够与二氧化碳发生反应的知识，为后面学习酸性氧化物与碱的反应作了铺垫。

（邓阳　薛敬东）

三、燃烧条件的探究

方法一

【实验原理】

物质燃烧的条件：可燃物，氧气（或空气），温度达到燃烧物的着火点。可利用下列反应引导学生探究物质燃烧的条件。

$$4P+5O_2 \xlongequal{点燃} 2P_2O_5$$

【实验试剂】

白磷、红磷

【实验仪器】

500 mL 烧杯、试管（10 mm×100 mm）、带导管的单孔橡胶塞、小气球

【实验步骤】

1. 按照图 2-1-3-1 所示连接仪器。两个小试管中分别放入少量的白磷和红磷，塞上带导管的单孔橡胶塞，同时放入盛有 80 ℃左右热水的烧杯中。

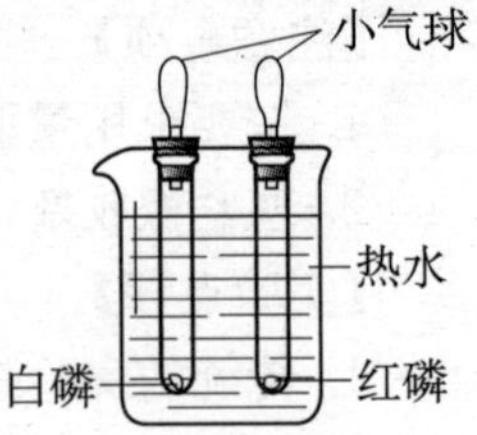

图 2-1-3-1

2. 观察两试管中白磷和红磷的变化。可观察到：白磷燃烧，发出黄光，产生白烟，小气球胀大，而红磷没有燃烧。

【注意事项】

实验前用滤纸吸干白磷表面的水再放入试管。为便于固定，可将试管插在打有圆孔的硬纸板上。

【实验点评】

1. 本实验的设计有两方面的意义：（1）引导学生探究燃烧的条件；（2）帮助学生理解燃烧过程中往往伴随着放热。

2. 白磷与红磷的燃烧条件对比实验，通常应该在通风橱中进行，但是不便于学生观察。如果不在通风橱中进行，白磷燃烧产生

的大量白烟会扩散到空气中，造成污染。上述设计既可避免五氧化二磷的污染，又便于学生观察。

（夏枚）

方法二

【实验试剂】

白磷、氧气、氢氧化钠溶液

【实验仪器】

100 mL 注射器、500 mL 烧杯、20 mm×200 mm 具支试管、酒精灯、铁架台、漏斗

【实验步骤】

1. 取一支干燥、洁净的 20 mm×200 mm 具支试管，用带直角玻璃导管的单孔橡胶塞塞紧，用乳胶管与 100 mL 注射器（注射器内事先充入 50 mL 氧气）连接起来，关闭止水夹。在具支试管的支管处连接倒立的漏斗，防止右侧烧杯中的氢氧化钠溶液倒吸，使整个装置形成一个密闭系统，如图 2-1-3-2 所示。

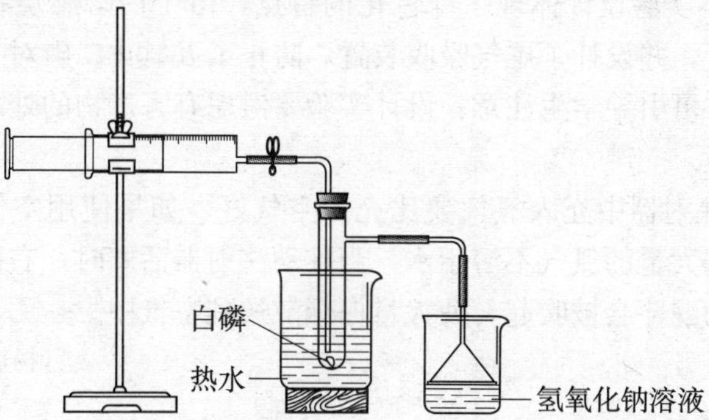

图 2-1-3-2

2. 取绿豆粒大小的一块白磷，用滤纸吸干其表面的水分，投入具支试管内，立即塞好单孔橡胶塞，此时并未观察到白磷与试管

内氧气反应而发生的燃烧现象。

3. 用 80 ℃以上的热水浴加热试管，可观察到白磷燃烧，发出黄光，产生白烟。待试管内氧气耗尽后，燃烧停止。

4. 打开乳胶管上的止水夹，用手缓缓推动注射器的活塞，由于补充了氧气，又会看到白磷燃烧，产生白烟。当停止推动活塞时，燃烧停止，再次供氧，白磷又复燃，使白磷的燃烧与熄灭可控。如此反复操作，白磷时燃时灭，现象十分奇特。直至白磷燃尽，再次供氧后不再燃烧（五氧化二磷不可燃）。

【注意事项】

1. 白磷表面的水须用滤纸吸干后再放入试管。

2. 注射器中应收集 50 mL 氧气，不宜使用空气。

3. 推动注射器的活塞时要缓慢。

4. 实验完毕后，要认真处理多余的白磷和仪器。多余的白磷可通入氧气使其完全燃烧，使用过的镊子、小刀等仪器，可能会因沾有少量白磷而自燃，所以要把镊子、小刀等仪器放在酒精灯火焰上灼烧一下。

【实验点评】

1. 本实验设计体现了绿色化的特点，由于白磷燃烧在密闭装置中进行，并设计了尾气吸收装置，防止了五氧化二磷对空气的污染。同时可引导学生注意：设计实验要考虑有害产物的处理，防止污染环境。

2. 注射器中充入氧气要比充入空气好。如果使用空气，由于空气中有大量的氮气不溶于水，当推动注射器活塞时，右侧防倒吸装置中的漏斗会被吹起，使大量白烟散逸到空气中。

（杨彦华）

四、焰色反应

【实验原理】

很多金属或它们的化合物在灼烧时都会使火焰呈现特殊的颜色，在化学上称为焰色反应。

【实验试剂】

各种金属的盐（粉末）、工业酒精

【实验仪器】

蒸发皿、烧杯、石棉网、滴管

【实验步骤】

1. 在小烧杯上放一只蒸发皿（如图 2-1-4-1，或在三脚架上放一只蒸发皿）。

图 2-1-4-1

2. 在蒸发皿中倒入约占其容积三分之一的工业酒精，点燃；然后用滴管向蒸发皿中加水，使火焰的颜色调至黄色褪去。

3. 将少许盐的粉末撒在火焰上，即可看到美丽的焰色。

4. 实验完毕，用石棉网盖灭蒸发皿中的火焰。

【注意事项】

1. 蒸发皿中倒入酒精的量不要超过其容积的三分之一。

2. 用滴管向蒸发皿中加水，使火焰的黄色调至褪去。若在实验中火焰出现黄色，可继续加水调试。

【实验点评】

1. 本实验方案避免了使用较贵重的铂丝和中学实验室通常不配备的煤气灯，利用向工业酒精中加水的方法避免酒精灯火焰常见的黄色，这样的替代方法符合节约资源且保证有效观察实验现象的思路。

2. 实验仪器简单，操作方便，省时快速，焰色明显。

（张观成）

五、催化剂的作用——中间产物的验证

【实验原理】

以重铬酸钾做催化剂催化双氧水的分解反应时，会产生氧气及黑褐色的中间产物，经过 10 min 后，黑褐色的中间产物会消失，表示双氧水的分解反应停止。相关反应为：

$$K_2Cr_2O_7 + 2H_2O_2 = K_2Cr_2O_9 + 2H_2O$$（反应慢）

（橙色）　　　　（黑褐色）

$$K_2Cr_2O_9 = K_2Cr_2O_7 + O_2\uparrow$$ （反应快）

总反应：$2H_2O_2 = O_2\uparrow + 2H_2O$

【实验试剂】

1%重铬酸钾溶液、30%双氧水、硫代硫酸钠溶液、氢氧化钠溶液、稀硫酸

【实验仪器】

100 mL 锥形瓶

【实验步骤】

1. 取 10 mL 1%重铬酸钾溶液于锥形瓶中。
2. 滴加 0.5 mL 30%的双氧水，溶液颜色变深。
3. 摇荡一下锥形瓶使试剂混合均匀。5 min 后再观察一次，溶液颜色明显变深。
4. 再过 5 min 后再观察一次，溶液颜色与起始状态基本一致。

【注意事项】

1. 可以使用 30%以下任意浓度的双氧水。但无论双氧水的浓度如何，观察重铬酸钾溶液的颜色变深至恢复到原来的橙色，均需要 10 min 左右。
2. 如反应过慢，可以考虑增大重铬酸钾溶液的浓度。

【实验点评】

1. 中间产物理论是有关催化剂反应机理的重要理论。上述实验中，催化反应的中间产物 $K_2Cr_2O_9$ 为黑褐色，溶液颜色变化明显，而中学的其他有关催化剂的实验均难以观察到催化过程的中间产物。因此，本实验设计有助于引导学生理解催化剂的概念，启发学生探究更广阔的知识领域。

2. 上述实验中的重铬酸钾溶液可重复使用，基本没有消耗，实验可以做到零排放，避免了对环境的污染。多次使用后的重铬酸钾溶液可用稀硫酸酸化后用硫代硫酸钠处理，将重铬酸钾还原为硫酸铬（Ⅲ）后，再加入氢氧化钠溶液进行沉淀处理。这是向学生介绍实验废液处理知识的好机会。

（曹葵）

六、二氧化锰块状制剂的催化反应

【实验原理】

在实验室中，常利用向双氧水中加入二氧化锰改变化学反应速率的方法来制取氧气：

$$2H_2O_2 \xlongequal{MnO_2} 2H_2O + O_2\uparrow$$

【实验试剂】

块状二氧化锰，5%～10%过氧化氢溶液

【实验仪器】

可参照实验室制取氢气或二氧化碳气体的简易装置，如图 2-1-6-1 所示。

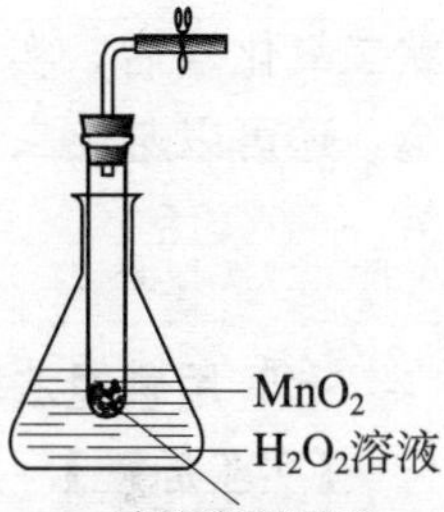

图 2-1-6-1

【实验步骤】

1. 实验前分别观察“粉末状”和“块状”二氧化锰的颜色和状态，向学生说明：为便于催化剂的回收再利用，可使用块状的二氧化锰进行实验。

2. 如图 2-1-6-1 所示组装实验装置。向锥形瓶中加入一定量的5%～10%双氧水，向底部带孔的试管中加入块状的二氧化锰，将装好块状二氧化锰的试管伸入盛有双氧水的锥形瓶中，打开止水夹，观察、记录实验现象。

【注意事项】

“块状”二氧化锰的制备：用熟石膏粉与二氧化锰按质量比 1∶3 混合均匀，加水调成糊状，制成块状或颗粒状，晾干备用。

【实验点评】

二氧化锰是中学化学实验的常用试剂，使用后难以回收。该实验将粉末状的二氧化锰改为块状，其优点有：

1. 操作简单，便于实验的观察和控制。原来用粉末状的二氧化锰进行实验时，需要控制双氧水的浓度和二氧化锰的用量，否则，反应速率太快，实验难以控制。

2. 该方法便于回收催化剂，安全、环保。块状二氧化锰可反复多次循环使用，有一定的经济价值。仅以二氧化锰催化分解双氧水制氧气的分组实验为例：若用粉末状的二氧化锰，一组需要 1 g 二氧化锰，每班按 25 个小组计算，需要消耗 25 g。一个年级 10 个班，共消耗 250 g。若一所学校每年按 20 元消耗计算，一个区县十几所学校，每年消耗几百元，全国累计下来就更为可观。若改用块状二氧化锰后，实现了一次投入，多次循环使用，不仅节约了资金，还可以避免二氧化锰任意丢弃对环境带来的污染。

（韩洪祥　颉俊英）

七、用碘量法验证影响化学反应速率的因素

【实验原理】

在酸性环境下，碘离子被过氧化氢氧化生成碘单质：

$H_2O_2+2H^++2I^-=2H_2O+I_2$

研究此反应的速率可以通过测量生成一定量的碘所需要的时间来进行。该反应是典型的一级反应，比较有说服力。

在实验过程中，若同时加入一定体积的 $Na_2S_2O_3$ 溶液，它迅速与生成的碘单质反应。开始时溶液保持无色，当所有的 $Na_2S_2O_3$ 被消耗时，继续生成的碘迅速使淀粉指示剂呈现蓝色。

$I_2+2S_2O_3^{2-}=2I^-+S_4O_6^{2-}$

若在相同的试剂用量、不同温度条件下进行上述反应，可以验证温度对反应速率的影响；同理亦可验证催化剂对反应速率的影响。

【实验试剂】

1 mol/L 盐酸、0.1 mol/L 碘化钾溶液、0.1 mol/L 双氧水、0.1 mol/L 硫代硫酸钠溶液、2%淀粉溶液、蒸馏水

【实验仪器】

25 mL 量筒、10 mL 量筒、250 mL 锥形瓶、数字式秒表、温度计、100 mL 烧杯

【实验步骤】

1. 用标号为 A 的 25 mL 量筒先后量取 20 mL 的 KI 溶液和 10 mL 蒸馏水加入锥形瓶中（加入蒸馏水的目的是为了保证溶液总体积不变，便于验证溶液浓度不同对反应速率的影响）。用标号

为 A′的 10 mL 量筒量取 10 mL $Na_2S_2O_3$ 溶液也加入锥形瓶，然后加入 6 滴淀粉溶液作指示剂，摇匀。

2. 用标号为 B 的 25 mL 量筒先后量取 20 mL 双氧水和 20 mL 稀盐酸加入 100 mL 烧杯中（如果所取溶液的体积为 10 mL 或 5 mL，换用标号为 B′的 10 mL 量筒）。

3. 将烧杯中的溶液加入锥形瓶中，同时迅速按下秒表开始计时，不断摇动锥形瓶。观察溶液颜色变化，当出现蓝色的瞬间，迅速按停秒表，记录反应所用的时间。一般在 1.5 min 左右变色。

4. 改变反应物的用量（注意要用蒸馏水调节使反应物总体积不变），重复以上过程，可以验证浓度对反应速率的影响。

5. 改变反应温度，重复操作，可以验证温度对反应速率的影响。

6. 在 B 量筒中加入几滴氯化铜溶液（或硝酸银、氯化铁等溶液），重复操作，可以验证催化剂对反应速率的影响。一般在 10～30 s 之后变色。实验时注意观察可发现，在变色前有白色沉淀产生，为催化反应的中间产物。

【注意事项】

1. 实验中可按比例缩小试剂用量，但作为反应物的硫代硫酸钠溶液的用量是关键，直接影响到反应时间。若要缩短实验时间，可以适当减少硫代硫酸钠溶液的用量。

2. 证明催化剂的影响时不能使用二氧化锰，二氧化锰对该反应没有催化作用。

3. 实际操作时，为了简化步骤，可以将双氧水和盐酸事前混合好制成酸化的双氧水，只讨论碘化钾浓度对反应速率的影响。

【实验点评】

1. 上述实验方案可以引导学生探究影响在溶液中进行的化学反应的速率的几种因素，是设计学生探究活动的较好素材。

2. 该实验方案现象明显，易于观察，测定变色的时间也比较准确。同时该反应还可以看到催化反应的中间产物。

（曹葵）

八、用压强传感器探究压强对化学平衡的影响

【实验原理】

对于化学反应：$2NO_2 \rightleftharpoons N_2O_4$，根据勒夏特列原理，当增大压强时，化学平衡向压强减小的方向（即正反应方向）移动；当减小压强时，化学平衡向压强增大的方向（即逆反应方向）移动。

本实验将两个注射器分别充满空气和 NO_2 气体后与压强传感器连接，通过数据采集和数据处理，在电脑屏幕上显示压强变化的实际数据曲线。用自制的木制固定器来实现两个注射器的活塞同时下压，压缩后同时固定，在电脑屏幕上同时出现两条曲线。通过对比，直观地显示压强的变化对 NO_2-N_2O_4 平衡体系的影响。

【实验试剂】

浓硝酸、铜片、NaOH 溶液

【实验仪器】

木制固定器、20 mL 注射器、数据采集器、压强传感器、安装有配套软件的电脑

【实验步骤】

1. 将两个注射器分别充入同体积的空气和 NO_2 气体（利用铜片和浓硝酸反应制备），固定在铁架台上，如图 2-1-8-1 所示连接好实验仪器。

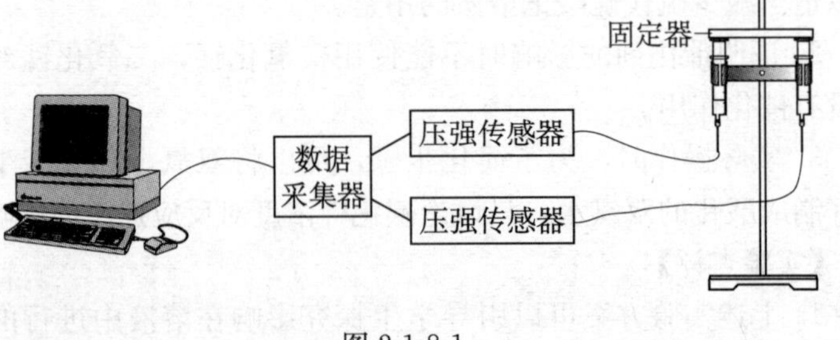

图 2-1-8-1

2. 用力向下压固定器上的木板，迅速旋紧固定螺丝，观察电脑屏幕上的压强曲线变化图。可以观察到充空气注射器的压强曲线在螺丝固定后不再变化，保持水平（如图 2-1-8-2）；而充 NO_2 气

体的注射器的压强曲线在螺丝固定后逐渐下降，说明平衡在向着减小压强的方向移动（如图 2-1-8-3）。

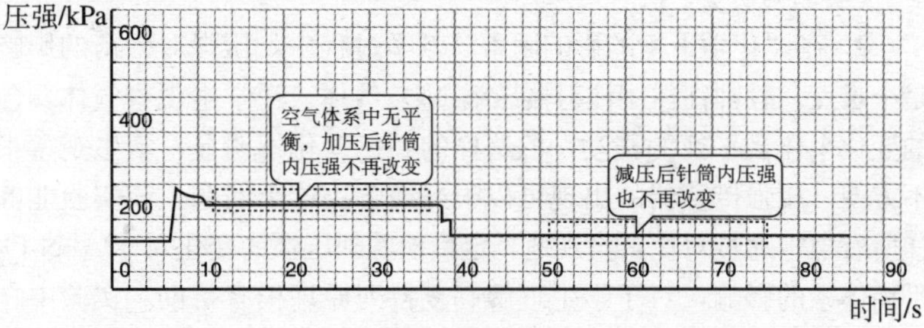

图 2-1-8-2

3. 松开注射器活塞，再旋紧固定螺丝，观察减压后的压强曲线变化。可以发现充空气的注射器的压强曲线在螺丝固定后不再变化，保持水平（如图 2-1-8-2）；而充 NO_2 气体的注射器的压强曲线在螺丝固定后逐渐上升，说明平衡在向着增大压强的方向移动（如图 2-1-8-3）。

4. 实验完毕，将废气通入 NaOH 溶液中进行处理。

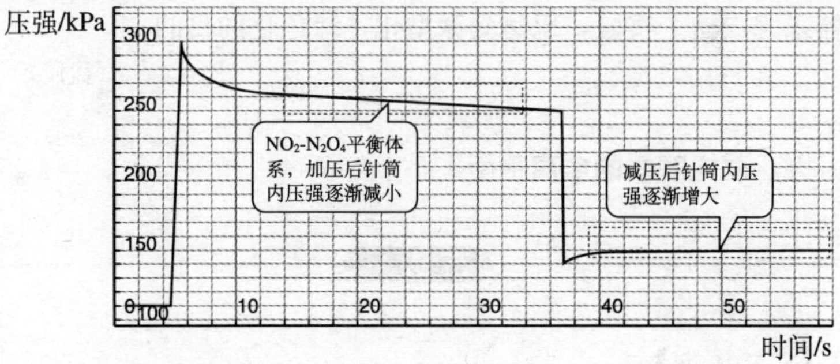

图 2-1-8-3

【注意事项】

1. 装置气密性要好，注射器活塞可以涂少量凡士林，既可润滑也起到密封的作用。

2. 压缩或者松开注射器活塞后要迅速拧紧螺丝，固定好装置，便于学生观察。

3. 曲线图纵坐标范围设置要小，图像才能更清晰，便于观察。

【实验点评】

1. 在“化学平衡的影响因素”教学过程中，压强对平衡的影响是个难点。教师往往用注射器压缩 NO_2 气体，让学生观察气体颜色的变化来体会平衡的移动，但这样的颜色变化不明显，学生观察很不方便。压强传感器的出现可以很好地解决这个问题。该实验能够让所有学生通过对比，直观地、定量地看到压强的变化对 NO_2-N_2O_4 平衡体系的影响，对于学生理解勒夏特列原理很有帮助。实验中自制的木制固定器可以实现两个注射器同时压缩以及压缩后同时固定，不同于传统的手持装置，有效避免了人工直接压注射器的不稳定性。将传感技术引入该实验，直接测量体系中物理量的变化，不仅使学生接触了现代技术，而且使实验探究进入了更深的层面。

2. 由于 NO_2 是有毒气体，在密闭的容器内来完成这个实验，可避免对空气的污染。传统的注射器实验为了让学生便于观察，往往选择体积较大的注射器来完成，实验后产生的污染性气体也较多。由于压强传感器的灵敏度很高，所以我们可以选择体积小的注射器来完成这个实验，以达到微型化、绿色化的目的。

（孟茂）

九、弱电解质的电离平衡

方法一

【实验原理】

在弱电解质溶液中存在着电离平衡，如在 CH_3COOH 溶液中有：

$CH_3COOH \rightleftharpoons CH_3COO^- + H^+$

冰醋酸在稀释过程中离子浓度的变化情况可通过溶液导电能力的变化来判断，由此可以验证稀释过程中离子浓度的变化规律。溶液的导电能力可以通过灯泡的亮度证明，但是灯泡亮度变化不易观察，而且不能定量体现出离子浓度的变化。利用电流表指针的偏转角度证明溶液的导电能力强弱，现象更为直观明显。

【实验试剂】

冰醋酸、蒸馏水

【实验仪器】

具支试管、长颈漏斗、三孔橡胶塞、铜电极、学生电源（6 V）、电流表（0～100 mA）、单向开关、滑动变阻器（0～50 Ω）

【实验步骤】

1. 如图 2-1-9-1 所示组装仪器，向具支试管中加入一定量的冰醋酸，体积大约是试管容积的三分之一。

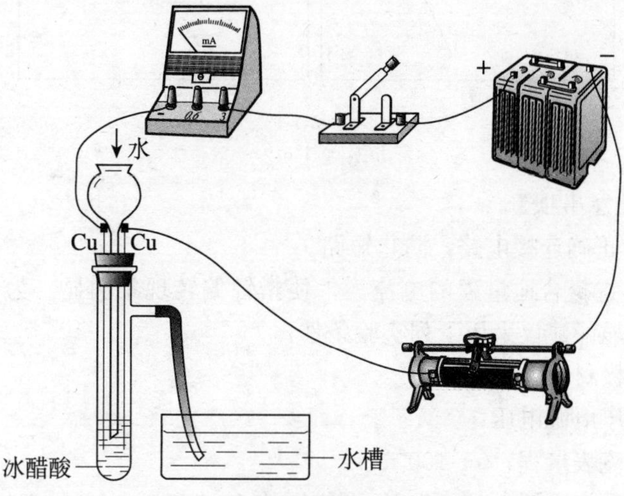

图 2-1-9-1

2. 闭合电路开关，此时电流表指针不偏转，说明纯醋酸不导电，即冰醋酸中只有分子，没有离子。

3. 然后向长颈漏斗中加入蒸馏水，观察电流表指针的偏转，随着加水量的增加，电流表指针逐渐偏转，并且越来越大；加入一定量的水后，电流表指针偏转达到最大值；再继续加水，电流表指针偏转越来越小。说明在稀释过程中，随着醋酸浓度的逐渐减小，溶液中的离子浓度先增大后减小。

电流表指针在醋酸浓度不同时的偏转见图 2-1-9-2（其中 $t_1<t_2<t_3$，且在实验过程中，t_2 时刻电流表指针偏转最大）。

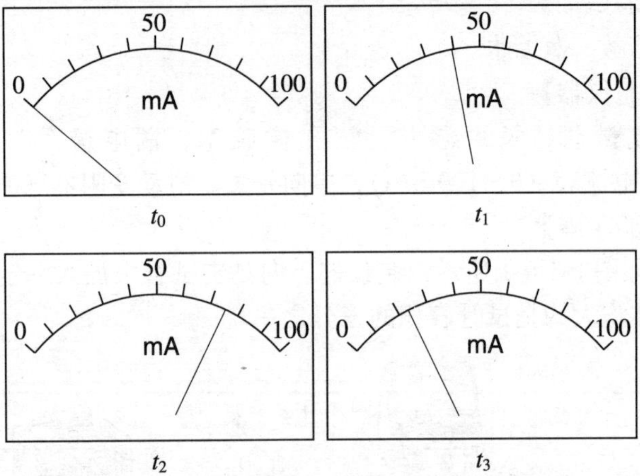

图 2-1-9-2

【注意事项】

1. 正确连接电路，防止短路。

2. 选择合适量程的电流表，使指针偏转现象明显。为使实验现象明显，建议采用下列实验条件：

电极材料：铜丝

稳压电源电压：6 V

电流表量程：0～100 mA

滑动变阻器：0～50 Ω，调整至约 40 Ω

电流表指针偏转最大示数：约 75 mA

3. 因为一般实验室没有铂电极，因此采用铜丝代替。在实验过程中，由于电压较小，铜丝基本没有变化，无明显的腐蚀现象，不影响实验效果。

【实验点评】

1. 实验通过弱电解质稀释过程中溶液导电能力的变化，使学生了解弱电解质在稀释过程中离子浓度的变化情况，有利于启发学生思考。

2. 实验将化学和物理知识有效结合，通过电流表指针偏转的角度反映离子浓度的大小，实验操作简单，现象直观明显，一般中学都可以轻松完成。

3. 三孔橡胶塞密闭性较好，可避免醋酸蒸气大量逸出。稀释后的醋酸可以回收利用。

（崔丽）

方法二

【实验原理】

$CH_3COOH \rightleftharpoons CH_3COO^- + H^+$

冰醋酸在稀释的过程中，由于醋酸浓度与电离度同时变化，其综合作用导致体系的导电性发生变化。

【实验试剂】

冰醋酸、蒸馏水

【实验仪器】

500 mL 分液漏斗、100 mL 具支烧杯（自制）、具支水槽（自制）、25 mL 量筒、磁力搅拌器、升降台、电导率传感器、数据采集器、安装有配套软件的计算机

【实验步骤】

1. 按图 2-1-9-3 所示连接组装仪器。

2. 设定仪器参数，采集时间可选默认，采集间隔为 1 s，选择定制表。

3. 向烧杯中加入 20 mL 冰醋酸，向分液漏斗中加入 500 mL 蒸馏水。

4. 打开磁力搅拌器。

5. 打开分液漏斗活塞向烧杯中加入蒸馏水，与此同时开始采集数据。随着时间的延长，可得到醋酸电导率随时间变化的曲线，

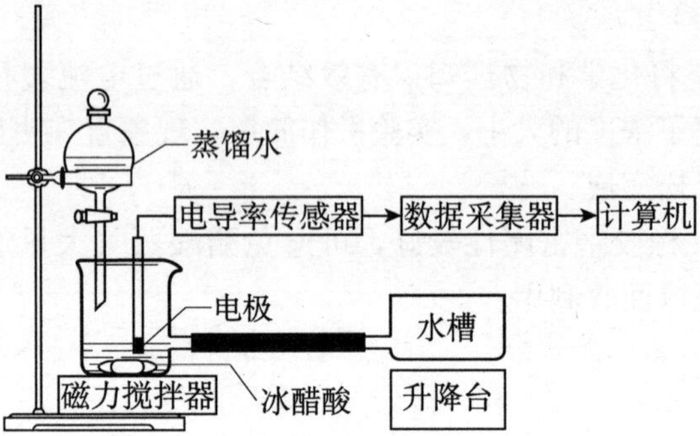

图 2-1-9-3

如图 2-1-9-4 所示。

6. 实验结束后，回收稀释后的醋酸留作他用。

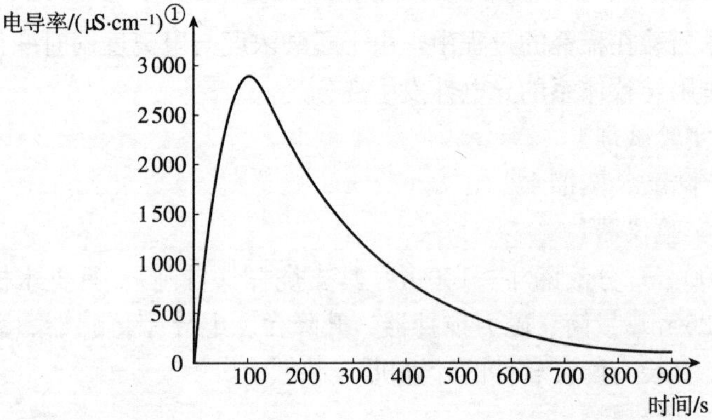

图 2-1-9-4

【注意事项】

1. 搅拌转速要均匀。

2. 加入蒸馏水要缓慢。

【实验点评】

1. 冰醋酸在稀释过程中离子浓度的变化情况是学生理解的难

---

① S 为单位西门子的符号。

点。为了帮助学生解决这一问题，本实验借助电导率传感器来监测冰醋酸在稀释过程中导电性的变化，以此来反映溶液中离子浓度的变化情况。通过实验，学生们能够从采集到的数据和图像直观地了解冰醋酸在稀释过程中导电能力变化的全过程，并可由此推出冰醋酸在稀释过程中离子浓度的变化规律，突破教学难点。

2. 本实验采用了计算机数据采集处理系统，能够连续、快速、准确地采集到电导率数据，并在计算机屏幕上显示出相应的变化曲线，实验效率高，直观性好。

3. 与分次测量不同浓度溶液电导率的方法相比，自制具支烧杯和自制具支水槽的使用既保证了实验可以连续进行，又减少了冰醋酸和蒸馏水的用量，符合绿色化学的理念。

（薛敬东）

十、原电池形成条件的探究

【实验原理】

形成原电池一般需要 4 个基本条件：

1. 发生能够自发进行的氧化还原反应。

2. 电极为两种活泼性不同的金属或一种为较为活泼的金属，另一种为石墨。

3. 有电解质溶液。

4. 构成闭合电路。

【实验试剂】

1 mol/L 硫酸铜溶液、1 mol/L 稀硫酸、无水乙醇、锌片、铜片、铁钉、2 cm 长的铅笔芯若干段

【实验仪器】

多用滴管架及多用滴管（见图 2-1-10-1 Ⅰ）、六孔井穴板（见图 2-1-10-1 Ⅱ）、灵敏电流表

【实验步骤】

分别在六孔井穴板的井穴中加入相应的溶液，选择不同的电极，按下述程序进行操作，并做记录。

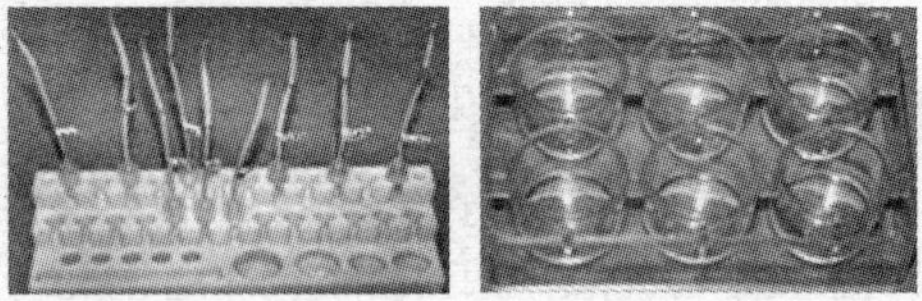

I　　　　Ⅱ

图 2-1-10-1

1. 锌片与铜片平行插入硫酸铜溶液中并与灵敏电流表连接，一段时间后可观察到铜片表面附着一层新生成的红色固体，电流表指针发生偏转。

2. 锌片与铁片平行插入硫酸铜溶液中并与灵敏电流表连接，一段时间后可观察到铁片表面附着红色固体，电流表指针发生偏转。

3. 锌片与铅笔芯平行插入硫酸铜溶液中并与灵敏电流表连接，一段时间后可观察到铅笔芯表面附着红色固体，电流表指针发生偏转。

4. 锌片与铜片插入稀硫酸中并与灵敏电流表连接，一段时间后可观察到铜片上有气泡产生，电流表指针发生偏转。

5. 锌片与铜片平行插入无水乙醇中并与灵敏电流表连接，观察不到任何现象。

6. 锌片与铅笔芯平行插入无水乙醇中并与灵敏电流表连接，观察不到任何现象。

7. 实验完毕，把用过的乙醇回收起来可作为燃料，回收硫酸铜溶液和稀硫酸可用于其他实验。将金属片用蒸馏水洗净晾干，可重复使用。

8. 根据实验现象及记录，讨论并归纳得出形成原电池的条件。

【实验点评】

用井穴板作为盛装溶液的容器，可用较小的锌片、铜片和铅笔芯代替常规实验中的大金属片和碳棒等进行实验，既便于学生独自操作，又因实验设计方案独特而有利于提高学生的学习兴趣和创新能力。

整个实验所用的每种溶液的用量约为 1 mL，仅为常规实验的 1/10，节约了药品，降低了废弃物的总量。尤其是实验完毕后注重强调电极材料的洗净、回收和重复利用，以及实验废弃溶液的回收和再利用，体现了绿色化学的理念。

（李安峰　卢巍）

十一、电解饱和食盐水

【实验原理】

电解饱和食盐水可产生氢气、氯气及氢氧化钠：

$$2NaCl+2H_2O \xlongequal{\text{通电}} H_2\uparrow+Cl_2\uparrow+2NaOH$$

【实验试剂】

饱和食盐水、NaOH 溶液、酚酞溶液、淀粉碘化钾试纸、发泡剂、蒸馏水

【实验仪器及其他用品】

10 cm 培养皿、6 V 直流电源、75 mm 漏斗、粗铁钉、碳棒、导线、棉花

【实验步骤】

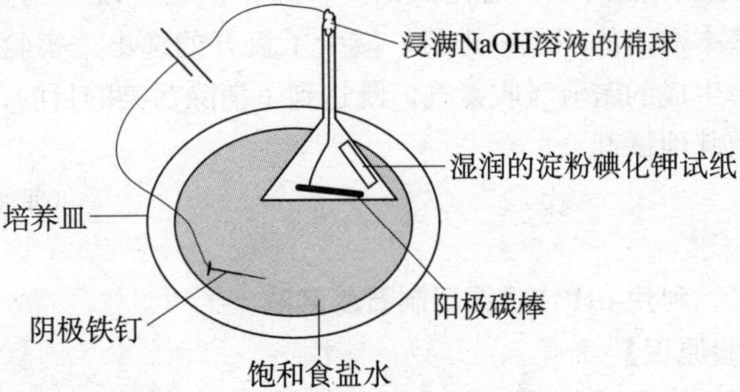

图 2-1-11-1

1. 将洁净的铁钉用导线连接在电源的负极。

2. 碳棒用导线穿过漏斗与电源正极连接。用镊子将湿润的淀粉碘化钾试纸贴在漏斗内壁。

3. 在培养皿内倒入适量的饱和食盐水。

4. 阳极碳棒斜放在饱和食盐水中，将漏斗倒扣在其上方。铁钉放在培养皿内漏斗外的溶液中。漏斗底端管口用浸满 NaOH 溶液的棉球塞住。在阴极附近滴 2～3 滴酚酞溶液。

5. 打开电源开关，可发现阴极附近溶液变红，铁钉表面产生气泡。滴 4～5 滴发泡剂，用燃着的火柴点燃，可听到轻微的爆鸣声。漏斗内壁湿润的淀粉碘化钾试纸先变蓝而后又褪色。

6. 实验完毕，将漏斗轻轻拿起但使其不脱离液面，移到阴极区，使碱液进入漏斗内吸收氯气。

【注意事项】

1. 阳极碳棒应斜放在饱和食盐水内，碳棒上的铜帽不与食盐水接触。

2. 发泡剂应在反应产生气泡、溶液变红后再加入，因为发泡剂本身显碱性。

【实验点评】

1. 本实验可使学生观察到电解过程并检验电解产物，帮助学生理解电解饱和食盐水的原理。

2. 实验用品简单，消耗试剂少，操作简便，现象明显。阳极反应在基本密闭的环境中进行，减少了氯气的逸出。实验结束后，用反应中生成的碱液吸收氯气，既达到了消除污染的目的，又没有过多使用其他试剂。

（郭善刚）

十二、利用 pH 传感器配制石蕊溶液

【实验原理】

石蕊（主要成分用 HL 表示）在水溶液中能发生如下电离：HL(红色)$\rightleftharpoons H^{+}+L^{-}$(蓝色)。在酸性溶液里，上述电离平衡向左移动，红色的分子是存在的主要形式，溶液显红色；在碱性溶液里，上述电离平衡向右移动，蓝色的酸根离子是存在的主要形式，溶液显蓝色；在中性溶液里，红色的分子和蓝色的酸根离子同时存

在，溶液显紫色。

石蕊能溶于水，变色范围是 pH 5.0～8.0。

【实验试剂】

石蕊指示剂、0.000 1 mol/L 醋酸、工业酒精

【实验仪器】

烧杯、滴管、磁力搅拌器、pH 传感器、数据采集器、安装有配套软件的电脑

【实验步骤】

1. 取石蕊固体 0.5 g 加入 25 mL 水中搅拌，静置 24 h，过滤并弃去滤渣。取 95%（体积分数）的工业酒精 15 mL 加入到滤液中，用蒸馏水稀释到 50 mL。

2. 将上述石蕊溶液倒入烧杯中，再将 pH 传感器的探头浸入石蕊溶液中，如图 2-1-12-1 所示连接好实验仪器。开启磁力搅拌器，测量石蕊溶液的起始 pH（约为 9.90）。

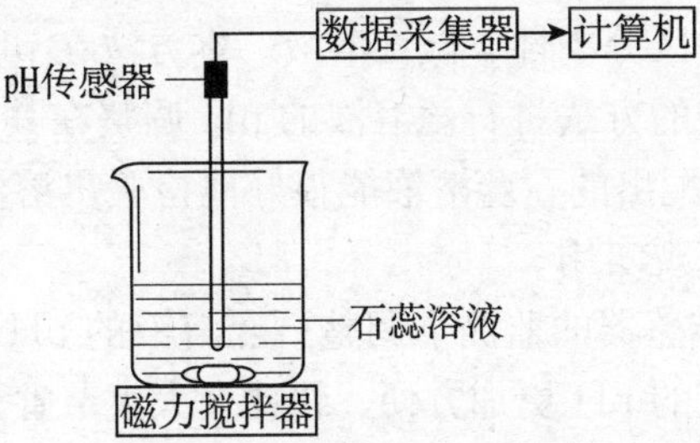

图 2-1-12-1

3. 连续测量石蕊溶液的 pH，边测量边向其中滴加0.000 1 mol/L 醋酸，直至在电脑屏幕上看到石蕊溶液的 pH 接近 7。

4. 待 pH 稳定一段时间后（约 2 min）停止测量。石蕊溶液的 pH 随时间变化的曲线如图 2-1-12-2 所示。此时石蕊溶液的 pH 大约为 7。

【注意事项】

1. 调节石蕊溶液的 pH 所用到的醋酸一定要非常稀，最好在 0.000 1 mol/L 左右。如果太浓，很容易超出石蕊的变色范围而显

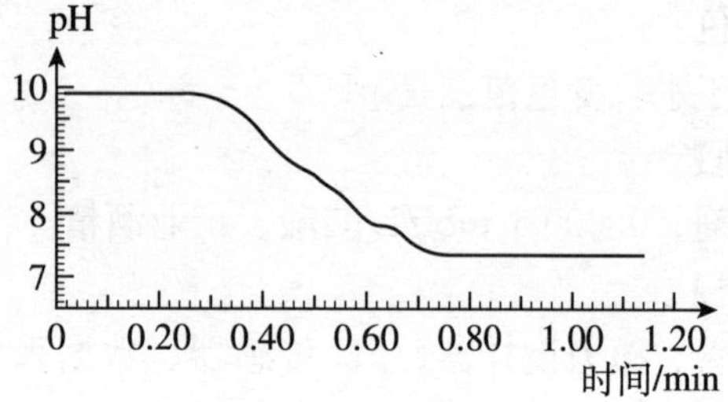

图 2-1-12-2

酸性。

2. 如果醋酸加多了导致石蕊溶液显酸性，可以通过滴加稀氨水来调节 pH。

【实验点评】

1. 用市售的石蕊指示剂配制的石蕊溶液的 pH 通常为 9.90 左右，已超出了石蕊指示剂的变色范围。如果把这种石蕊溶液分别加入到酸性、中性、碱性溶液，则会在中性溶液和碱性溶液中显示相同的颜色，无法区分中性、碱性溶液。本方法在 pH 传感器的监测下，用加入醋酸的方法将石蕊溶液的 pH 调整在其变色范围 5.0～8.0 之间，这样配出的石蕊溶液能很好地检验出溶液的酸碱性，颜色变化明显，直观实用。

2. 在 pH 传感器的监测下调整石蕊溶液的 pH，比使用 pH 试纸调整石蕊溶液的 pH 更加方便、快捷，大大节省了操作时间。

3. 使用 pH 在其变色范围的石蕊溶液鉴别待测溶液的酸碱性，仅需要很少的石蕊溶液就可以较准确地区分出待测溶液是中性还是碱性，提高了鉴别效率，避免了学生因看不到正确的实验现象而大量使用试剂。

（孙翠萍　孙燕渤）

第2节 卤族元素

一、铁与氯气反应

【实验原理】

铁与氯气可发生如下反应：$2Fe+3Cl_2 \xlongequal{点燃} 2FeCl_3$

$FeCl_3$ 是棕褐色固体，铁丝在干燥的氯气中燃烧应生成棕褐色的烟。如果在敞口的集气瓶中操作往往观察到生成棕黄色的烟，这是因为氯化铁在空气中极易生成 $FeCl_3 \cdot 6H_2O$，显棕黄色。

【实验试剂】

氯气、细铁丝、NaOH 稀溶液

【实验仪器】

集气瓶、双孔橡胶塞（其中有一孔固定的是内热电烙铁发热芯）、电源、止水夹、导管、烧杯

【实验步骤】

1. 在集气瓶中收集干燥的氯气，用双孔橡胶塞盖严，其中有一孔固定的是内热电烙铁发热芯，上面缠有细铁丝，装置如图 2-2-1-1 所示。

图 2-2-1-1

2. 接通电源约 1 min 后，可看到铁丝红热，有棕褐色的烟生成，马上断开电源，利用余热，集气瓶中逐渐有大量棕褐色的烟生成。

3. 待集气瓶冷却后，打开止水夹，NaOH 溶液进入集气瓶，生成红褐色沉淀，同时也吸收了剩余的氯气。

【注意事项】

1. 实验电源采用 220 V 交流电源，应注意使用安全。此实验要想观察到棕褐色的烟，关键是收集干燥的氯气。刚有棕褐色的烟

生成时，马上断开电源，充分利用余热继续反应，同时也可保证 NaOH 溶液进入集气瓶时，不发生短路。

2. 再次使用时，应保证内热电烙铁发热芯充分干燥，防止事故发生。

【实验点评】

1. 对铁与氯气反应生成 $FeCl_3$ 的颜色的描述，在教学中是经常出现问题的地方。采用上述实验方案，在密闭的集气瓶中收集干燥的氯气进行实验，可以观察到 $FeCl_3$ 棕褐色的烟。由此还可以引导学生归纳和思考常见的过渡元素离子如 Cu^{2+} 和 $[Cu(H_2O)_4]^{2+}$ 不同颜色的情况。

2. 采用密封式电加热的方法可以防止氯气扩散，减少空气污染，防止空气中水蒸气的干扰。实验操作简单快速，现象明显，装置可以重复使用。

（崔丽）

二、铜丝、铁丝在氯气中的燃烧

【实验原理】

$$MnO_2+4HCl(浓)\xlongequal{\triangle}MnCl_2+2H_2O+Cl_2\uparrow$$

$$Cu+Cl_2\xlongequal{点燃}CuCl_2$$

$$2Fe+3Cl_2\xlongequal{点燃}2FeCl_3$$

$$CuCl_2+2NaOH=Cu(OH)_2\downarrow+2NaCl$$

$$FeCl_3+3NaOH=Fe(OH)_3\downarrow+3NaCl$$

【实验试剂】

二氧化锰、浓盐酸、细铜丝、细铁丝、氢氧化钠溶液、淀粉碘化钾试纸、棉花团

【实验仪器】

气体实验微型装置①：单球长管、集气管、胶头滴管、多用滴

① 气体实验微型装置见本书第三章第二节，下同。

管、T形管、带球导管、酒精灯、带导管的橡胶塞、洗耳球

【实验步骤】

1. 检查装置气密性。

根据图 2-2-2-1 所示连接仪器，在集气管的管口塞紧橡胶塞，将带球导管的下端伸入水面下，慢慢挤压滴管，如果导管口有气泡出现，说明装置不漏气。

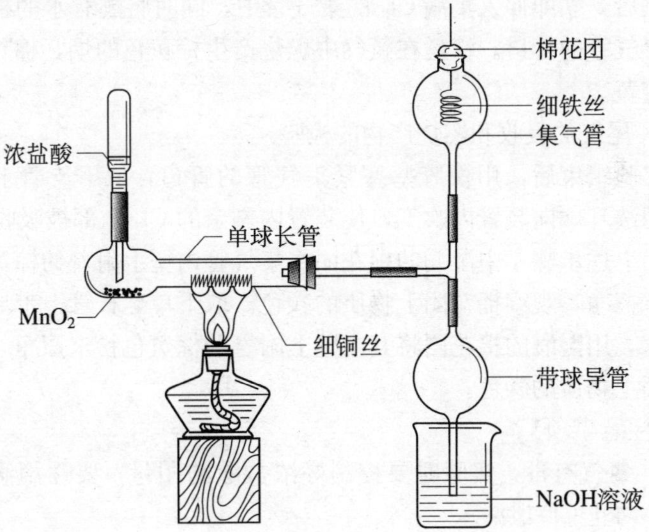

图 2-2-2-1

2. 制取 Cl_2。

在单球长管中加入少量 MnO_2，将螺旋状的细铜丝放入直管内，在集气管的管口塞一团棉花，将带球导管的下端伸入盛有少量 NaOH 溶液的烧杯中。将吸有浓盐酸的滴管插入单球长管的支管内（滴管和支管之间用乳胶管密封连接），逐滴加入几滴浓盐酸，用酒精灯对反应混合物稍微加热，制取少量 Cl_2。在集气管的管口用湿润的淀粉碘化钾试纸检验 Cl_2。验满后用橡胶塞塞紧管口，多余的 Cl_2 通入 NaOH 溶液中吸收。

3. 铜丝在氯气中的燃烧。

用酒精灯加热单球长管内螺旋状的细铜丝，过一会儿可以看到

铜丝出现红热，管内有棕黄色的烟生成。此时停止加热，细铜丝持续保持红热，继续燃烧生成棕黄色的烟。铜丝燃烧时可以看到带球导管内出现倒吸，实验结束后，用湿润的淀粉碘化钾试纸在导管口检验 Cl_2。

4. 铁丝在氯气中的燃烧。

继续滴加浓盐酸并加热制取少量 Cl_2，将细铁丝在酒精灯火焰上灼热后，立即伸入集满 Cl_2 的集气管中，同时将蘸有水的棉花团塞在集气管的管口。铁丝在氯气中燃烧产生棕黄色的烟，棉花团的颜色变黄。

5. 尾气的吸收和燃烧产物的检验。

实验结束后，用橡胶塞塞紧集气管的管口，取下支管上的滴管，用洗耳球向装置内吹气，使装置内剩余的 Cl_2 全部被吸收。

用上述步骤 4 中湿润的棉花团将集气管内壁上附着的棕黄色固体粉末擦净，观察棉花团上物质的颜色。取下单球长管上带导管的橡胶塞，用湿润的棉花团将其内壁上附着的棕黄色粉末擦净，观察棉花团上物质的颜色。

【注意事项】

1. 氯气有毒，实验时要控制好浓盐酸的用量，要逐滴滴加浓盐酸，防止 Cl_2 泄漏。

2. 要注意防止倒吸，倒吸可能导致单球长管炸裂。调整好带球导管插入液面的深度，当液体被倒吸入小球内时，烧杯内的液面要低于导管的管口。

【实验点评】

铜丝、铁丝在氯气中燃烧的实验容易造成氯气泄漏而产生污染，而本实验设计将氯气的制备和金属在氯气中燃烧的实验合二为一，只需消耗少量药品即可完成有关实验，并且几乎没有尾气污染，实现了该实验的绿色化。

（赵东洋）

三、氯气与钠、铁、铜、磷的反应

【实验原理】

氯气可以与许多金属单质和非金属单质反应，表现出强氧化性。

【实验试剂】

氯气、钠、铁、铜、红磷、氢氧化钠溶液

【实验仪器】

200 mL 注射器、硬质玻璃管、酒精灯、小烧杯

【实验步骤】

1. 用 200 mL 注射器吸入 100 mL 氯气备用。如图 2-2-3-1 所示连接装置。

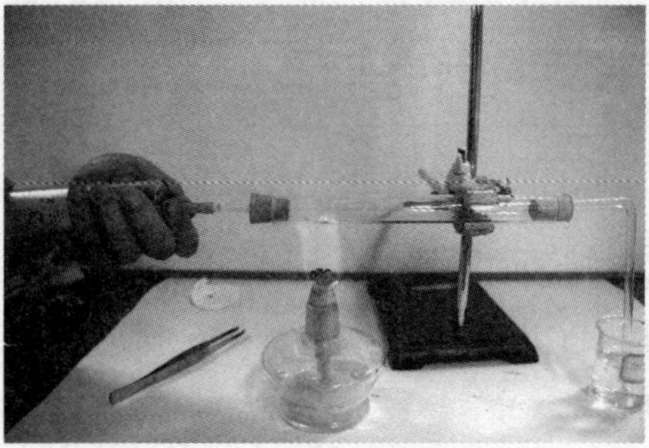

图 2-2-3-1

2. 先用酒精灯加热硬质玻璃管，驱除其中的空气，同时预热硬质玻璃管。取绿豆粒大小的钠（钠块过大，硬质玻璃管容易炸裂），将镊子及钠表面的煤油擦干净（否则反应后试管变黑，干扰实验现象），放入硬质玻璃管中。待钠刚刚熔成小球，立即轻推注射器活塞使氯气进入，钠立即与氯气反应，观察到燃烧现象后立即熄灭酒精灯，钠继续燃烧，发出亮黄色火焰，并有白烟生成。

3. 实验结束后可用注射器注入空气，排出硬质玻璃管中可能残留的氯气，并用氢氧化钠溶液吸收。

4. 铁丝、铜丝、红磷与氯气反应的实验操作与上述类似。

【注意事项】

1. 在加入固体反应物之前，用酒精灯均匀加热硬质玻璃管，以减少氧气的干扰。

2. 固体反应物的用量要少，否则消耗的氯气会很多。

3. 用注射器压入氯气时要缓慢。

【实验点评】

1. 本实验可以使学生直接观察到氯气与金属反应的现象，认识氯气的性质。

2. 本实验试剂用量少，现象明显，反应在密闭的条件下进行，尾气可被充分吸收，几乎没有污染。

（熊美容）

四、磷在氯气中燃烧的微型实验

【实验原理】

$2KMnO_4+16HCl=2KCl+2MnCl_2+8H_2O+5Cl_2\uparrow$

$2P+3Cl_2\xlongequal{\triangle}2PCl_3$

$PCl_3+Cl_2=PCl_5$

【实验试剂】

高锰酸钾、浓盐酸、红磷、浓氢氧化钠溶液、玻璃纤维

【实验仪器】

气体实验微型装置：单球长管、酒精灯、滴管、带导管的橡胶塞、止水夹、烧杯

【实验步骤】

1. 检查装置的气密性。

如图 2-2-4-1 所示，连接组装仪器，用手挤压滴管，观察导管口是否有气泡冒出。如果装置不漏气，继续进行下列实验。

2. 制取少量氯气。

拔开橡胶塞，在单球长管内加入少量高锰酸钾粉末，水平直管部分放入极少量的红磷（为了防止炸裂，应垫上少量玻璃纤维）。

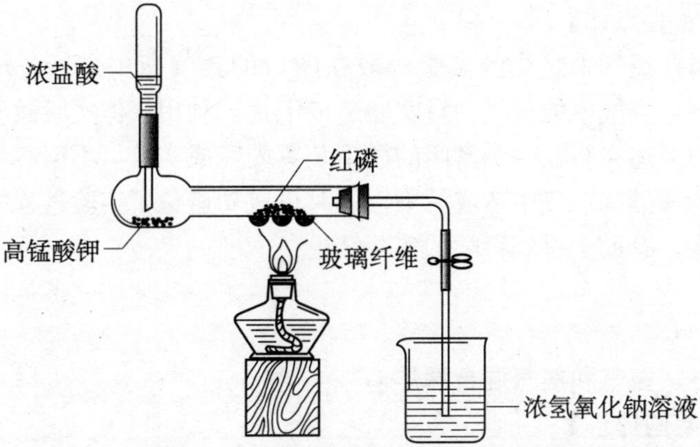

图 2-2-4-1

滴管内吸取少量浓盐酸插入单球长管的支管内，用带有导气管的橡胶塞塞紧管口，导管的另一端插入盛有浓氢氧化钠溶液的烧杯中。逐滴滴入几滴浓盐酸，制取氯气。

3. 试验磷在氯气中的燃烧。

对直管中的红磷稍微加热（或者不加热）红磷即可在氯气中燃烧，可观察到管内出现白色烟雾，管壁上有细小液滴和固体颗粒出现。在红磷燃烧过程中会出现倒吸迹象，这时应用止水夹夹住乳胶管，同时再继续滴入浓盐酸，补充适量氯气，使红磷充分燃烧。

红磷完全燃烧后，打开止水夹，再向凹坑内滴加几滴浓盐酸，产生少量的氯气，观察装置内管壁上燃烧产物的变化。

4. 尾气的吸收。

实验结束后取下滴管，用一支洗耳球对准支管向装置内吹气，使氯气等剩余物全部排出，并被充分吸收，防止污染。最后，取下橡胶塞，用蘸有浓氢氧化钠溶液的棉花团仔细擦拭单球长管的内壁。

【注意事项】

磷燃烧时，氯气被很快地消耗，会出现倒吸现象。关闭止水夹后，要及时滴加几滴浓盐酸，补充足量的氯气，使红磷完全燃烧，防止剩余的红磷在实验结束后继续在空气中燃烧。

【实验点评】

磷在氯气中燃烧的实验一般在敞口的集气瓶中进行，污染严重，而且空气中的氧气会对实验造成干扰。利用气体实验微型装置设计的上述实验在一个密闭的微型装置内完成实验，不但避免了实验产物逸散到空气中造成污染，同时也成功避免了实验过程中氧气的干扰，有助于得到科学的实验结论。

（张重相）

五、氢气和氯气混合爆炸

【实验原理】

氢气和氯气按照一定的比例混合，在光照条件下可以发生爆炸。

$H_2+Cl_2 \xlongequal{光照} 2HCl$

反应后生成的氯化氢气体以及没有反应的氯气可以用氢氧化钠溶液吸收，防止污染空气。

$2NaOH+Cl_2=NaCl+NaClO+H_2O$

$NaOH+HCl=NaCl+H_2O$

【实验试剂】

高锰酸钾、镁条（0.5 cm 和 10 cm 长的各一根）、浓盐酸、氢氧化钠溶液

【实验仪器】

铁架台、试管（直径 18 mm 或 20 mm）、坩埚钳、酒精灯、用泡沫塑料制作的塞子

【实验步骤】

1. 取一支大试管，再取一块泡沫塑料做成塞子与试管口相配套。

2. 将试管固定在铁架台上，在试管中加入极少量的高锰酸钾（刚刚盖满试管底，可以用小药匙取 1 至 2 匙，质量约

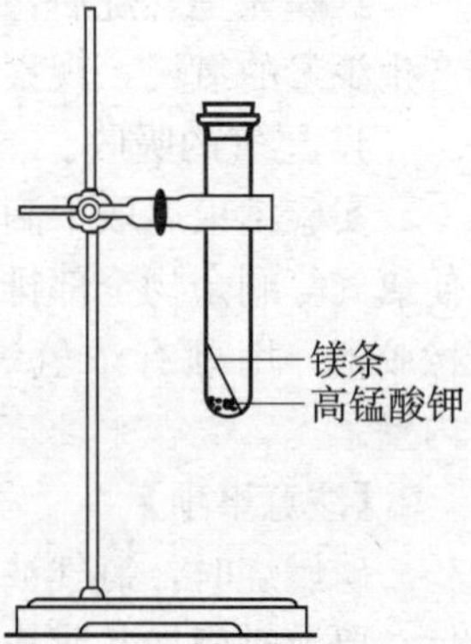

图 2-2-5-1

0.05 g)，取两段镁条，一段长 0.5 cm 左右，另一段长 10 cm 左右，用砂纸擦亮，点燃酒精灯备用。

3. 在试管中滴入浓盐酸，立即有氯气生成，3～5 s 后将0.5 cm 长的小镁条放入试管中，盖好泡沫塑料塞子。再等候 3～5 s 左右，使氯气和氢气充分混合。在试管外点燃 10 cm 长的镁条，试管中的混合气体发生爆炸，将塞子弹起。

4. 将氢氧化钠溶液倒入试管中，吸收多余的氯气及反应生成的氯化氢。

【注意事项】

1. 不能用二氧化锰、氯酸钾代替高锰酸钾。

2. 塞子要用泡沫塑料制作，普通的橡胶塞太重，容易发生意外。同时仔细检查试管，要使用完好的试管，避免试管炸裂。

3. 高锰酸钾和镁条不要同时放入，否则氢气产生得快，而氯气生成得慢而少，导致实验成功率低。

4. 如果第一次点燃镁条没有发生爆炸，可以立即点燃另一条 10 cm 长的镁条，如果点燃两根镁条后依然没有爆炸，则实验失败。

【实验点评】

该实验现象明显、成功率高。实验装置小型化，药品用量少，产生的有害气体少。实验完成后立即向试管中加入氢氧化钠溶液，吸收氯气和氯化氢气体，尽量减少了实验过程中的污染物排放。

（曹葵）

六、氢气在氯气中的燃烧

【实验原理】

稳定的氢气流可以在纯净的氯气中安静地燃烧，生成的氯化氢极易溶于水。

$$H_2 + Cl_2 \xlongequal{点燃} 2HCl$$

实验中剩余的氯气可以被氢氧化钠溶液吸收。

$$Cl_2 + 2NaOH = NaCl + NaClO + H_2O$$

【实验试剂】

锌粒、3 mol/L 硫酸、氯气、水、紫色石蕊溶液、2%氢氧化钠溶液

【实验仪器】

250 mL 圆底烧瓶、250 mL 锥形瓶、气球、玻璃尖嘴导管、导气管、止水夹、铁架台、铁圈

【实验步骤】

1. 实验准备

(1) 在圆底烧瓶中收集满氯气，用橡胶塞塞紧，倒置在铁架台的铁圈上。

(2) 在盛水的烧杯中，滴入紫色石蕊溶液。滴入量以水的颜色变紫为宜。

(3) 将带有短玻璃导管和玻璃尖嘴导气管的双孔橡胶塞安装在烧瓶上，短导管伸出橡胶塞约 0.5 cm，尖嘴导管伸进烧瓶至其容积的 1/4～1/3 处。用胶头滴管向气球中滴入 1～2 mL 水，用橡皮筋将气球系在短玻璃导管上。最后用乳胶管将尖嘴导管与制氢气的简易装置相连（如图 2-2-6-1）。

2. 用简易装置制取氢气，验纯后点燃。左手取下装氯气烧瓶的橡胶塞时，用右手迅速将点燃氢气的尖嘴导管伸入烧瓶内，同时塞紧双孔橡胶塞，如图 2-2-6-1 所示。此时可看到氢气在氯气中安静地燃烧，燃烧火焰与氢气在空气中的燃烧明显不同，为苍白色。燃烧持续一段时间后，由于燃烧产生的热使烧瓶内气体膨胀，气球逐渐胀大。待氯气的黄绿色逐渐变淡后，用止水夹夹住乳胶管，停止通氢气，燃烧反应停止。

3. 撤去制氢气的装置，将烧瓶取下，倒转，使气球内的水进入烧瓶中，此时可以看到烧瓶内产生大量白雾（由氯化氢溶于水产生）。

4. 将烧瓶倒放在铁圈上，将尖嘴导管与导气管相连后，再将导气管下口放入烧杯液面以下接近烧杯底部，如图 2-2-6-2 所示。打开止水夹，可看到烧瓶内形成美丽的喷泉，逐渐上升的液面上白

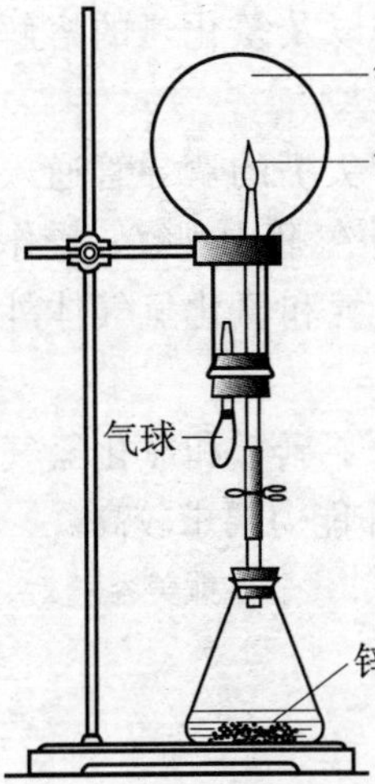

图 2-2-6-1

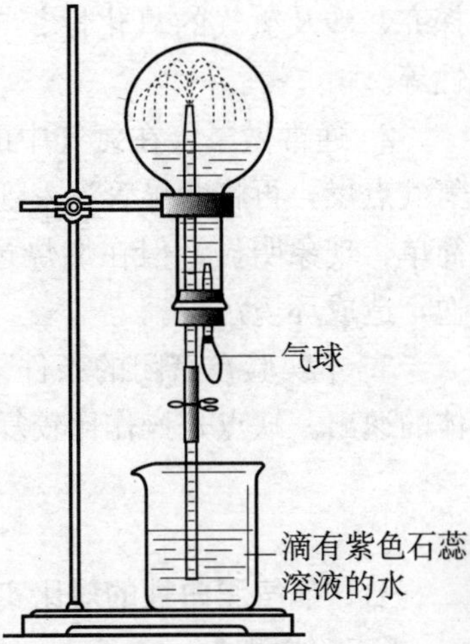

图 2-2-6-2

雾茫茫，烧杯中紫色的水到达烧瓶后变为红色。一段时间后烧瓶内的水又变成了无色（这是由于未完全燃烧的氯气溶于水产生的次氯酸具有漂白作用）。当烧瓶中液面上升到烧瓶容积的一半左右，关闭导气管的止水夹，停止实验。将导气管插入另一个盛有 2% NaOH 溶液的烧杯中（烧杯内先滴入 1～2 滴酚酞溶液），打开止水夹，继续进行喷泉实验，直到喷泉不再产生。

【注意事项】

1. 装置的气密性要好，将燃着的尖嘴插入氯气中时动作要快，否则不仅达不到环保和绿色化学的要求，还影响喷泉实验的效果。

2. 产生的氢气气流要平稳，点燃时火焰高度以 1～1.5 cm 为宜。

3. 在氢气燃烧的过程中要特别注意，当火焰快要熄灭时应立即停止通入氢气，确保氯气过量。

4. 连接烧瓶和制氢气装置的乳胶管的长度，以点燃氢气伸进烧瓶时乳胶管弯曲后不堵为宜。

【实验点评】

1. 本实验方案可以引导学生对氯气的主要性质进行一系列的

探究，涉及氯气的氧化性、与氢氧化钠的反应以及氯化氢的溶解性等。

2. 通常做氢气在氯气中的燃烧实验是用带尖嘴的弯导管通入氢气点燃，再将弯导管深入到盛有氯气的敞口集气瓶中观察，操作简单，现象明显，但在燃烧过程中有大量的氯气和氯化氢气体外逸，造成环境污染。

3. 本实验在密闭的条件下进行，大大减少了氯气和氯化氢气体的逸出。缺点是操作比较复杂，对教师的操作能力要求较高。

（熊美容）

七、氯气漂白性的对比实验

【实验原理】

采用具支U形管作为反应器，在一个反应器中同时进行干燥氯气与湿润氯气漂白性的检验。

$Cl_2 + H_2O = HCl + HClO$

（具有漂白性）

【实验试剂】

高锰酸钾固体、浓盐酸、5%氢氧化钠溶液、块状无水氯化钙

【实验仪器及其他用品】

具支U形管（高15 cm，管间距4 cm）、注射器（10 mL）、气球、海绵、有色花瓣

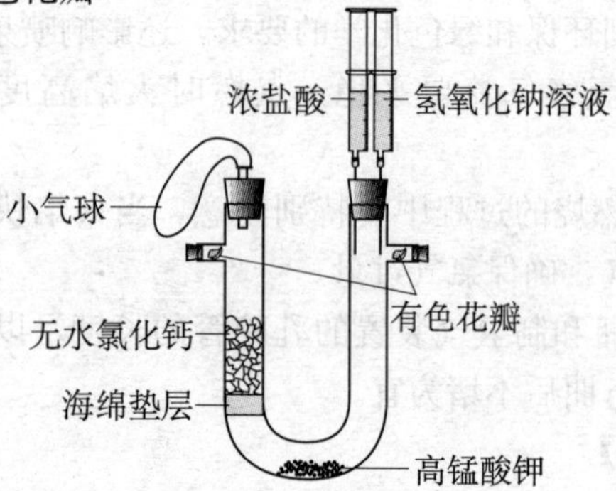

图 2-2-7-1

【实验步骤】

1. 向具支U形管中加入少量高锰酸钾固体。

2. 向左侧管中加入一小块海绵作为垫层，再加入小块无水氯化钙。

3. 准备两片有色干花瓣，放到两个横支管中，均用橡胶塞封住支管口。

4. 在U形管的左侧管处绑一个小气球，右侧管插入两个已事先分别吸好浓盐酸和氢氧化钠溶液的注射器。

5. 将约2 mL浓盐酸注射到U形管中，产生氯气，小气球慢慢鼓起，观察两侧花瓣的颜色变化。待反应结束后，注射10 mL氢氧化钠溶液到U形管中，吸收多余的氯气，小气球变瘪。

【注意事项】

1. 实验前要保证仪器的干燥。

2. 海绵的大小要适宜，太大会造成气体不流通，太小则支撑不住块状氯化钙。

3. 有色干花瓣的选取是关键。不能选取新鲜花瓣，因为鲜花瓣本身就含有丰富的水分，会导致对比实验的失败。

【实验点评】

1. 本实验方案将氯气的制取和漂白性质及尾气处理合并在一起，对比效果明显。

2. 如果在装有氯水的广口瓶和盛有氯气的集气瓶中进行氯气漂白性质的实验，难免有氯气逸出。本实验方案在密闭的U形管中进行，几乎没有有害气体逸出。

3. 使用注射器添加反应物，操作方便，便于控制反应物的用量。使用小气球可缓解反应器内部压力的增大，使U形管中的反应更为安全。

（李海燕）

八、氯气的实验室制备及化学性质的系列实验

【实验原理】

利用浓硫酸溶于盐酸时放热使浓盐酸挥发制备氯化氢，潮湿的氯化氢和高锰酸钾反应生成氯气，其后可以进行氯气的一系列化学性质的实验。有关反应：

$2KMnO_4+16HCl=2KCl+2MnCl_2+5Cl_2\uparrow+8H_2O$

$Cl_2+2KI=2KCl+I_2$

$Cl_2+2NaOH=NaCl+NaClO+H_2O$

【实验试剂】

高锰酸钾固体、紫色石蕊溶液、0.1 mol/L 碘化钾溶液、6 mol/L 氢氧化钠溶液、12 mol/L 盐酸、18 mol/L 硫酸

【实验仪器】

分液漏斗、250 mL 圆底烧瓶、硬质玻璃管（直径 18 mm）、铁架台

【实验步骤】

1. 如图 2-2-8-1 所示连接好装置，并检查装置的气密性。

2. 在 b 中加入 20 mL 浓盐酸，a 中加入少量浓硫酸，管内①至④处的棉花分别是：①包有高锰酸钾固体；②蘸有紫色石蕊溶液；③蘸有碘化钾溶液；④蘸有氢氧化钠溶液。

3. 打开分液漏斗，缓慢滴加浓硫酸，烧瓶内产生大量白雾。

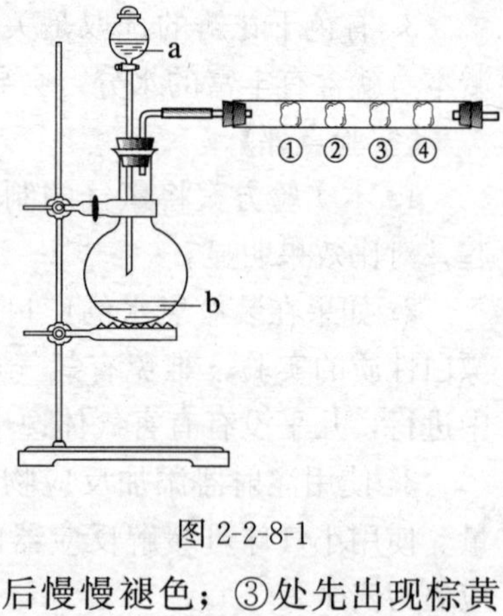

图 2-2-8-1

4. ②处紫色石蕊溶液先变红，后慢慢褪色；③处先出现棕黄色，后慢慢褪色；④处无明显变化。

【注意事项】

1. 注意控制浓硫酸的滴加速率。

2. 为了控制生成氯气的速率，便于观察实验现象，包高锰酸

钾固体的棉花不要蘸水，棉花的厚度要适宜。

3. 为了控制尾气的排放，④处要用较浓的碱液。

4. 各棉花团之间要有一定的间隔。

【实验点评】

1. 本实验方案采用潮湿的氯化氢和固体高锰酸钾反应生成氯气，可以启发学生理解实验室制备氯气的原理，有利于开拓学生思路。采用向浓盐酸中滴入浓硫酸的方法在实验室中获得少量氯化氢气体，也是启发学生灵活思考问题的实例。

2. ③处先出现棕黄色，后慢慢褪色，主要涉及两个过程：

$Cl_2+2I^-=I_2+2Cl^-$（碘单质呈棕黄色）

$5Cl_2+I_2+6H_2O=12H^++10Cl^-+2IO_3^-$（过量的氯气和碘继续反应，产物无色）

3. 本装置完成了氯气的制备、性质实验和尾气吸收，操作简单，多个实验同时完成。本装置还可用来完成二氧化硫制备及其性质的系列实验。

（熊美容）

九、氯气与氨气的反应

【实验原理】

氯气可以与某些具有还原性的气体（如氨气、二氧化硫等）反应，表现出强氧化性：

$8NH_3+3Cl_2=6NH_4Cl+N_2$

方法一

【实验试剂】

氯气、浓氨水、氢氧化钠稀溶液

【实验仪器】

100 mL 注射器、试管（20 mm×200 mm）、止水夹、烧杯

【实验步骤】

1. 用注射器收集 50 mL 左右的氯气，用橡胶塞堵住管口，备用。

2. 在试管中滴入两滴浓氨水，如图 2-2-9-1 所示连接好装置，用两个止水夹分别夹住乳胶管。打开左侧的止水夹，缓慢地推动注射器，使氯气进入试管中，可以看到有大量白烟生成。

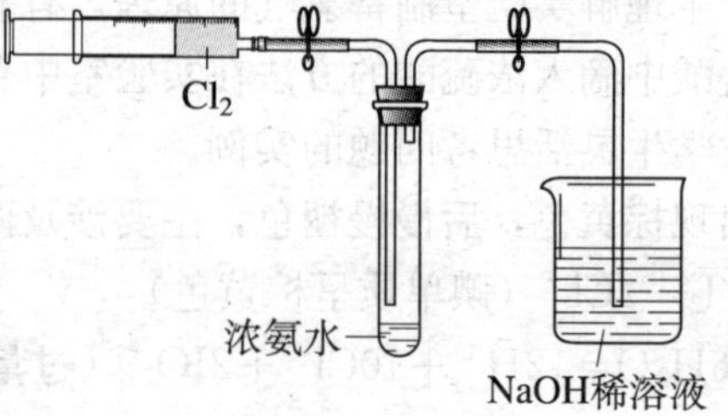

图 2-2-9-1

3. 当试管中出现一些黄绿色气体时，关闭左侧的止水夹，打开右侧的止水夹，氢氧化钠溶液倒吸进入试管中。或用空注射器继续从左侧导管通入空气，将试管中残留的氯气赶入烧杯中被氢氧化钠溶液吸收。

【注意事项】

氨水的用量要少，推入氯气要慢且稍过量。

方法二

【实验试剂】

氯气、氨气、氢氧化钠稀溶液

【实验仪器】

100 mL 注射器 2 支、烧杯、止水夹

【实验步骤】

1. 用注射器收集 20 mL 氯气和 20 mL 氨气，如图 2-2-9-2 所示连接好装置。

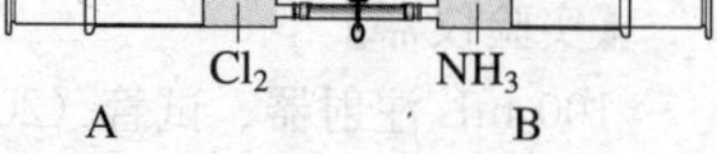

图 2-2-9-2

2. 打开止水夹，缓慢推动注射器 A 的活塞，使氯气进入注射器 B 中，可以看到有大量白烟生成。由于该反应气体分子数减少，反应后气压减小，使得注射器 B 的活塞自动向左推进。

3. 实验结束后，将注射器中残留的氯气通入盛有氢氧化钠溶液的烧杯中吸收。

【注意事项】

推入氯气速率要慢且用量合适。

【实验点评】

1. 设计氯气与氨气反应的实验，有助于引导学生深入理解氯气的强氧化性，探究氧化还原反应的规律。

2. 氯气与氨气反应的实验，通常用玻璃棒蘸取少量浓氨水放在盛有氯气的集气瓶口，由观察反应后出现白烟来体现氯气可以氧化氨气，但气体散逸在空气中会污染环境。本实验的两种方案均在密闭系统中进行，基本不会有氯气、氨气逸出，操作安全，现象明显。

（熊美容）

十、氯气的微型实验

方法一

【实验原理】

利用高锰酸钾固体和浓盐酸反应制取氯气，不需加热：

$2KMnO_4+16HCl=2KCl+2MnCl_2+5Cl_2\uparrow+8H_2O$

用上述反应制得氯气，然后在密闭容器中进行氯气与湿润的有色纸条、品红溶液、溴化钠溶液、碘化钾溶液反应的相关性质实验。

$2NaBr+Cl_2=2NaCl+Br_2$

$2NaI+Cl_2=2NaCl+I_2$

$2NaOH+Cl_2=NaClO+NaCl+H_2O$

【实验试剂】

高锰酸钾、浓盐酸、氢氧化钠溶液、品红溶液、有色纸条、溴

化钠溶液、碘化钾溶液

【实验仪器】

6 孔井穴板、密封盒（自制）、10 mL 注射器

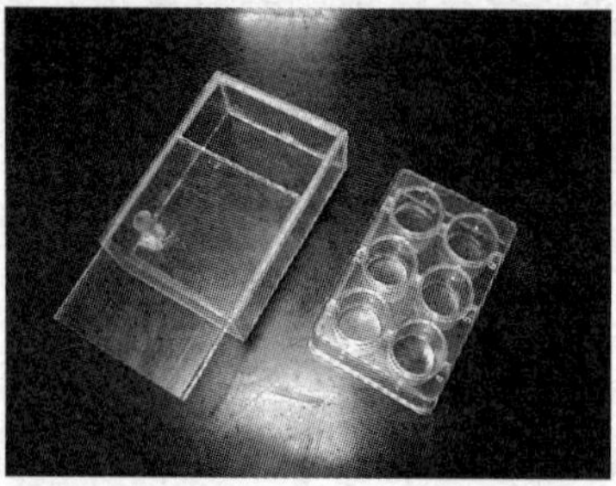

图 2-2-10-1　6 孔井穴板和密封盒

图 2-2-10-2　密封盒和注射器

【实验步骤】

1. 将井穴板放入密封盒中。在井穴板的孔穴 2 中加入少量高锰酸钾固体，在孔穴 1、3、4、5、6 中依次加入干燥有色纸条和湿润有色纸条、品红溶液、溴化钠溶液、碘化钾溶液、氢氧化钠溶液，然后盖上密封盒的盖子。

2. 用注射器吸入少量浓盐酸，注入盛有高锰酸钾固体的孔穴中。此时可以看到高锰酸钾固体和浓盐酸剧烈反应，生成黄绿色气体。随后可以看到湿润的有色纸条褪色，而干燥的有色纸条不褪色，品红溶液褪色，溴化钠溶液和碘化钾溶液变黄。

3. 反应完毕，将密封盒倾斜振荡，使氢氧化钠溶液能充分吸收多余的氯气。最后用水清洗所有仪器。

【实验点评】

1. 本实验方案将氯气的制备与性质实验合并在一个密闭容器中进行，可以启发学生进行多个问题的探究。

2. 本实验方案选取了井穴板，试剂用量较少，便于安排学生的分组实验，使学生能够自己动手，仔细观察。实验在密封盒中完成，较好地减少了氯气的逸出。本实验方案是微型化的绿色化学实验的实例。

3. 用井穴板和密封盒进行实验的方法也适用于其他气体的制备

与性质实验，尤其是有毒有害气体的实验，如二氧化硫、二氧化氮等。

（贾宁竹）

方法二

【实验原理】

$MnO_2 + 4HCl(浓) \xrightarrow{\triangle} MnCl_2 + 2H_2O + Cl_2\uparrow$

$Cl_2 + 2NaBr = 2NaCl + Br_2$

$Cl_2 + 2KI = 2KCl + I_2$

$Cl_2 + 2FeCl_2 = 2FeCl_3$

【实验试剂】

二氧化锰、浓盐酸、溴化钠溶液、碘化钾溶液、氯化亚铁溶液、硫氰化钾溶液、氢氧化钠溶液、淀粉碘化钾试纸

【实验仪器】

气体实验微型装置：单球长管、带导管的橡胶塞、带球导管、酒精灯、洗耳球、微型烧杯

【实验步骤】

1. 检查装置的气密性。

根据图 2-2-10-3 所示，组装连接仪器，将带球导管的下端伸入水中，慢慢挤压胶头滴管。如果有气泡出现，说明装置不漏气。

2. 制取氯气并试验氯气的性质。

在单球长管中加入少量二氧化锰，用多用滴管分别向 3 个凹坑中滴入几滴溴化钠溶液、碘化钾溶液、氯化亚铁溶液，用连接有带球导管的橡胶塞塞紧管口，将导管口插入盛有少量氢氧化钠溶液的烧杯中。

将吸有浓盐酸的胶头滴管插入单球长管的支管内（滴管和支管之间用橡胶管密封连接），逐滴加入几滴浓盐酸，用酒精灯稍微加热反应混合物，制取少量氯气。此时可以观察到装置内产生了黄绿色气体，凹坑内的几种溶液变色。取下支管上的胶头滴管，用洗耳球对准支管向装置内吹气，使装置内剩余的氯气全部被氢氧化钠溶

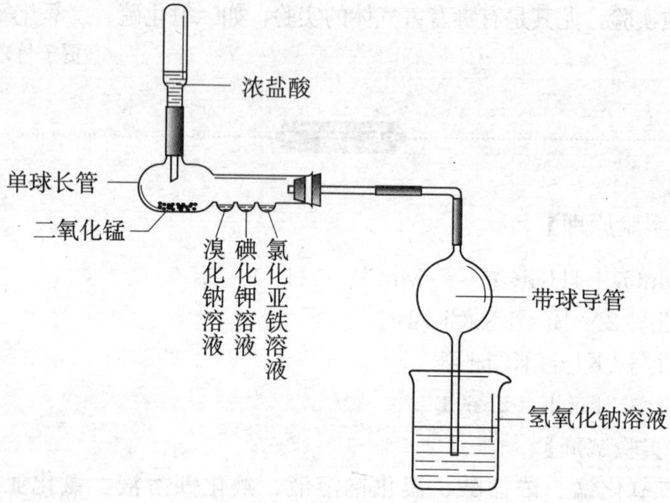

图 2-2-10-3

液吸收。

3. 产物的检验。

取下带导管的橡胶塞，用 2 支多用滴管分别将凹坑 1、2 中的液体吸出，滴到淀粉碘化钾试纸上，可观察到试纸变蓝色。向凹坑 3 中滴入 1 滴硫氰化钾溶液后变红色。

【注意事项】

1. 氯气有毒，实验时要控制好浓盐酸的用量，只需几滴浓盐酸即可，防止制取过多的氯气造成泄漏。

2. 要调整好带球导管插入液面的深度，当液体被倒吸入小球内时，烧杯内的液面要低于下端管口。

【实验点评】

氯气的制备以及性质实验是中学阶段污染比较严重的实验之一，在进行卤素之间的置换反应时，往往首先要制备氯水，此时氯气的泄漏很严重。本实验在制取少量氯气的同时又完成了卤素之间的置换反应等实验，只需消耗少量药品，而且几乎没有尾气污染，实现了该实验的绿色化。

（赵东洋）

方法三

【实验原理】

$2KMnO_4+16HCl=2KCl+2MnCl_2+8H_2O+5Cl_2\uparrow$

$2NaBr+Cl_2=2NaCl+Br_2$

$2KI+Cl_2=2KCl+I_2$

【实验试剂】

高锰酸钾、浓盐酸、溴化钠溶液、碘化钾溶液、环己烷、蒸馏水、细铜丝（或细铁丝）、淀粉碘化钾试纸、氢氧化钠溶液

【实验仪器】

气体实验微型装置：集气管、多用滴管、带导管的橡胶塞

【实验步骤】

1. 组装连接仪器。

如图 2-2-10-4 所示，将一段乳胶管套在多用滴管上并吸入足量浓盐酸，然后将多用滴管的细径部分伸入到集气管的支管内，用乳胶管使之密封连接。将上述装置倾斜约 45°，用药匙把高锰酸钾添加到装置内，用带有导管的橡胶塞塞紧瓶口。

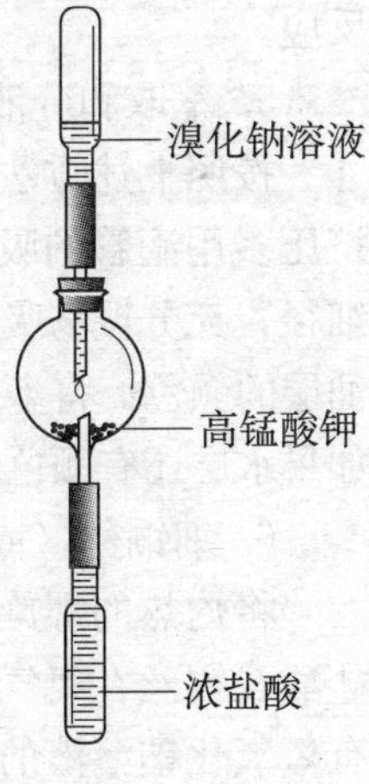

图 2-2-10-4

2. 制取氯气。

挤压多用滴管加入少量浓盐酸，制取少量氯气。氯气的密度比空气的大，可直接收集在集气管中，在导管口用湿润的淀粉碘化钾试纸检验氯气。

3. 制取氯水。

在多用滴管内吸入少量蒸馏水，用手捏住吸泡不松手，将细径伸入充满氯气的集气管中，松开手，吸入氯气，反复振荡制得氯水。

4. 氯气与溴化钠溶液、碘化钾溶液的置换反应。

方法（1）：将一支吸有溴化钠溶液的多用滴管的下端插入集气管中，轻轻挤压吸泡，使细径的下端形成一滴溶液，但又不使其滴下。这滴溶液与氯气迅速反应，可以观察到变色现象。之后轻轻松开吸泡，将这滴变色的溶液吸进细径内，注意不要完全吸进滴管内与其余溶液混合，立即取出滴管将这滴溶液挤出，滴入氢氧化钠溶液内。这样可以多次重复实验。

用碘化钾溶液按上述方法进行操作，试验氯气与碘化钾溶液的反应。

方法（2）：在多用滴管内吸入约1/4体积的溴化钠溶液，用手捏住吸泡不松手，将细径部分伸入充满氯气的集气管内，此时松手吸入氯气，发生反应后溶液立即变色。

用碘化钾溶液按上述方法进行操作，试验氯气与碘化钾溶液的反应。

5. 萃取和分液实验。

按照上述方法（2）操作得到含有 Br_2（或 I_2）的溶液。用手挤压多用滴管的吸泡挤出空气，再吸入适量环己烷，然后用手捏住细径，充分振荡吸泡内的液体，使之充分混合，静置后观察水层和油层的颜色。将多用滴管小心颠倒过来，用手挤压胶头，挤出水层。如果水层还有颜色，可重复以上萃取和分液操作。

6. 细铜丝（或细铁丝）在氯气中的燃烧。

将灼热的螺旋状细铜丝伸入充满氯气的集气管中，同时滴入浓盐酸，铜丝在氯气中燃烧，产生大量棕黄色的烟。实验时用一团蘸有氢氧化钠溶液的棉花团塞住集气管的管口。一方面可以吸收多余的氯气，防止污染空气，另一方面燃烧时生成的金属氯化物颗粒能够吸附在棉花团上，可用于检验燃烧后的生成物。

7. 尾气的吸收。

实验结束后，直接向装置内加入适量氢氧化钠溶液，中和剩余的盐酸，吸收多余的氯气。

【注意事项】

1. 多用滴管内的浓盐酸不可能全部被消耗，要注意回收。

2. 进行分液操作时，要细心观察多用滴管细径内的液面，将下层液体全部滴出。

【实验点评】

本实验在一个由集气管和多用滴管组合而成的简易微型装置内进行了氯气的制备、收集和检验，并且试验了氯气的性质。装置组装简单，节约药品，实验容易控制，学生能很快掌握。应用于课堂教学可使学生人手一套进行实验，有利于提高学生的实验能力。

该装置适用于固体和液体反应制取气体，并能直接用向上排空气法进行收集。同时它还能探究气体的性质，包括气体和液体的反应、固体在气体中的燃烧等。除了 Cl_2 的实验以外，还适用于 O_2、CO_2、SO_2、NO、NO_2 等气体的实验，适用范围广泛。

（赵东洋）

十一、萃取的微型实验

【实验原理】

萃取是利用物质在互不相溶的溶剂里溶解度的不同，用一种溶剂把溶质从它与另一种溶剂所组成的溶液里提取出来，达到分离或提纯目的的一种操作。碘难溶于水，易溶于酒精、四氯化碳等有机溶剂。四氯化碳不溶于水，而酒精易溶于水，故利用四氯化碳可将碘水中的碘萃取出来，而酒精则不能实现萃取的目的。

【实验试剂】

蒸馏水、碘水、酒精、四氯化碳

【实验仪器】

塑料多用滴管

【实验步骤】

1. 取 1 支塑料多用滴管，吸取约 1 mL 蒸馏水（约占其容积的 1/5，下同），再吸取 1 mL 酒精，振荡后静置，可看到溶液无分层现象，酒精完全溶于水。

2. 另取 1 支塑料多用滴管，吸取 1 mL 蒸馏水，再吸取 1 mL 四氯化碳，振荡后静置，可看到溶液出现分层现象。四氯化碳在下层，水在上层，四氯化碳不溶于水。

3. 取 1 支塑料多用滴管，吸取 1 mL 碘水，再吸取 1 mL 酒精，充分振荡后静置一段时间，可看到溶液无分层现象，溶液的橙色基本无变化。

4. 另取 1 支塑料多用滴管，吸取 1 mL 碘水，再吸取 1 mL 四氯化碳，充分振荡后静置一段时间，可看到溶液出现分层现象，下层四氯化碳溶液为紫红色，上层水溶液基本无色。

【注意事项】

1. 实验中碘水的配制。

碘在水中的溶解度不大，20 ℃时的溶解度仅为 0.029 g。因此一般情况下配制碘水时往往需添加少量的碘化钾，以增大碘的溶解度。然而在使用这种碘水进行萃取实验时，即使增大萃取剂的用量或者多次进行萃取，实验后水层的颜色仍较深，萃取效果很不理想。而使用不添加碘化钾配制的碘水进行萃取实验时，一次萃取后水层就接近无色，实验效果非常理想。

2. 萃取液中四氯化碳的回收。

实验结束后，轻轻挤出下层液体，将萃取液收集在指定的容器中进行回收（注意：萃取液绝对不能直接倒入下水道）。将回收的萃取液倒入锥形瓶内，先加入饱和碳酸氢钠溶液，再加入 30%过氧化氢溶液，振荡后静置。若有机层的紫色仍较明显，弃去上层水相后，继续加入饱和碳酸氢钠溶液和 30%过氧化氢溶液振荡，待有机层颜色完全褪去后移入分液漏斗进行分液，即得到纯净的四氯化碳。

【实验点评】

本实验方案中，除了用四氯化碳萃取碘之外，还增加了用酒精萃取碘的对比实验，有利于学生理解萃取的原理。采用塑料多用滴管做萃取实验，操作简单，即使充分振荡也无需担心漏液，无需“放气”，药品的消耗量少，减少了实验时间和四氯化碳的污染，更有利于让每个学生都能动手进行该实验。

（江文平）

十二、从碘的四氯化碳废液中回收四氯化碳

【实验原理】

向碘的四氯化碳废液中加入氢氧化钠溶液，生成碘化钠和次碘酸钠。由于碘化钠、次碘酸钠易溶于水，而它们在四氯化碳中的溶解度很小，通过分液的方法即可回收四氯化碳。有关反应：

$I_2 + 2NaOH = NaI + NaIO + H_2O$

【实验试剂】

碘的四氯化碳废液、10%氢氧化钠溶液

【实验仪器】

125 mL 分液漏斗、烧杯、铁圈、铁架台

【实验步骤】

1. 将 40 mL 左右碘的四氯化碳废液转移到分液漏斗中。

2. 向分液漏斗中加入 20 mL 10%氢氧化钠溶液。

3. 充分振荡，若紫色没有褪去，再加入少量氢氧化钠溶液继续振荡，直至紫色完全消失。

4. 分液，并将下层溶液转移到贴有四氯化碳标签的试剂瓶中。

【注意事项】

1. 实验前要检查分液漏斗是否漏液。

2. 由于含碘废液的浓度不确定，加入氢氧化钠溶液的量也不易确定，因此可以通过小剂量的实验来确定碱的加入量。

【实验点评】

1. 学生在做完用四氯化碳萃取碘的分组实验后，由于四氯化碳是一种有毒的有机溶剂，所以实验后的废液不能随意排放。本案例提供了一种回收四氯化碳的方法。

2. 回收四氯化碳废液的作用：

(1) 对于学生而言，能做到学以致用，提高其学习化学的兴趣。

(2) 通过对有毒废液的回收处理，培养学生的环保意识。

(3) 回收后的四氯化碳可以循环使用，从而达到提高试剂利用率和节约资源的目的。

(薛敬东)

第3节 氧族元素

一、空气中氧气含量的测定

方法一

【实验原理】

将内壁粘有还原铁粉的玻璃管直立在盛有水的烧杯中，铁粉生锈，消耗氧气，玻璃管内水面上升，由此测量出空气中氧气的含量。有关反应：

$2Fe+O_2+2H_2O=2Fe(OH)_2$

$Fe(OH)_2$ 继续与空气中的 O_2 作用，生成 $Fe(OH)_3$，再生成铁锈。

【实验试剂】

饱和食盐水、还原铁粉

【实验仪器及其他用品】

玻璃管、烧杯、坐标纸、饮料吸管

【实验步骤】

1. 用剪刀在坐标纸上剪下一段纸条，标上刻度。将该纸条贴在玻璃管外壁上，使其上端刻度线与玻璃管上塞紧的橡胶塞下端平齐。用饱和食盐水将玻璃管的内壁润湿均匀后备用。

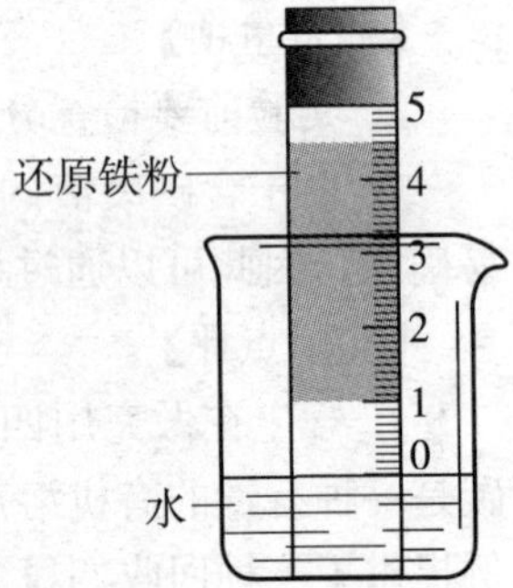

图 2-3-1-1

2. 用剪刀将饮料吸管剖开，将还原铁粉均匀撒进由此形成的凹槽内，然后将其伸入玻璃管内，转动玻璃管，使还原铁粉均匀地粘在玻璃管内壁上，然后将吸管取出。

3. 将玻璃管直立在烧杯中，向烧杯中加入适量水，使水面达到 0 刻度线位置，用橡胶塞慢慢地塞紧上端管口，注意使玻璃管内外水面相平。

4. 玻璃管内水面不断上升，每隔一段时间观察一次玻璃管内水面的上升情况。向烧杯内添加适量水，使玻璃管内外水面相平。同时可以看到玻璃管内壁上的深灰色还原铁粉慢慢变成了红褐色。

5. 当玻璃管内水面停止上升时，实验结束，读出水面高度。

6. 拔开橡胶塞，将燃烧的木条伸入玻璃管内检验剩余的气体。木条熄灭，说明剩余气体中不含氧气或者氧气含量很少。

7. 玻璃管内壁上的铁锈可用含有稀盐酸的水浸泡后除去。

【注意事项】

1. 要尽可能地将铁粉均匀撒在玻璃管的内壁上，刻度线“1”以下部分不要粘上铁粉。

2. 为了消除玻璃管内水面上升造成的误差，随着水面上升要同时向烧杯内加水，使玻璃管内外水面相平。

3. 整个实验过程可能需要较长的时间，可由教师当堂演示，由学生观测实验结果，或者作为学生的课后实验。

【实验点评】

测定空气中氧气含量的实验是初中化学的一个重要定量实验。采用教材中的方法进行实验时，主要存在以下不足：磷燃烧后产生大量的白烟对空气造成污染；为了耗尽空气中的氧气，红磷要适当过量，实验结束后，红磷会有剩余，造成不必要的浪费；测定的结果往往比理论值偏低；实验结束后会剩余较多含酸废水，须经处理后才能排放。

用改进后的新方法进行实验，没有任何环境污染，材料易得，操作简单。既测定了空气中氧气的含量，又使学生对铁的生锈留下了深刻印象。用饱和食盐水润湿后可加快实验进程，实验现象更加明显。

在该实验中，铁粉均匀地分布在玻璃管中，可使管内空气中的氧气被充分吸收，实验准确度较高。该实验不仅适用于探究空气的组成，也适用于探究钢铁的电化学腐蚀。

（赵东洋　余瑞芳）

方法二

【实验原理】

在由两个注射器组成的密闭容器中，用加热的铜丝除去空气中的氧气，可以比较准确地测出空气中氧气的体积分数。有关反应：

$$2Cu+O_2 \xlongequal{\triangle} 2CuO$$

【实验试剂】

细铜丝

【实验仪器】

20 mL 注射器 2 支、酒精灯、玻璃管、铁架台

【实验步骤】

1. 将细铜丝揉成一个疏松的、长约 20 mm、直径约 6 mm 的圆柱，装入 8 mm 直径的玻璃管内备用。

2. 将装有铜丝的玻璃管用乳胶管与两支注射器（注射器内事先总计充入 20 mL 空气）连接起来，使之成为一个密闭系统，如图 2-3-1-2 所示，将其固定在铁架台上。推动注射器活塞，20 mL 空气可以通过装有铜丝的玻璃管在两个注射器内来回流动，不会泄漏。

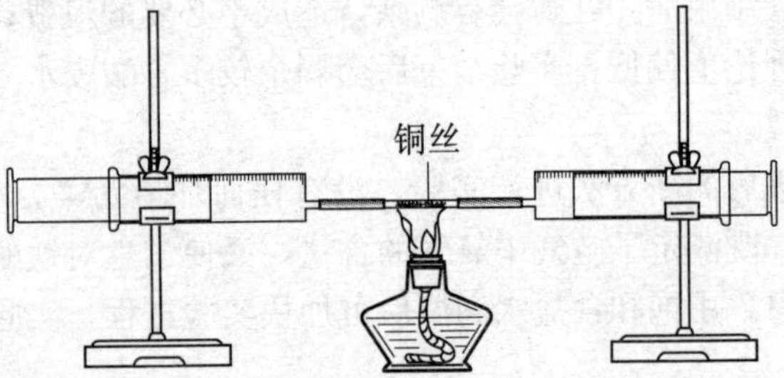

图 2-3-1-2

3. 加热装有铜丝的玻璃管，当铜丝的温度升高以后，交替地

缓缓推动两个注射器的活塞，使空气在热的铜丝间来回流动，经过5～6次来回流动，封闭系统中的氧气就可以全部与铜反应。此时停止加热，待冷却到室温，读取残留在注射器里的气体体积。减少的体积即为20 mL空气中含有氧气的体积。由此可推算出空气中含有氧气的体积分数。

【注意事项】

1. 该装置的气密性必须良好，注射器最好选用玻璃注射器，不要选用一次性塑料注射器。因为塑料注射器的活塞与器壁间摩擦力大，会使读数不准（特别是装置内水蒸气较多时更为明显）。

2. 玻璃管里的铜丝表面如果因氧化而变黑，可以用稀盐酸浸洗。然后再用水清洗除去酸液，晾干后备用（必要时可以用无水酒精润洗一次，以加速干燥）。

3. 加热时推动注射器活塞的速率要慢，以保证氧气与铜充分反应。

4. 读取残留气体体积时必须在冷却后进行。

5. 实验前最好用水量得乳胶管中间玻璃管的容积，加在注射器的容积中（为了保持装置中玻璃管的干燥，可另选一根长度相同的玻璃管代替）。

【实验点评】

1. 本实验利用生活中容易找到的废旧铜丝代替红磷，避免产生P_2O_5污染空气。

2. 本实验操作安全可靠，现象明显，清洁环保。其不足之处是反应完成后要充分冷却后再进行读数，需要时间较长。

（武敬泉）

二、氧气的微型实验

【实验原理】

$$2H_2O_2 \xlongequal{MnO_2} 2H_2O+O_2\uparrow$$

$$C+O_2 \xlongequal{点燃} CO_2$$

$3Fe+2O_2 \xlongequal{点燃} Fe_3O_4$

【实验试剂】

二氧化锰、5%～15%过氧化氢溶液、木炭条、细铁丝

【实验仪器】

气体实验微型装置：单球短管、集气管、带导管的橡胶塞、操作台（带铁夹）、微型酒精灯、烧杯

【实验步骤】

1. 制取氧气。

(1) 在单球短管的支管上套上一段橡胶管，插入胶头滴管，然后用带有导管的橡胶塞塞紧管口，将导管的一端插入水中，挤压胶头，检查装置是否漏气。

(2) 拔开橡胶塞，在单球短管里放入少量二氧化锰，再滴几滴水润湿，用一团棉花放在靠近管口的地方，以防止实验时产生的水雾进入导管。然后用带有集气管的塞子塞紧管口，如图 2-3-2-1 所示。将装置固定在操作台上。

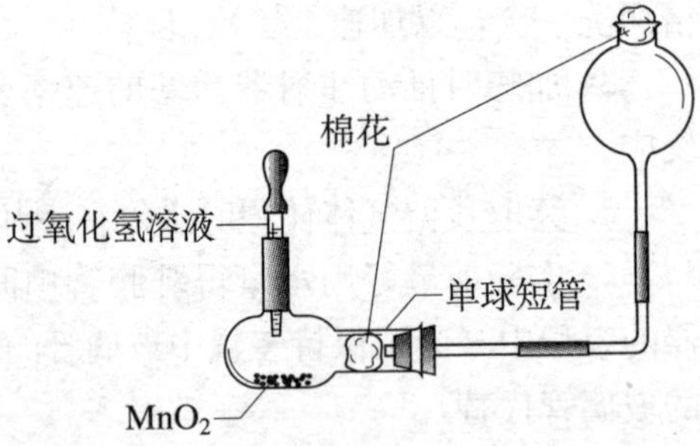

图 2-3-2-1

(3) 在胶头滴管内吸取适量的过氧化氢溶液，插入单球短管的支管中。挤压胶头，逐滴滴入过氧化氢溶液制取氧气。通过控制滴加液体的速率，控制产生氧气的快慢以获得平稳的氧气流。产生的氧气直接用向上排空气法收集在集气管中。

(4) 仔细观察集气球中收集到的氧气的颜色。取下管口的棉花团，用带火星的木条伸入瓶口，检验收集到的氧气。

2. 试验氧气的化学性质。

(1) 木炭在氧气中的燃烧。

将光亮的细铁丝的一端绕成螺旋状，并系上一段木炭条。在酒精灯的火焰上将木炭条灼烧至红热，插入上述实验中收集氧气的集

气管中（由管口向下缓慢插入）。观察木炭在氧气里燃烧的现象，注意比较木炭在空气里和在氧气里燃烧的现象有什么不同。

当集气管里的氧气将要耗尽时，可以再滴入少量过氧化氢溶液，补充少量氧气，观察集气管底部木炭继续燃烧的现象。木炭燃烧逐渐停止后①，将剩余的木炭和细铁丝一并取出。

（2）铁丝在氧气中的燃烧。

继续制取并在集气管中收集氧气，在管口用带火星的木条检验氧气。将上述螺旋状细铁丝上剩余的木炭条在酒精灯火焰上重新点燃，待木炭燃烧将尽时，从管口向下缓慢插进充满氧气的集气管中（可同时滴入过氧化氢溶液补充氧气，以延长反应时间）。观察铁丝在氧气中燃烧的现象。

【注意事项】

1. 过氧化氢分解的剧烈程度与其浓度有关，一般5%～15%比较合适。

2. 实验结束后，要将二氧化锰进行回收。

3. 也可以将燃烧的木炭先伸进集气管中，再逐滴滴入过氧化氢溶液，间断地制取氧气，可以观察到随着氧气的产生，木炭在“一闪一闪”地燃烧。待木炭即将燃尽时，将剩余的过氧化氢溶液全部挤出，以产生大量的氧气，将铁丝引燃。

【实验点评】

由过氧化氢分解制取氧气的过程对环境友好，符合绿色化学思想。但是该法主要有两点不足：一是反应速率快，不便于更换集气瓶，氧气逸散损失较多；二是气体产生后，装置内压强骤然增大，往往使滴液受阻，给操作带来不便。利用气体实验微型装置设计氧气的微型实验，可连续进行氧气的两个性质实验，简化了实验操作，取得了较好的实验效果。

（赵东洋）

---

① 木炭要剩余一部分，以便在做铁丝在氧气中燃烧的实验时将细铁丝引燃。

三、铁与水蒸气的反应

【实验原理】

在高温下，铁与水蒸气可以发生反应，化学方程式为：

$$3Fe+4H_2O(g)\xlongequal{\triangle}Fe_3O_4+4H_2$$

【实验试剂】

还原铁粉、水

【实验仪器】

干燥管、小试管、水槽、酒精灯、尖嘴玻璃管

【实验步骤】

1. 按照图 2-3-3-1 所示连接仪器，检查装置的气密性。

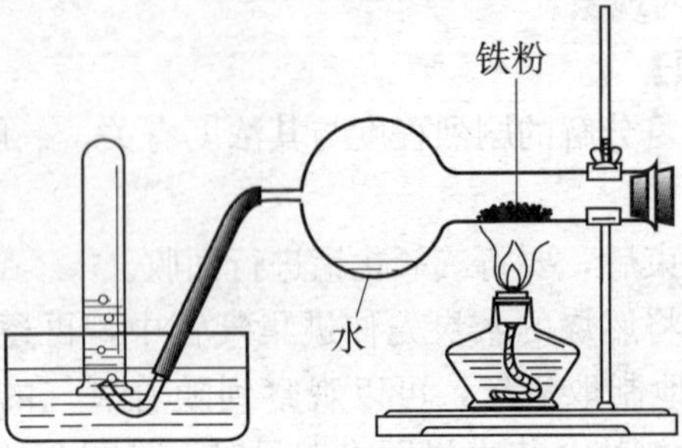

图 2-3-3-1

2. 用滴管向干燥管的球体部分加入适量水，然后用角匙向干燥管的直管位置加入还原铁粉，塞好橡胶塞。

3. 加热铁粉，用小试管收集气体，并检验气体的纯度。

4. 将收集气体的弯管换成尖嘴玻璃管，点燃气体。

【实验点评】

本实验与传统做法的不同是把水放在容器受热部分的前面，保证了反应仪器的安全，不易使其炸裂。该实验装置简单，反应温和，现象明显。加入药品一次后可进行多次演示，便于进行多个班级的教学演示。

（张观成）

四、硫在氧气中的燃烧

【实验原理】

硫在氧气中燃烧发出蓝色火焰，并生成二氧化硫气体。

$$S+O_2 \xlongequal{点燃} SO_2$$

方法一

【实验试剂】

硫粉、氧气、30%氢氧化钠溶液

【实验仪器】

250 mL 集气瓶、干燥管、短玻璃棒、玻璃燃烧匙

【实验步骤】

1. 将干燥管、短玻璃棒固定在橡胶塞上，用乳胶管将玻璃燃烧匙与短玻璃棒连接，如图 2-3-4-1 所示。

2. 将一团棉花放入干燥管中，并在棉花上滴加 1～2 mL 30%氢氧化钠溶液。

3. 向收集满氧气的集气瓶中加入 15 mL 30%氢氧化钠溶液。

4. 向燃烧匙内加入少量硫粉，并在酒精灯上加热，待硫粉开始燃烧后，将燃烧匙伸入盛有氧气的集气瓶中，塞紧橡胶塞。

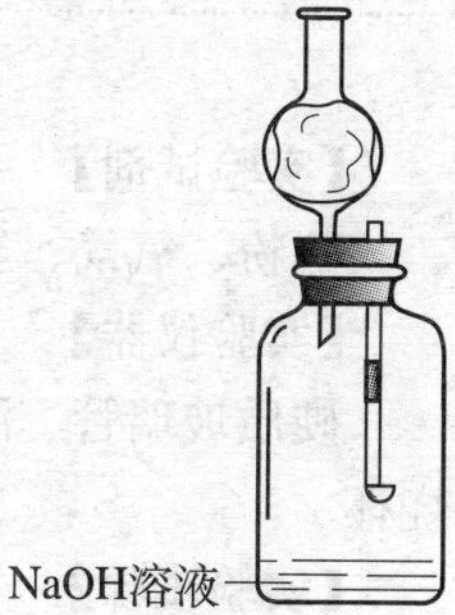

图 2-3-4-1

5. 实验完成后摇动集气瓶，使实验生成的二氧化硫气体全部被氢氧化钠溶液吸收。

【注意事项】

向棉花上滴加的碱液不要过多，防止碱液滴入燃烧匙。

【实验点评】

1. 硫在氧气中燃烧的实验若在敞开体系中操作，由于硫燃烧放热，会有部分氧气逸出，缩短了硫燃烧的时间，不利于学生观察实验现象。利用改进后的装置可以延长燃烧的时间，便于学生观察

和记忆。

2. 该实验方法可以将硫粉在氧气中燃烧所产生的二氧化硫全部收集在集气瓶内，有效地解决了实验过程中及实验完成后有毒气体的处理问题，保护了师生的健康。

3. 该装置设计玻璃棒与燃烧匙用乳胶管连接，其目的是便于进行玻璃燃烧匙的替换。

4. 该装置除了适用于本实验之外，还具有多种用途：将钠放在燃烧匙内，可以做钠在氯气中燃烧的实验；将铜丝或铁丝固定在玻璃棒下端，可以做铜或铁在氯气中燃烧的实验；将玻璃棒改成带弯钩的导管，可以做氢气在氯气中燃烧的实验。

（薛敬东）

方法二

【实验试剂】

硫粉、氧气、氢氧化钠溶液

【实验仪器】

硬质玻璃管、酒精灯、Y 型玻璃管、球胆、二连球、止水夹、烧杯

【实验步骤】

1. 按照图 2-3-4-2 所示连接仪器。在硬质玻璃管中放入少量硫粉，向烧杯中加入氢氧化钠溶液。打开止水夹 A，关闭止水夹 B。

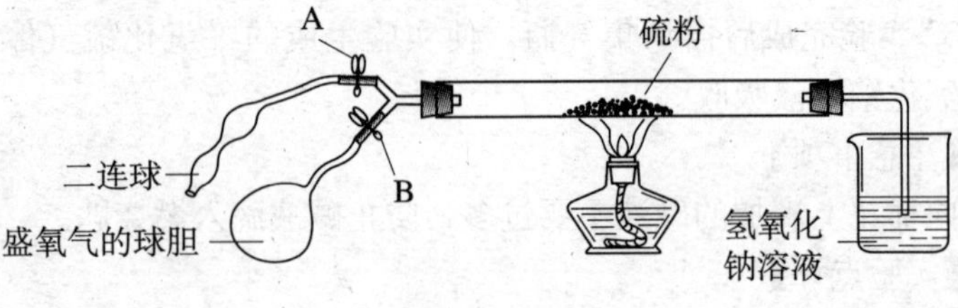

图 2-3-4-2

2. 点燃酒精灯，待硫融化后，用二连球鼓入空气。可以观察到硫在空气中燃烧，发出微弱的淡蓝色火焰，烧杯中有气泡产生。

3. 打开止水夹 B，关闭止水夹 A。挤压球胆，使氧气进入硬质玻璃管。可以观察到硫在纯氧中燃烧，发出明亮的蓝紫色火焰，烧杯中有气泡产生。

【注意事项】

二氧化硫易溶于水。实验完毕，待二氧化硫被氢氧化钠溶液吸收完全应及时将导管撤出溶液，防止倒吸。

【实验点评】

1. 本实验设计利用 Y 型管先后鼓入空气与氧气，能较好地对比硫在空气中和纯氧中燃烧的不同现象。

2. 本实验在密闭装置中完成硫的燃烧反应，避免了燃烧产物对环境的污染。

（夏枚）

五、二氧化硫的漂白性

【实验原理】

二氧化硫具有漂白性，能使品红溶液褪色。二氧化硫与某些有色物质结合生成不稳定的无色物质，加热后不稳定物质分解而恢复原来有色物质的颜色。

【实验试剂】

二氧化硫、品红溶液

【实验仪器】

试管、双孔橡胶塞、导气管、止水夹、气球

【实验步骤】

1. 按图 2-3-5-1 所示组装仪器。

2. 关闭止水夹，通入二氧化硫气体，观察到品红溶液的颜色从红色褪成无色后停止通气。

3. 打开止水夹，加热试管，可观察到品红溶液的颜色从无色变成红色，气球逐渐鼓起。

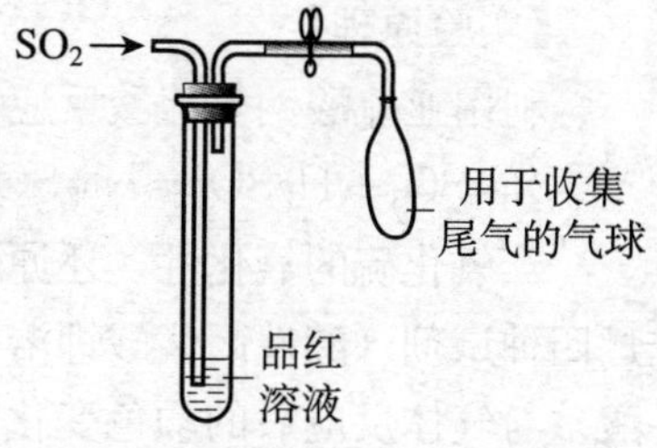

图 2-3-5-1

【注意事项】

通入二氧化硫气体的量不要太多，恰好使品红溶液褪色即可，因此可将装置与二氧化硫的发生装置（如图 2-3-5-2）连接。装置还可以简化成如图 2-3-5-3 所示的形式。

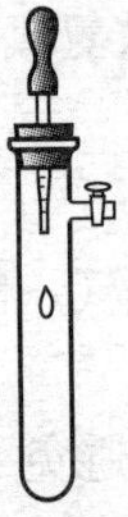

图 2-3-5-2

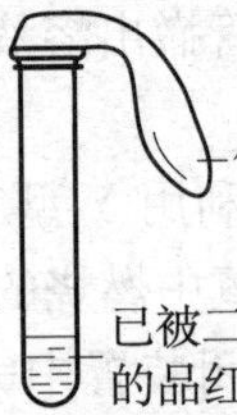

图 2-3-5-3

【实验点评】

本实验采取密闭装置，很好地解决了二氧化硫的排放问题。实验结束后，可将气球中的残余气体挤入氢氧化钠溶液中处理，体现了实验“绿色化”的思想。

（全芙君）

六、二氧化硫的制取和性质

方法一

【实验原理】

利用亚硫酸钠与硫酸反应制备二氧化硫：

$$Na_2SO_3 + H_2SO_4 = Na_2SO_4 + SO_2\uparrow + H_2O$$

二氧化硫的氧化性、还原性、漂白性和酸性氧化物特性，可通过四种试剂（酸性高锰酸钾溶液、品红溶液、紫色石蕊溶液、氢硫酸）与气体反应后的颜色变化加以检验。

【实验试剂】

亚硫酸钠、70％～80％硫酸、10％氢氧化钠溶液、0.01 mol/L

酸性高锰酸钾溶液、品红溶液、紫色石蕊溶液、氢硫酸、鲜花或有色布条

【实验仪器及其他用品】

500 mL 扁形罐头瓶（口径 6 cm）、100 mL 烧杯、10 mL 烧杯、5 mL 烧杯（4 个）、20 mL 注射器、7 cm 长针头、大头针

【实验步骤】

1. 根据罐头瓶的口径选取大小合适的橡胶塞，用打孔器在塞子上打两个孔。其中一个孔位于橡胶塞的中心位置，从橡胶塞的下部打，不打透（剩余 3～4 mm），以便注射器针头可从其上方轻松扎入。在旁边的位置打另一个孔，打透，安装玻璃导管作为尾气的排出通道。在塞子底部固定一枚大头针，拴住一朵鲜花或有色布条。

2. 取 4 g 亚硫酸钠放入 10 mL 的烧杯中。分别取 3 mL 酸性高锰酸钾溶液、品红溶液、紫色石蕊溶液、氢硫酸四种试剂分别置于 4 个 5 mL 的小烧杯中。用镊子将上述 5 个烧杯置入罐头瓶底部，其中 10 mL 烧杯置于瓶底的中心位置。

3. 如图 2-3-6-1 所示，安装好装置。

4. 用注射器吸取 8 mL 稀硫酸，从塞子的中心孔扎入，向 10 mL 的小烧杯中慢慢注入稀硫酸后拔出注射器。可以观察到小烧杯中迅速产生气体，其余 4 个小烧杯中溶液的颜色逐渐发生变化（酸性高锰酸钾溶液褪色、品红溶液褪色、紫色石蕊溶液变红、氢硫酸出现黄色浑浊），挂于瓶中的鲜花颜色也逐渐变浅。

5. 实验结束后用注射器吸取少量的氢氧化钠溶液，倾斜注入罐头瓶中（注意不要将其注入小烧杯），轻轻振荡。此时，瓶内的二氧化硫气体溶于氢氧化钠溶液，造成瓶内压强迅速降低，外部烧杯中的氢氧化钠溶液会倒吸入反应容器中，可以除去剩余的二氧化硫气体。

6. 取出装有品红溶液的小烧杯，用酒精灯加热后可恢复原来的红色。

【注意事项】

1. 注意试剂用量的把握，要使产生气体的量足以在短时间内

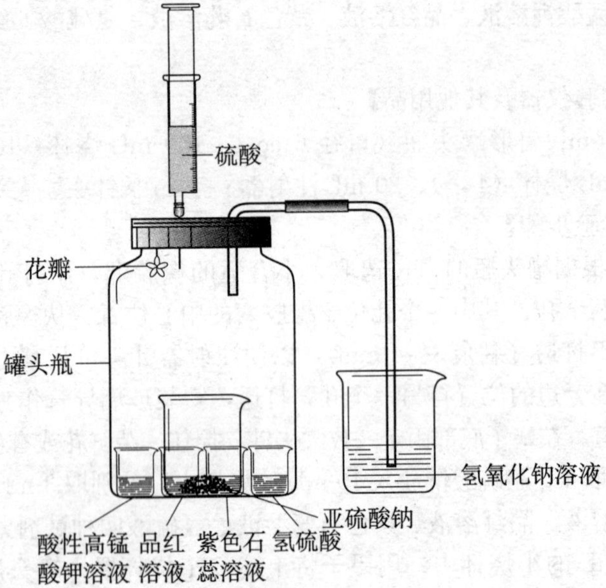

图 2-3-6-1

完成实验。

2. 品红溶液和鲜花褪色较慢，可轻微振荡罐头瓶。

3. 使用氢硫酸时应注意安全，做好防护。

【实验点评】

1. 本实验设计把二氧化硫气体的制备和性质实验融合在一个密闭容器中进行。节省了化学药品的用量，节约了实验所需的时间，能有效防止有毒气体的逸散。实验操作方便简单，效果明显。

2. 该装置适用于教师的演示实验，为了增强实验的可视性，反应容器选择了扁形的罐头瓶。若在实验室中开展学生实验，则可把整套装置缩小，罐头瓶可用实验室中的广口瓶代替，盛装试剂的小烧杯也可用矿泉水瓶盖、透明的果冻盒、小食品的包装盒等代替。

（田海莲　谢立平）

方法二

【实验试剂】

78%硫酸、亚硫酸钠、pH 试纸、滴有品红溶液的滤纸、滴有高锰酸钾溶液的滤纸、2 mol/L 氢氧化钠溶液、酚酞溶液

【实验仪器】

40 mm×200 mm 与 18 mm×180 mm 试管各 1 支、分液漏斗、注射器、小气球

【实验步骤】

1. 检查装置的气密性。

2. 装入药品，组装好仪器，如图 2-3-6-2 所示。

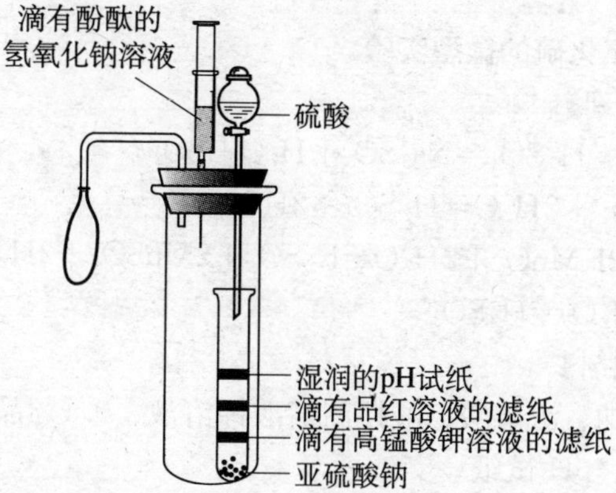

图 2-3-6-2

3. 打开分液漏斗的活塞，使硫酸缓缓流下并与亚硫酸钠粉末接触，可观察到发生剧烈反应，产生的大量气体使气球逐渐胀大。同时，固定在小试管上的各个纸圈的颜色发生了改变：pH 试纸变红，滴有品红溶液的滤纸褪色，滴有高锰酸钾溶液的滤纸褪色。

4. 将注射器中滴有酚酞的氢氧化钠溶液推入大试管中，可观察到气球逐渐变瘪，溶液颜色变浅。

【注意事项】

1. 硫酸要缓慢滴入。

2. pH 试纸、滤纸要事先润湿。

【实验点评】

1. 该实验将气体制备与气体的性质实验整合在一个装置中，可以有效地缩短实验演示时间。该装置还可用于多种气体的制备，如可直接用于 SO_2、Cl_2、NH_3 及 H_2S 的相关实验，略加改进后还可以用于 NO_2、NO 等气体的实验。可通过增加滤纸条、改变滴加试剂的方法进行气体其他性质的实验。

2. 该装置中制备的有毒气体不会逸出，并能直观地体现尾气吸收的效果。

（郭志强　刘亚欧）

七、二氧化硫的微型实验

【实验原理】

$Na_2SO_3 + H_2SO_4 = Na_2SO_4 + H_2O + SO_2\uparrow$

$SO_2 + Br_2 + 2H_2O = H_2SO_4 + 2HBr$

$5SO_2 + 2KMnO_4 + 2H_2O = K_2SO_4 + 2MnSO_4 + 2H_2SO_4$

$SO_2 + H_2O \rightleftharpoons H_2SO_3$

【实验试剂】

亚硫酸钠、浓硫酸、酸性高锰酸钾溶液、0.1％品红溶液、溴水、蒸馏水、pH 试纸

【实验仪器】

气体实验微型装置：单球长管、集气管、带导管的单孔橡胶塞、T 形管、烧杯、酒精灯

【实验步骤】

1. 检查装置的气密性。

如图 2-3-7-1 所示，连接仪器，用橡胶塞塞紧集气管管口，挤压滴管，如果导管口出现气泡，说明装置不漏气。

2. 制备二氧化硫并检验其性质。

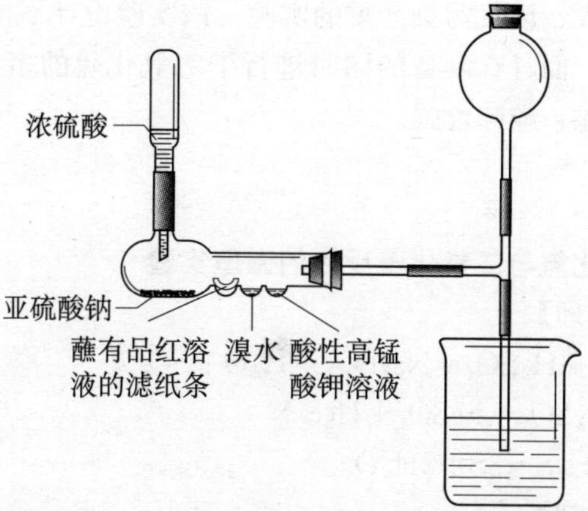

图 2-3-7-1

向单球长管中加入少量亚硫酸钠，将蘸有品红溶液的滤纸条置于位置 1 的凹坑处，用多用滴管向另两处凹坑内分别加入 2 滴溴水和酸性高锰酸钾溶液，将吸有浓硫酸的滴管插入单球长管的支管内（支管和滴管之间用橡胶管密封连接）。滴入几滴浓硫酸后产生气体，可以观察到蘸有品红溶液的滤纸、溴水及酸性高锰酸钾溶液的颜色褪去。用酒精灯对褪色的滤纸条稍微加热，可以观察到滤纸条又恢复红色，停止加热冷却后又褪色。

3. 二氧化硫溶于水的实验。

用橡胶塞塞紧集气管的管口，继续制取二氧化硫气体。将制得的气体通入水中，用 pH 试纸测定溶液的 pH。此时反复挤压胶头，促进二氧化硫的溶解，烧杯内的水被倒吸进装置内。同时剩余的所有尾气都被充分吸收。

【注意事项】

1. 本实验为微型实验，只需要很少量的药品。单球长管的凹坑内只需滴入 2 滴液体试剂即可，注意控制好药品的用量。

2. 实验结束后会剩余酸性废液，须全部回收进行中和处理后再排放。

【实验点评】

二氧化硫的性质实验是高中化学中的重要实验，同时也是一个操作难度较大、废气污染严重的实验。该实验设计不仅大量减少了试剂的消耗，而且在制备的同时进行了二氧化硫的多项性质实验。实验现象明显，趣味性强。

（赵东洋）

八、硫化氢与二氧化硫反应的微型实验

【实验原理】

$Na_2SO_3+H_2SO_4=Na_2SO_4+H_2O+SO_2\uparrow$

$FeS+H_2SO_4=FeSO_4+H_2S\uparrow$

$SO_2+2H_2S=3S+2H_2O$

【实验试剂】

亚硫酸钠、硫化亚铁、浓硫酸、稀硫酸、氢氧化钠溶液

【实验仪器】

气体实验微型装置：双球管、带导管的橡胶塞、带球导管、洗耳球

【实验步骤】

1. 如图 2-3-8-1 所示，连接组装仪器，挤压滴管，如果烧杯液面下出现气泡，说明装置不漏气。

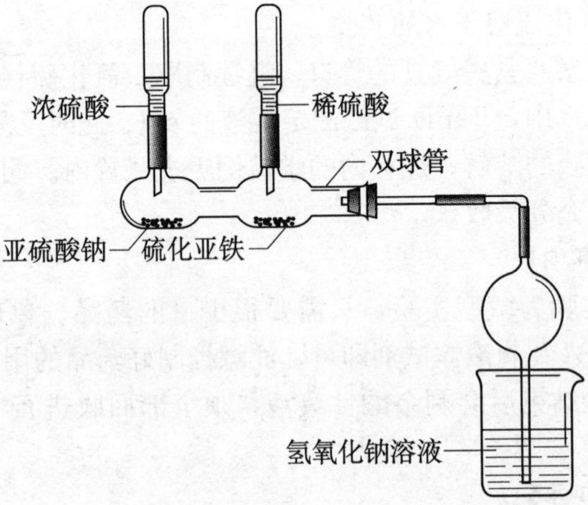

图 2-3-8-1

2. 在双球管内分别加入少量亚硫酸钠和硫化亚铁，将吸有少量浓硫酸和稀硫酸的滴管分别插入相应的支管中，并用橡胶管密封连接。首先逐滴加入几滴稀硫酸，制取硫化氢气体。

3. 再逐滴加入几滴浓硫酸，制取二氧化硫。生成的二氧化硫气体立即与硫化氢反应，双球管的内壁上出现黄色粉末，同时可观察到倒吸现象。

4. 实验结束后，装置内剩余的气体主要是二氧化硫。取下左侧支管上的滴管，用洗耳球对准支管口向装置内反复吹气，使装置内所有的二氧化硫吹出后被氢氧化钠溶液吸收。

【注意事项】

实验时只需要少量试剂，要注意控制好用量。吸收尾气时要慢慢挤压洗耳球，使尾气全部被碱液吸收。

【实验点评】

硫化氢与二氧化硫的反应是不同价态硫元素之间相互转化的重要实验，但是二者都有相当大的毒性。用常规方法实验时要将生成的气体收集在集气瓶中，容易造成气体泄漏而产生污染。本实验在制备两种气体的同时，直接使它们在装置内反应，不仅只需消耗极少量的试剂，而且没有任何污染。

（赵东洋）

九、浓硫酸与铜的反应

【实验原理】

浓硫酸与金属铜反应产生二氧化硫，用湿润的品红试纸检验产生的气体，并用氢氧化钠溶液吸收多余的二氧化硫。相关反应为：

$$Cu+2H_2SO_4(浓)\overset{\triangle}{=\!=\!=}CuSO_4+SO_2\uparrow+2H_2O$$

$$SO_2+H_2O\rightleftharpoons H_2SO_3$$

$$SO_2+2NaOH=Na_2SO_3+H_2O$$

【实验试剂】

铜片、浓硫酸、氢氧化钠溶液、品红试纸、石蕊试纸、玻璃纤维

【实验仪器】

大试管、小试管（底部有孔或破损）、硬质玻璃管、烧杯、球形干燥管、铁架台、酒精灯

【实验步骤】

1. 如图 2-3-9-1 所示连接实验装置，检查装置的气密性。

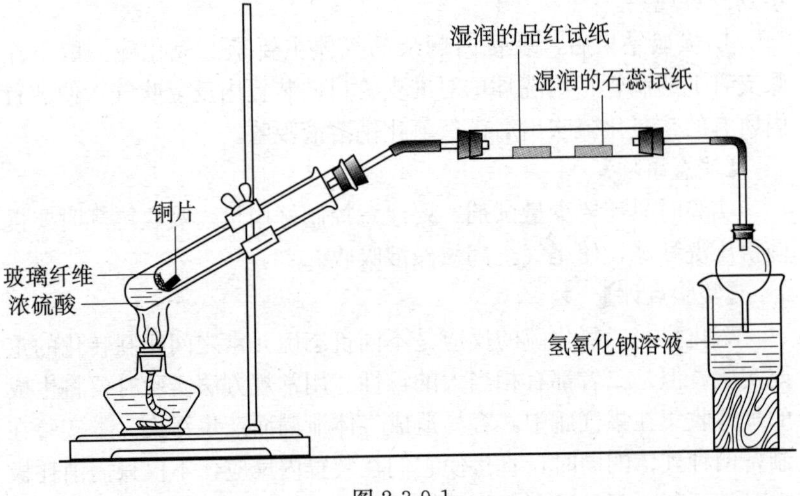

图 2-3-9-1

2. 在大试管中加入 5 mL 浓硫酸，在底部有孔或破损的小试管中加入少量玻璃纤维并放入 0.5 g 铜片，在硬质玻璃管中分别放入湿润的品红试纸和湿润的石蕊试纸，在烧杯中加入适量氢氧化钠溶液。

3. 用酒精灯加热大试管，然后将小试管伸入大试管底部，使浓硫酸通过小试管底孔浸没铜片并与其发生反应。

4. 待反应结束后，将大试管中的浓硫酸与金属铜片脱离接触，移去酒精灯，加热硬质玻璃管，观察试纸颜色的变化。

【注意事项】

1. 实验开始时，注意先使装有浓硫酸的大试管与小试管先不接触，用酒精灯对浓硫酸加热 2～3 min 后再借助试管夹将大试管向上移动，使浓硫酸没过铜片。

2. 实验结束后，注意待整套装置冷却至室温后再进行拆卸。

【实验点评】

1. 该实验利用套管装置，先加热浓硫酸再与铜接触进行反应。利用玻璃纤维对反应中产生的黑色物质进行吸附，使反应后溶液的蓝绿色非常明显，溶液稀释后，蓝色更加明显。

2. 用品红试纸取代品红溶液，反应见效快，缩短了实验时间，产生的二氧化硫气体也大大减少。

3. 本实验较好地避免了倒吸现象的发生和有毒气体二氧化硫对环境的污染。

（王春）

十、浓硫酸使蔗糖脱水

【实验原理】

浓硫酸使蔗糖脱水，生成碳单质和少量二氧化硫气体。该反应为放热反应，二氧化硫等气体使黑色的炭迅速膨胀，形成疏松多孔的炭。

【实验试剂】

蔗糖或绵白糖、浓硫酸、品红试纸、水

【实验仪器】

具支试管、玻璃棒、干燥管、注射器、止水夹

【实验步骤】

1. 按照图 2-3-10-1（1）所示连接仪器，检查装置的气密性，在干燥管中放入湿润的品红试纸，套上气球。

2. 向具支试管中加入约 2 g 蔗糖、少量水、3 mL 浓硫酸后，立刻进行搅拌，搅拌均匀后直接在玻璃棒上套入带单孔橡胶塞的干燥管，塞紧橡胶塞。可观察到黑色的炭沿着玻璃棒迅速膨胀，有大量烟雾产生，气球变大。用注射器抽动气体，使气体在气球和注射器之间来回运动，可看到湿润的品红试纸慢慢褪色，试管的外壁变得很烫。

3. 关闭止水夹。将注射器取下，吸取少量氢氧化钠溶液。再

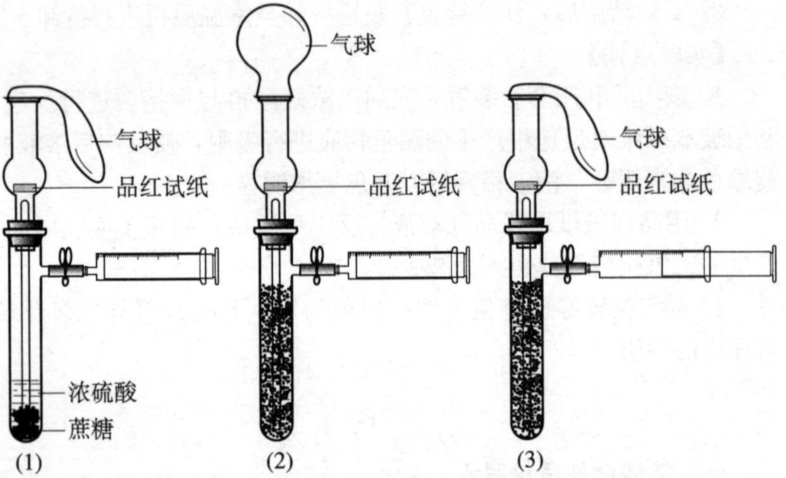

图 2-3-10-1

将注射器与乳胶管相连，打开止水夹，抽出气体。再次关闭止水夹，并将注射器取下，振荡注射器，使氢氧化钠溶液充分吸收二氧化硫气体。实验完成后，将玻璃棒从具支试管中取出时可连带将大部分多孔状黑色的炭取出。

【注意事项】

装置的气密性要良好。玻璃棒要比干燥管细一些，利于通气。实验前注射器要推到无气状态。

【实验点评】

1. 浓硫酸使蔗糖脱水的实验容易激发学生的兴趣和探究欲望，许多教师对此实验都曾进行过有益的探索。本实验方案使用的试管、玻璃棒、气球等细节，都可以作为学生探究的对象。

2. 反应在密闭环境下进行，避免了二氧化硫气体的逸散对空气造成污染。

（潘娟湘）

第4节 氮族元素

一、氨气的喷泉实验

【实验原理】

采用浓氨水与固体氢氧化钠制取氨气：

$$NH_3 \cdot H_2O \xlongequal{NaOH} NH_3\uparrow + H_2O$$

用向下排空气法将氨气收集于试管中。当用注射器将少量水推入充满氨气的试管时，由于氨气极易溶于水，试管内的氨气溶于水造成压强急剧减小，小烧杯中的酚酞溶液被源源不断地吸入大试管，形成红色的喷泉。

【实验试剂】

浓盐酸、浓氨水、氢氧化钠、酚酞溶液

【实验仪器】

5 mL 注射器 4 支（编号为 a、b、c、d）、30 mL 注射器（编号为 e）、废旧水笔芯、针头、25 mm×70 mm 试管（编号为 A）、25 mm×120 mm 试管（编号为 B）、止水夹、100 mL 小烧杯

【实验步骤】

1. 按照图 2-4-1-1 所示连接仪器。

2. 检查装置的气密性。分别将空注射器 a、e 连接到试管 A、B 上，打开止水夹 K_1，关闭止水夹 K_2。缓缓推动注射器 e 的活塞，看到注射器 a 的活塞缓缓升起；缓缓拉动注射器 e 的活塞，看到注射器 a 的活塞下降，证明装置气密性良好。

3. 添加试剂及用品。向试管 A 中加入少量氢氧化钠固体，注射器 a 中吸入 2 mL 浓氨水。注射器 b 中装有吸满水的棉花，备用；注射器 c 中依次放入滴有酚酞溶液和吸满水的两团棉花，备用；注射器 d 中依次放入滴有浓盐酸和吸满水的两团棉花，备用；

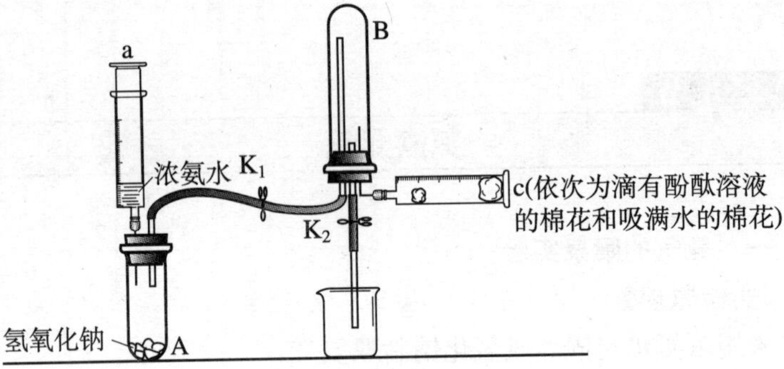

图 2-4-1-1

注射器 e 中吸满滴有酚酞溶液的水，备用。

4. 制取氨气及氨气的性质实验。打开 K_1，关闭 K_2，将注射器 a 中的浓氨水慢慢推入试管 A 中，待注射器 c 中滴有酚酞溶液的棉花变红时，取下注射器 c，换上注射器 d，即可看到注射器 d 中产生大量白烟。

5. 喷泉实验。取下注射器 a，换上注射器 b，关闭 K_1；同时取下注射器 d，换上注射器 e。推动注射器 e 的活塞，将少量水推入试管 B 后注射器 e 的活塞会自动收缩，同时在试管 B 中可观察到美丽的红色喷泉。

6. 重复实验。取下注射器 e，打开 K_2，让试管 B 中的水流入下方烧杯中。然后可重复进行第 4、5 步操作。

【注意事项】

1. 将注射器 a 中的浓氨水推入试管 A 中时，滴加的速率一定要缓慢，以免产生氨气的速率过快。

2. 试管 B 的塞子可做成小端向内凹陷的形状，同时排液管不要高过橡胶塞，否则可能会造成上一次的实验废液排除不净，影响实验效果。

3. 注射器和针头应使用新的，不能使用医疗废弃物，其他实验也应注意类似的问题。

【实验点评】

本实验设计具有实验仪器小型化、实验用品微量化、实验操作简便化等特点。用截取的半根试管（直径 25 mm）代替圆底烧瓶或锥形瓶，用针头代替导管，使装置微型化。在不影响实验效果的前提下，减少了氨气的逸出，减轻了对空气的污染。

本实验将氨气的制取、收集、喷泉实验、氨气溶于水呈碱性、氨气与氯化氢反应等实验装置连成一个整体，无需事先收集好氨气，无需更换仪器即可多次重复实验。实验操作简单、现象明显、成功率高，便于学生掌握氨气的一系列性质。用注射器添加浓氨水，试剂用量更容易控制，可避免产生大量多余的氨气污染空气。用吸满水的棉花进行氨气的尾气吸收，效果很好。分别用滴有酚酞溶液和浓盐酸的棉花进行氨气的检验和性质实验，现象十分直观。

此外，使用不同规格的注射器、试管等仪器将本实验装置改制成大小不同的教具，可分别用于演示实验和学生实验，使氨气的喷泉实验变成学生的分组实验成为可能，便于调动学生的学习兴趣。

（马洪武　魏锐　兰俊耀）

二、氨气的微型喷泉实验

【实验原理】

利用浓氨水与生石灰作用制备氨气：

$$NH_3 \cdot H_2O \xlongequal{CaO} NH_3\uparrow + H_2O$$

用向下排空气法收集氨气，并进行氨溶于水形成喷泉的实验。

【实验试剂】

浓氨水、生石灰（新制）、酚酞溶液、红色石蕊试纸、稀盐酸

【实验仪器】

气体实验微型装置：单球短管、集气管、带导管的橡胶塞、尖嘴导管、50 mL 烧杯

【实验步骤】

1. 按照图 2-4-2-1 所示组装仪器，将导管口插入水面以下，用手挤压滴管，如果导管口有气泡产生，说明装置不漏气。

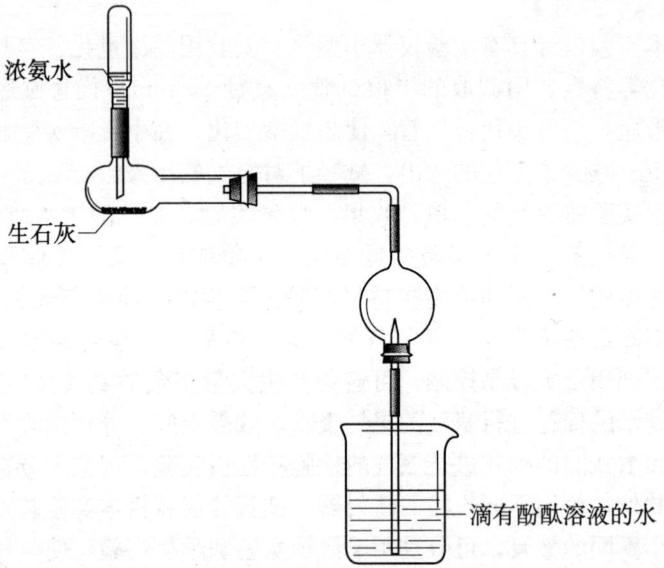

图 2-4-2-1

2. 在单球短管内加入适量生石灰，用带有导管的橡胶塞塞紧管口，在导管上连接一个集气管（管口塞一团棉花），将这个装置固定在操作台上。

将吸有少量浓氨水的滴管插入单球短管的支管中，逐滴加入几滴浓氨水，制取少量氨气。产生的氨气用向下排空气法直接收集在集气管中，用湿润的红色石蕊试纸进行检验。

3. 用带有尖嘴导管的橡胶塞塞紧集气管口，并将导管口插入烧杯中滴有酚酞溶液的水面下。向单球短管中滴入两滴浓氨水，制取少量氨气，可看到导管口的水变红。再用手挤压几次滴管促进氨气的溶解。可以看到由于氨的溶解，导管内的液面上升，倒吸入集气管内形成红色喷泉。

4. 首先取下滴管，使装置内的部分液体回流到烧杯中，然后取下与单球短管相连的、带有导管的橡胶塞，将集气管上下颠倒，使集气管内的液体全部回流到烧杯中，再用少量水冲洗。

【注意事项】

必须保证整个装置密封性良好。所得废液用稀盐酸中和后方可排放。

【实验点评】

该实验是利用气体实验微型装置设计的氨气的制备与性质检验实验，是一个典型的微型气体实验，节约了药品，实现了实验的绿色化。

（赵东洋）

三、测定氨气的溶解度

【实验原理】

测定氨气在常温常压下的溶解度，需要测定水的体积和被水溶解的氨气的体积。在集气瓶中集满氨气，定量地向密闭的集气瓶中注入微量水，氨气溶解后形成负压，使环己烷倒吸入集气瓶中形成喷泉，被吸入装置内的环己烷的体积就是溶解于水的氨气的体积。

【实验试剂】

浓氨水、生石灰、酚酞溶液、环己烷

【实验仪器】

气体实验微型装置：单球短管、集气管、T形管、止水夹、带尖嘴导管的橡胶塞，1 mL 注射器、25 mL 碱式滴定管

【实验步骤】

1. 按照图 2-4-3-1 所示组装仪器，挤压胶头滴管，碱式滴定管内的水面上升，一段时间后水面不下降，说明装置不漏气。

2. 在单球短管中加入少量生石灰，用带有导管和 T 形管的橡胶塞塞紧管口，在 T 形管的上端用橡胶管连接 1 mL 注射器（注射器中事先吸入水），在 T 形管的下端连接集气管（管口塞一团棉花），将上述装置固定在操作台上。

3. 胶头滴管中吸入少量浓氨水，插入单球短管的支管中（胶头滴管和支管之间用橡胶管密封连接）。逐滴加入浓氨水，产生的氨气直接用向下排空气法收集在集气管中，在集气管管口检验

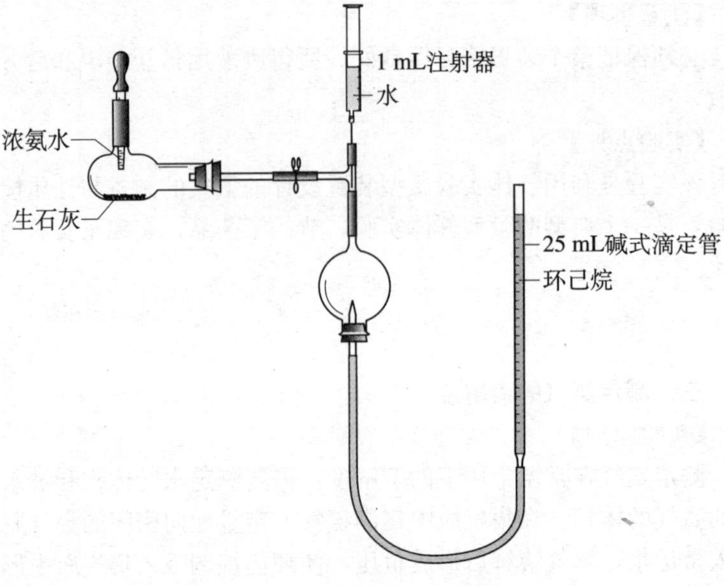

图 2-4-3-1

氨气。

4. 集气管中收集满氨气后，用带有尖嘴导管的橡胶塞塞紧管口，尖嘴导管的下端用橡胶管连接 25 mL 碱式滴定管。在碱式滴定管中事先盛有适量环己烷，在环己烷液面上加入少量滴有酚酞溶液的水，读出液面的刻度值 L_0。

继续滴加少量浓氨水，生成的氨气通过尖嘴导管将其中的空气排出，逸出的氨气会使环己烷液面上的水变红。此时用止水夹夹住橡胶管，用 1 mL 注射器向集气管中慢慢滴入 0.05 mL 水，氨气立即发生溶解，同时环己烷被倒吸入集气管中。再读出碱式滴定管内液面的刻度值 L_1。溶解在水中的氨气的体积 $V(NH_3)_1 = L_0 - L_1$。

再重复以上操作两次，记录碱式滴定管内液面的刻度值，并计算出溶解的氨气的体积。

5. 取以上 3 次实验中被 0.05 mL 水溶解的氨气的体积的平均值，作为常温常压下 0.05 mL 水可溶解的氨气的体积，即可计算出氨气的溶解度。

【注意事项】

1. 整个实验操作过程中要保证装置密封良好。

2. 实验过程中要调整碱式滴定管的位置，使集气管内的液面和滴定管内的液面相平，以保证两侧气体的压强相同。

3. 实验后所得的碱性废液须经处理后再排放，环己烷要进行回收。

【实验点评】

气体的溶解性是其重要的物理性质，中学阶段探究气体溶解性的典型实验是喷泉实验。常规实验装置并不能定量测定氨气常温常压下在水中的溶解度。

该实验所体现的"绿色化"意义是：

(1) 在半开放的仪器装置中完成了氨气的制备、收集、检验和喷泉实验，实验过程中氨气不容易泄漏。

(2) 在微型化的装置中进行实验，所需氨气较少，节约了试剂。

(3) 实现了微型气体实验的定量化，突破了实验难点，有利于培养学生细致认真的实验态度。

（赵东洋）

四、氨气在纯氧中的燃烧

【实验原理】

氨气在纯氧中可以安静地燃烧，生成氮气和水：

$$4NH_3+3O_2 \xlongequal{点燃} 2N_2+6H_2O$$

【实验试剂】

二氧化锰、10%双氧水、浓氨水、氢氧化钠固体、稀硫酸

【实验仪器】

分液漏斗、圆底烧瓶、烧杯、锥形瓶、漏斗、三通管、燃烧管、止水夹

【实验步骤】

1. 如图 2-4-4-1 所示连接好整套装置，并检查其气密性。分别

在各仪器中加入所用试剂。关闭止水夹 K_2，打开止水夹 K_1。

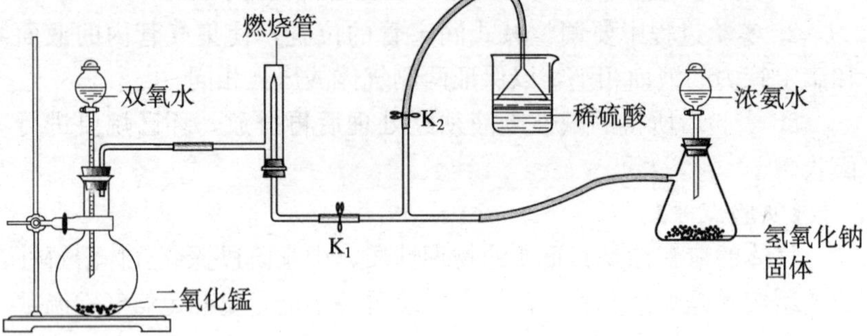

图 2-4-4-1

2. 先打开左侧分液漏斗的活塞制备氧气，用带火星的木条检验燃烧管中是否充满氧气。待充满后再打开右侧分液漏斗的活塞制备氨气。用燃着的檀香引燃氨气，可以看到氨气在纯氧中安静地燃烧。

3. 反应结束后，先停止通氨气，待火焰熄灭后再停止通氧气。用蘸有稀硫酸的棉花置于燃烧管管口，关闭 K_1，打开 K_2，用稀硫酸吸收多余的氨气。

【注意事项】

1. 为了防止氨气外泄，操作时应注意：

(1) 一定要先通入氧气，再点燃氨气，保证氨气的完全燃烧。

(2) 控制好两种气体的流速，防止因氨气气流不通畅而导致火焰熄灭。

2. 该实验也可以将氨气和氧气分别储存在气囊中来进行。

【实验点评】

氨气不能在空气中燃烧，但可以在纯氧中燃烧生成氮气和水。本实验作为教材中实验的补充，可以让学生体会氨气和氧气在不同条件下可发生不同的反应，生成不同的产物。该实验现象明显，对环境造成的影响很小，符合绿色化的要求。

(熊美容)

五、氨气还原氧化铜的微型实验

【实验原理】

利用浓氨水和生石灰作用制备氨气：

$$NH_3 \cdot H_2O \xlongequal{CaO} NH_3\uparrow + H_2O$$

在加热条件下氨气可以还原氧化铜：

$$2NH_3 + 3CuO \xlongequal{\triangle} N_2 + 3Cu + 3H_2O$$

【实验试剂】

浓氨水、生石灰（新制）、细铜丝、酚酞溶液

【实验仪器】

气体实验微型装置：单球长管、带球导管、酒精灯、带导管的单孔橡胶塞、烧杯、洗耳球

【实验步骤】

1. 按照图 2-4-5-1 所示组装仪器，用手慢慢挤压滴管，如果带球导管口有气泡产生，说明装置不漏气。

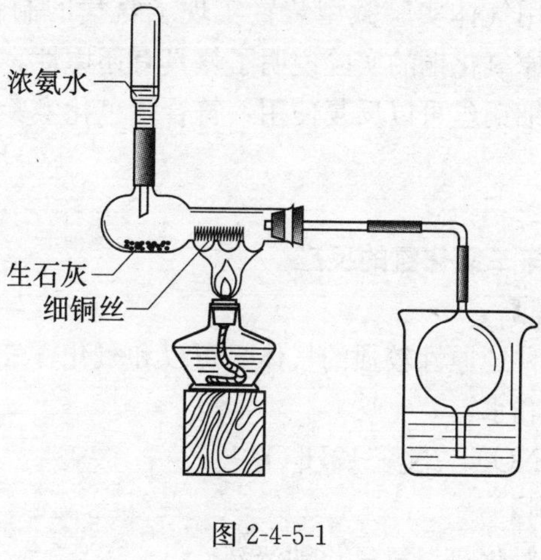

图 2-4-5-1

2. 在单球长管中加入适量生石灰，然后在其直管部分放入一段螺旋状铜丝，用带有带球导管的橡胶塞塞紧管口，将导管口插入滴有酚酞溶液的水中，将整套装置固定在操作台上。

3. 点燃酒精灯，加热直管内的细铜丝，可看到光亮的铜丝表面逐渐变黑。

4. 将吸有少量浓氨水的滴管插入单球长管的支管中，逐滴加入几滴浓氨水，制取少量氨气，可观察到烧杯内滴有酚酞溶液的水变红色。

5. 点燃酒精灯，加热直管内的氧化铜，再滴入几滴浓氨水产生少量氨气，可以看到铜丝表面的黑色变成红色。

【注意事项】

实验结束后，取下滴管，用洗耳球对准支管向装置内吹气，可使装置内剩余的尾气被充分吸收。

如果用氧化铜粉末进行实验，可以看到氨与氧化铜剧烈反应，产生明亮的火花，黑色氧化铜变红，在管口较冷的地方有水珠生成。实验结束后，单球长管内壁粘有的铜用蘸有氯化铁溶液的棉花团擦洗即可除去。

【实验点评】

该实验利用气体实验微型装置实现了氨气的制备和性质的检验，通过氨还原氧化铜的实验说明了氨具有还原性。该实验操作简便，螺旋状的细铜丝可以反复使用，符合绿色化实验的要求。

（赵东洋）

六、氨气与二氧化氮的反应

【实验原理】

氨气是一种还原性较强的气体，可以和氧化性气体二氧化氮反应，生成氮气和水：

$8NH_3+6NO_2=7N_2+12H_2O$

【实验试剂】

氨气、二氧化氮、氢氧化钠溶液

【实验仪器】

100 mL 注射器、硬质玻璃管、250 mL 烧杯、铁架台、止水夹

【实验步骤】

1. 用注射器收集氨气，硬质玻璃管中充满二氧化氮（两头用止水夹夹住），如图 2-4-6-1 所示连接好装置。

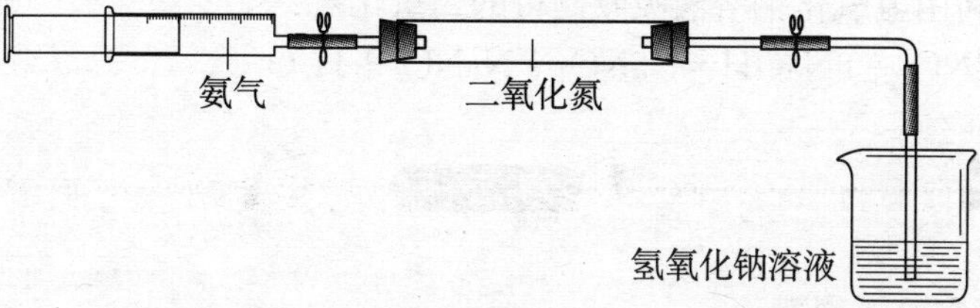

图 2-4-6-1

2. 打开左侧止水夹，推动注射器活塞，使氨气缓慢通入硬质玻璃管中，可以看到管内有白雾生成，二氧化氮气体的红棕色慢慢变浅。

3. 打开右侧止水夹，氢氧化钠溶液被倒吸入硬质玻璃管中。

【注意事项】

1. 为了使反应现象明显，可以减慢两种气体的混合速率。

2. 反应前要用止水夹夹住右侧橡胶管，防止倒吸。

【实验点评】

对于氨气和二氧化氮在常温下不能共存的问题，学生没有感性认识。该实验证明了二者在常温下可以发生反应：$8NH_3+6NO_2=7N_2+12H_2O$。该反应是气体分子数减少的反应，所以反应结束后可以将氢氧化钠溶液倒吸入硬质玻璃管中，吸收未反应完全的二氧化氮。该实验现象明显，操作简单，达到了绿色化的要求。

（熊美容）

七、稀硝酸与铜的反应

【实验原理】

稀硝酸与铜反应产生一氧化氮：

$3Cu+8HNO_3=3Cu(NO_3)_2+2NO\uparrow+4H_2O$

一氧化氮与空气中的氧气反应生成红棕色的二氧化氮：

$2NO+O_2=2NO_2$

二氧化氮溶于水：

$3NO_2+H_2O=2HNO_3+NO$

利用氢氧化钠溶液吸收制得的二氧化氮：

$2NO_2+2NaOH=NaNO_2+NaNO_3+H_2O$

方法一

【实验试剂】

1∶4 稀硝酸、铜丝、氢氧化钠溶液

【实验仪器】

U 形管、铜丝（插在橡胶塞上，可上下抽动，下部缠成螺旋状）、导管、止水夹

【实验步骤】

1. 按图 2-4-7-1 连接好装置，将铜丝绕成螺旋状插在橡胶塞上，右侧小试管中的棉花要蘸有氢氧化钠溶液。

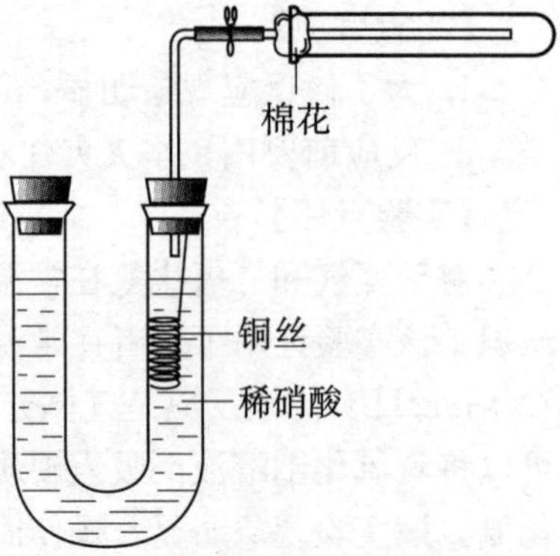

图 2-4-7-1

2. 拔下 U 形管右侧的单孔塞，向其中加入稀硝酸使液面接近管口，注意此时左边已塞有的塞子不要打开。塞上插有铜丝的单孔塞（此时橡胶管上夹有止水夹），反应开始，有无色气体生成。打开 U 形管左侧的橡胶塞，U 形管右侧的气体增加，硝酸逐渐流向左侧，大约 1～2 min 后打开止水夹，使生成的一氧化氮进入小试管中，可看到小试管中有明显的红棕色。由于棉花已事先蘸有氢氧化钠溶液，可使产生的二氧化氮被充分吸收。

【注意事项】

加入稀硝酸时，要保证液面与单孔塞之间没有空气，同时注意

控制好稀硝酸的浓度，避免过浓直接生成二氧化氮。

【实验点评】

本实验生成无色一氧化氮气体和红棕色二氧化氮气体的现象都很明显，反应也易于控制。整个实验在半封闭的条件下进行，同时由于在小试管口放置的棉花比较松软、表面积大，可吸附较多的氢氧化钠溶液，反应产生的二氧化氮可被充分吸收，防止了有毒气体向空气中的扩散。

（曹葵）

方法二

【实验试剂】

铜丝、稀硝酸（1∶2.5）、棉花

【实验仪器】

胶头滴管（无胶头）、单向阀、试管、洗耳球

【实验步骤】

1. 按图 2-4-7-2 连接好仪器，用洗耳球吸入稀硝酸加至单向阀的下端。

2. 当稀硝酸与铜丝接触后，可观察到滴管内的溶液逐渐变蓝，产生的无色气体将溶液压出滴管，直至溶液与铜丝脱离接触。

3. 将蘸有氢氧化钠溶液的棉花放入单向阀的上口，再用洗耳球吸出滴管内的无色气体，可以观察到无色气体进入单向

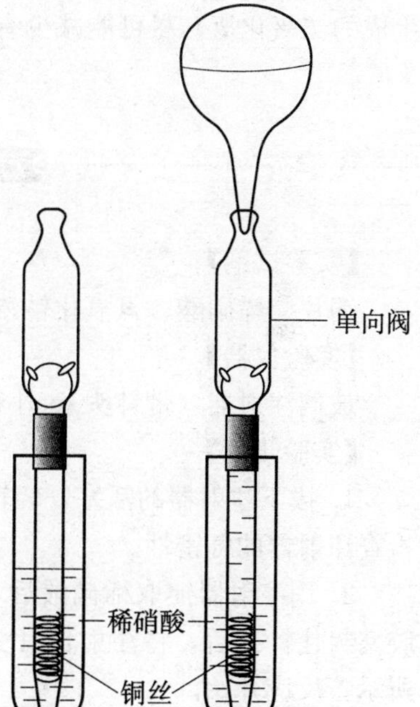

图 2-4-7-2

阀后立即变为红棕色。

【注意事项】

铜与稀硝酸反应速率较慢，为加快反应速率，本实验采用了体积比为 1∶2.5 的稀硝酸。硝酸可在温水浴中预热。

【实验点评】

1. 该实验属于微型实验。由于滴管口径小，用药量少，可大大减少有害气体的产生，适合学生动手操作。

2. 单向阀的使用使一氧化氮被密封在滴管中，既便于观察颜色，又防止了有害气体逸出污染环境。

3. 该装置可反复使用，当稀硝酸与铜丝分离后，反应停止。由于下端有液封，气体不会从下口逸出。

4. 单向阀上口放入浸有氢氧化钠溶液的棉花，可以充分吸收生成的二氧化氮，尽可能减少有害气体的逸出。

（郎庆利）

方法三

【实验试剂】

铜片、稀硝酸、氢氧化钠浓溶液

【实验仪器】

玻璃注射器（带针头）、小矿泉水瓶（无色透明）

【实验步骤】

1. 拔下注射器的活塞，轻轻放入两小块铜片，再将活塞推入，检查注射器的气密性。

2. 用注射器抽取稀硝酸后，针头向上排净其中的空气，用橡胶塞封住针孔后，将注射器针头朝上固定在铁夹上，如图 2-4-7-3 所示。反应开始。

3. 将小矿泉水瓶挤扁后塞上橡胶塞。当反应进行到注射器的活塞下移到容积一半的位置左右时，将矿泉水瓶倒置，瓶口橡胶塞对准针头扎入，使上下两部分连通，如图 2-4-7-4 所示。然后向上

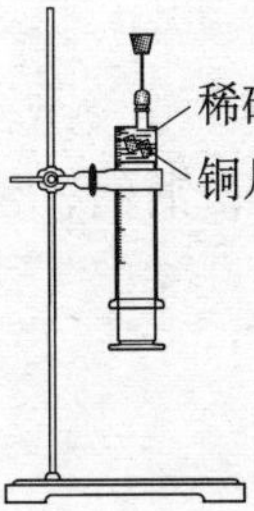

图 2-4-7-3

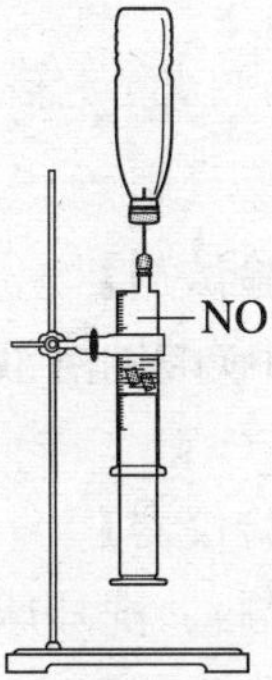

图 2-4-7-4

缓缓推动活塞，将气体推入矿泉水瓶中，可观察到瓶中的无色气体变为红棕色。

4. 整体取下注射器和矿泉水瓶并倒转，使反应后的蓝色溶液流入矿泉水瓶中，硝酸与铜片脱离接触，反应终止。

5. 用另一支注射器抽取氢氧化钠浓溶液，从瓶塞处扎入并注入矿泉水瓶中，用来处理实验尾气及废液。

【注意事项】

1. 步骤 2 中的小橡胶塞最好用橡皮代替，因其质软，易于扎穿。

2. 步骤 3 中为了使针头容易扎入瓶口且不至漏气，应将塑料瓶盖换成橡胶塞。

【实验点评】

1. 演示该实验时学生能清楚地看到反应得到了蓝色的硝酸铜溶液和无色一氧化氮气体，以及一氧化氮遇空气变色等一系列变化。

2. 该实验药品用量少，产生的毒气量少。反应在全密闭的环境中发生，反应过程中产生的有毒气体不会逸散，适于在教室中进行演示。实验结束后对尾气和废液进行了妥善的处理。

3. 通过翻转装置及时使铜与稀硝酸分离而终止反应，减少了有毒气体的产生。

（刘翠茹）

方法四

【实验试剂】

饱和碳酸钠溶液、稀盐酸、1∶1.8 稀硝酸、铜丝、氢氧化钠溶液

【实验仪器】

广口瓶、洗耳球、干燥管、烧杯、集气瓶

【实验步骤】

1. 在广口瓶中加入饱和碳酸钠溶液和稀盐酸，立即产生大量 CO_2。将洗耳球挤扁后置于瓶口，反复挤压数次，用 CO_2 排尽其中的空气。

2. 取下已充满 CO_2 的洗耳球，将其插在一个带单孔塞的干燥管上（如图 2-4-7-5）。挤压洗耳球，用其中的 CO_2 将干燥管中的空气排出。松开洗耳球，吸入 1∶1.8 的稀硝酸充满干燥管，使其与预先放在干燥管内弯成螺旋状的铜丝接触，二者立即发生反应。干燥管内溶液逐渐变蓝，产生的无色气体使液面逐渐下降。反应过程中始终保持干燥管内的液面不脱离烧杯液面，以防进入空气。

图 2-4-7-5

图 2-4-7-6

3. 反应停止后，迅速将干燥管插入一个带单孔塞的集气瓶（如图 2-4-7-6），再次挤压洗耳球，使集气瓶中的空气进入干燥管，

集气瓶和干燥管内立即充满了红棕色气体。

4. 实验完毕，从干燥管口加入氢氧化钠溶液，充分吸收二氧化氮气体。

【注意事项】

实验中硝酸的浓度是关键，不能太稀，否则常温下反应速率很慢；又不能太浓，否则会产生红棕色气体。经笔者多次摸索，该实验中硝酸的浓度控制在 1∶1.8 为宜。

【实验点评】

1. 本实验主要有以下特点：现象明显。由于体系内空气排得比较干净，可以观察到最初产生的一氧化氮为无色。此后吸入空气，产生红棕色气体，前后现象对比强烈，学生印象深刻。

2. 节约时间。整个实验过程只需约 5 min（若提前预热干燥管，所需时间更短），适合课堂演示。

3. 绿色环保：有毒气体被封闭在容器内，在实验最后被安全处理，对教室环境不会造成污染。

（白建娥）

八、浓、稀硝酸与铜反应的对比

【实验原理】

浓硝酸与铜反应产生红棕色气体二氧化氮：

$Cu+4HNO_3(浓)=Cu(NO_3)_2+2NO_2\uparrow+2H_2O$

稀硝酸与铜反应可以产生一氧化氮，一氧化氮与空气中的氧气反应生成红棕色的二氧化氮：

$3Cu+8HNO_3=3Cu(NO_3)_2+2NO\uparrow+4H_2O$

$2NO+O_2=2NO_2$

二氧化氮可与水发生反应：

$3NO_2+H_2O=2HNO_3+NO$

利用氢氧化钠溶液可吸收制得的二氧化氮。

方法一

【实验试剂】

铜片、浓硝酸、蒸馏水、氢氧化钠溶液

【实验仪器】

Y 形管、集气瓶、烧杯、洗耳球、止水夹

【实验步骤】

1. 按图 2-4-8-1 所示连接好仪器：在集气瓶和烧杯中分别加入适量的氢氧化钠溶液。在 Y 形管一侧加入约 4 mL 蒸馏水，另一侧加入 2 mL 浓硝酸。

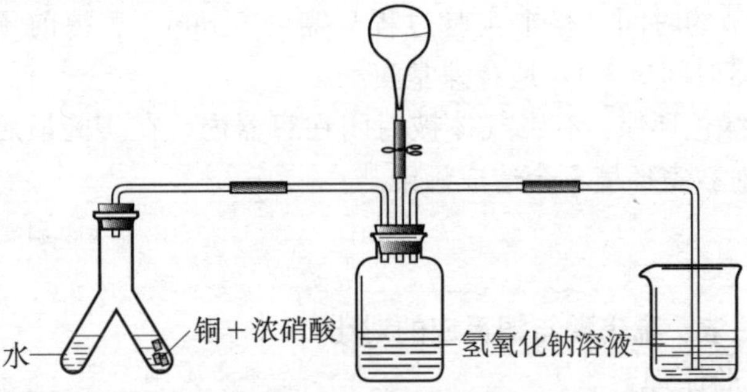

图 2-4-8-1

2. 稍倾斜 Y 形管，使铜片慢慢滑入浓硝酸中，立即塞上单孔橡胶塞，然后将 Y 形管竖直。此时可看到铜片与浓硝酸立即发生剧烈的化学反应，液面上充满了红棕色的二氧化氮气体，由于生成了浓度较大的硝酸铜溶液，反应液呈绿色，过量的二氧化氮气体被氢氧化钠溶液吸收。

3. 第二次倾斜 Y 形管（无需去掉单孔橡胶塞），使蒸馏水注入反应体系，浓硝酸被稀释，此时稀硝酸与铜反应，产生的无色一氧化氮气体将二氧化氮迅速排出，体系内气体的颜色明显变浅（液面上方为无色气体，接近管口处呈浅红棕色），同时反应液变为蓝色。

4. 再次倾斜 Y 形管，使稀硝酸移入左侧，使其与铜片分离，反应终止。此时 Y 形管内尚有少量一氧化氮气体。

5. 打开止水夹，挤压洗耳球向集气瓶内鼓入空气，可观察到无色的一氧化氮气体被氧化为红棕色的二氧化氮。

【注意事项】

蒸馏水用量要控制好，太多会导致制备一氧化氮的速率太慢，太少则无法生成一氧化氮。同时要注意控制浓硝酸与铜反应的时间，一般控制在 10 s 左右即可，时间太长会导致浓硝酸消耗过多，影响下一步一氧化氮的制备。铜片的用量不能过少，否则也会导致产生一氧化氮的效率降低。

【实验点评】

该实验方法将铜与浓硝酸以及铜与稀硝酸两个独立的反应体系合并，提高了实验效率。反应中放出的有毒气体用碱液吸收，减少了有害气体的排放，保护了环境。

该方法在降低污染物排放的同时，实验现象明显，可比性增强，而且事先需准备的反应药品数目减少（无需稀硝酸），还可以随时终止反应。生成一氧化氮的反应，因为有上一步反应的余热，该步反应容易启动，且反应速率较快。

（曹葵）

方法二

【实验试剂】

浓硝酸、稀硝酸（1∶1）、氢氧化钠溶液、铜片（1 cm×1 cm）

【实验仪器】

10 mL 烧杯、50 mL 烧杯、培养皿（90 mm×15 mm）、5 mL 注射器

【实验步骤】

1. 铜与浓硝酸的反应。

(1) 将 10 mL 烧杯放入培养皿中，向其中加入 2 mL 浓硝酸，

向培养皿中加入蒸馏水至其容积的2/3处，如图2-4-8-2所示。

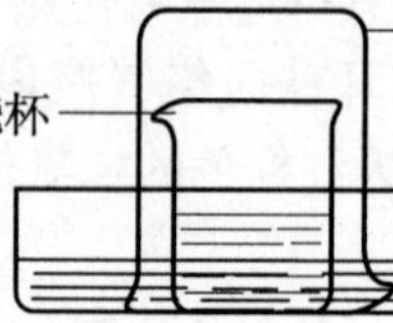

图2-4-8-2

(2) 将大小为1 cm×1 cm的铜片放入10 mL烧杯中，迅速用50 mL烧杯倒扣在小烧杯上方。很快便可观察到溶液颜色变为绿色，铜片消失，有红棕色气体产生。

(3) 约10 min后，可明显看到烧杯中的气体颜色变浅，50 mL烧杯内的液面上升。

(4) 观察完现象后向培养皿中加入氢氧化钠溶液处理残余气体。

2. 铜与稀硝酸的反应。

(1) 将10 mL烧杯放入培养皿中，向其中加入2 mL稀硝酸，向培养皿中加入蒸馏水至其容积的2/3处，如图2-4-8-2所示。

(2) 将大小为1 cm×1 cm的铜片放入10 mL烧杯中，迅速用50 mL烧杯倒扣在小烧杯上方。约半分钟内可观察到溶液颜色逐渐变蓝，铜片减小，有无色气体产生，烧杯上方的气体略显浅红棕色。

(3) 待铜片消失后，用注射器从50 mL烧杯口注入空气（或氧气），可观察到气体立刻变成红棕色，随后逐渐变浅，50 mL烧杯内液面上升。

(4) 观察完现象后向培养皿中加入氢氧化钠溶液处理残余气体。

【注意事项】

1. 反应容器越小越好，如没有10 mL的烧杯，可用小玻璃瓶代替。

2. 对于铜与稀硝酸的反应，为保证在较短时间内能看到明显现象，稀硝酸的浓度不要太稀，以浓硝酸与水的体积比为1∶1为宜。若时间充裕，二者的体积比在 1∶1 到 1∶4 之间均可。

3. 等待时间长一些，观察液面倒吸进入烧杯的现象更明显。

4. 为保证人身安全，实验过程中须带好防护手套和护目镜。

【实验点评】

1. 本实验药品的用量小，减少了有毒气体的产生。整个实验在密闭装置中进行，实验过程中无污染物排放。实验完成后立即加入氢氧化钠溶液，吸收残余气体，很好地体现了实验的微型化。

2. 该实验操作简便，成功率高。若两个实验同时进行还可以对比出浓、稀硝酸的氧化性强弱，并能同时完成一氧化氮氧化和二氧化氮溶解的性质实验。

（全芙君）

九、二氧化氮与一氧化氮的相互转化

【实验原理】

$Cu + 4HNO_3(浓) = Cu(NO_3)_2 + 2NO_2\uparrow + 2H_2O$

$3NO_2 + H_2O = 2HNO_3 + NO$

$2NO + O_2 = 2NO_2$

【实验试剂】

浓硝酸、铜片、6 mol/L 氢氧化钠溶液、紫色石蕊溶液

【实验仪器】

具支试管、100 mL 烧杯、锥形瓶、集气瓶、洗耳球、止水夹、T 型管

【实验步骤】

1. 按照图 2-4-9-1 所示将装置组装好，检查装置的气密性。

2. 向烧杯中加入氢氧化钠溶液，集气瓶中装满紫色石蕊溶液。将约 1 cm 宽、20 cm 长的铜片盘好并放在滴管内的有孔塑料托片上备用。

3. 向具支试管中加入约占其容积三分之一的浓硝酸。打开止水夹 A 和 D，关闭止水夹 B 和 C。将带有橡胶塞的滴管安装到具支试管上。反应开始后可看到有红棕色气体生成，具支试管中的溶

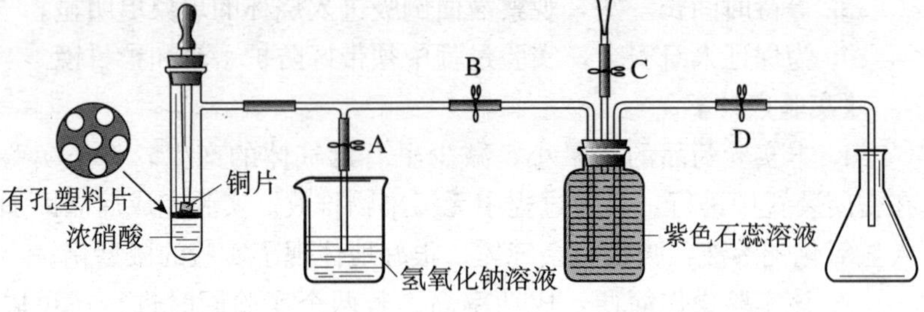

图 2-4-9-1

液变为蓝绿色。

4. 待红棕色气体充满反应装置时，打开止水夹 B，关闭止水夹 A，可看到紫色石蕊溶液逐渐变红，在集气瓶上方收集到无色气体，同时有部分石蕊溶液被排入锥形瓶中。

5. 当集气瓶中收集到约占其一半容积的无色气体时，用滴管吸取具支试管中的溶液，使液面低于铜片，反应终止。关闭止水夹 B，打开止水夹 A。

6. 打开止水夹 C，同时用洗耳球向集气瓶中吹气，随即迅速关闭止水夹 D。可以看到鼓入空气的瞬间，集气瓶中的无色气体迅速变为红棕色。

【注意事项】

1. 浓硝酸的用量要控制在大约占试管容积的三分之一。用量过少，则生成的气体量不足；用量过多，则反应过于剧烈，使药品容易冲出具支试管。

2. 承托铜片的塑料片应留有一些缺口，防止因液面降低后积存浓硝酸，影响反应终止。

3. 集气瓶中的一氧化氮不要收集满（应大约占集气瓶容积的一半），留出空气进入时所需排水的量。鼓入空气时应尽可能将水排净，防止生成的二氧化氮又迅速与水反应。

4. 锥形瓶中的排水导管要短一些，不能浸入排出水的液面，防止倒吸。

【实验点评】

本实验将铜与浓硝酸反应生成二氧化氮、二氧化氮与水反应生成一氧化氮、一氧化氮又与氧气反应生成二氧化氮等一系列反应设计在一套密闭的装置中连续完成，使前一个反应的生成物作为下一个反应的反应物，既节约了实验试剂，又可以提高课堂演示实验的效率。实验产生的有毒气体不易泄漏，对空气基本没有污染。

该实验反应启动与中止可控制，各步反应现象明显，便于加深学生的感性认识。实验的综合性较强，有利于培养学生分析问题的能力。

（刘堃）

十、硝酸的热分解

【实验原理】

$$4HNO_3 \xlongequal{\triangle} 2H_2O + 4NO_2\uparrow + O_2\uparrow$$

【实验试剂】

浓硝酸、氢氧化钠溶液、蒸馏水、干燥的细沙、pH 试纸

【实验仪器】

气体实验微型装置：单球短管、带导管的橡胶塞、酒精灯、烧杯

【实验步骤】

1. 如图 2-4-10-1 所示连接仪器，用手挤压滴管，如果导管口出现气泡，说明装置不漏气。

2. 在单球短管内加入干燥的细沙，将吸有少量浓硝酸的滴管套在单球短管的支管上，并用乳胶管密封连接。用酒精灯加热装置内的细沙。逐滴加入几滴浓硝酸，浓硝酸立即分解，装置内充满了红棕色气体。待反应完毕后，关闭止水夹，停止加热。

3. 待装置恢复至室温后，打开止水夹，用手反复挤压滴管，烧杯中的水立即被倒吸入单球短管内。也可以取下滴管，用洗耳球对准支管向单球短管内慢慢吹气，使浓硝酸分解后生成的气体被水充分吸收，再用 pH 试纸检验所得溶液。

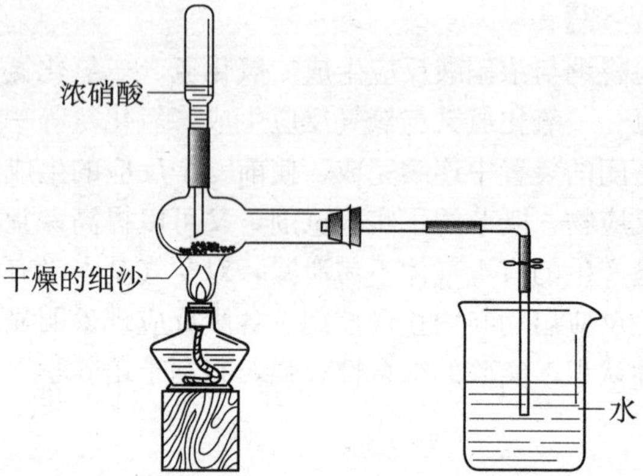

图 2-4-10-1

【注意事项】

浓硝酸具有强烈的腐蚀性，实验时要特别小心，防止其与皮肤接触。实验产生的废液用氢氧化钠溶液中和后再排放。

本实验中干燥的细沙的作用是保持高温，并防止单球短管炸裂。浓硝酸与其并不能发生反应。

【实验点评】

用酒精灯加热试管中的浓硝酸，浓硝酸很难分解。本实验只需将一两滴浓硝酸滴在热的沙子上，就可以观察到浓硝酸受热分解后生成红棕色的二氧化氮气体。该法操作简便，现象明显，成功率高，而且没有气体污染，较好地解决了这个难点实验。

（赵东洋）

十一、磷的同素异形体之间转化的微型实验

【实验原理】

$CaCO_3+2HCl=CaCl_2+H_2O+CO_2\uparrow$

$$\text{白磷}\underset{\text{加热到 416 ℃升华后，冷凝}}{\overset{\text{隔绝空气加热到 260 ℃}}{\rightleftharpoons}}\text{红磷}$$

【实验试剂】

石灰石、1∶2 稀盐酸、白磷、红磷、0.2 mol/L 硫酸铜溶液

【实验仪器】

气体实验微型装置：单球长管、烧杯、带导管的橡胶塞、止水夹、酒精灯

【实验步骤】

1. 如图 2-4-11-1 所示连接仪器，挤压胶头滴管，检查装置的气密性。

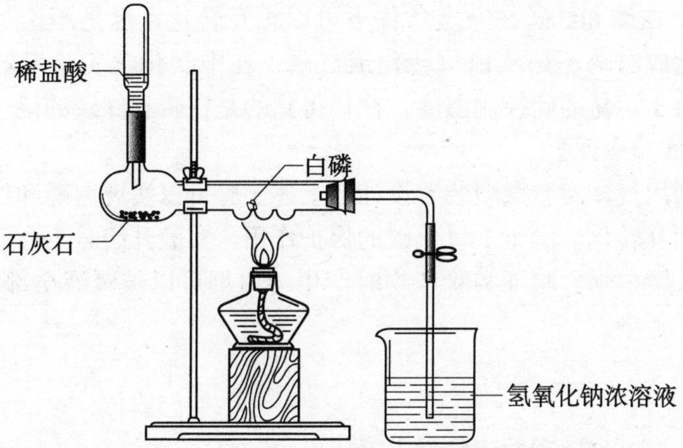

图 2-4-11-1

2. 拔开橡胶塞，向单球长管内加入少量的石灰石颗粒，在水平直管部分放入极少量的白磷。滴管内吸取少量稀盐酸，插入单球长管的支管内，用带有导气管的橡胶塞塞紧直管口，导管的另一端插入盛有氢氧化钠浓溶液的烧杯中。立即滴入稀盐酸制取二氧化碳，防止白磷自燃。

3. 稍微加热直管中的白磷，可观察到白磷升华，产生黄色的蒸气。在直管两侧温度较低的部位可观察到磷（既有红磷又有白磷）蒸气的凝结。

4. 待装置冷却后，取下滴管，用洗耳球对准支管向装置内鼓入少量空气，管壁上的白磷发生自燃，在暗处观察可看到明亮的闪光，同时有白烟生成。继续鼓入空气使白磷全部燃烧，同时可将燃烧产物全部排出而被氢氧化钠溶液吸收。由于鼓入的空气量有限，

红磷不会燃烧，因此管壁上剩下的物质是红磷。

5. 再取少量红磷，放入装置的直管内，以类似的操作方法，可将红磷转化成白磷。

【注意事项】

1. 白磷有剧毒，实验结束后，应用蘸有硫酸铜溶液的棉花擦拭装置内壁，处理剩余的白磷。

2. 白磷和红磷在一定条件下可以相互转化，但是不论是从红磷转化成白磷还是从白磷转化成红磷，在中学化学实验室的条件下，由于不易准确控制温度，往往得到的是白磷和红磷的混合物。

【实验点评】

利用气体实验微型装置设计的上述实验可以实现白磷和红磷之间的相互转化。由于二氧化碳的保护作用，实验开始时不会产生五氧化二磷白烟。验证实验产物时产生的白烟可以被碱液全部吸收，消除了污染。

（王昌军）

十二、红磷和白磷的燃点对比

【实验原理】

红磷和白磷达到一定的温度后都可以与空气中的氧气反应，生成五氧化二磷。红磷的燃点高，为 240 ℃，白磷的燃点低，仅为 40 ℃。反应方程式：

$$4P+5O_2 \xlongequal{\text{点燃}} 2P_2O_5$$

方法一

【实验试剂】

红磷、白磷、氢氧化钠溶液

【实验仪器及其他用品】

硬质玻璃管、酒精灯、集气瓶、烧杯、漏斗、铜片、二连球

【实验步骤】

如图 2-4-12-1 所示安装好实验装置，将白磷、红磷分别放在铜片上，放入硬质玻璃管中。用酒精灯加热红磷所在的部位，同时不断用二连球缓慢通入空气。约半分钟后白磷开始燃烧，产生大量白烟，稍后红磷开始燃烧，硬质玻璃管中再次充满大量白烟。产生的白烟沿导管进入烧杯，被氢氧化钠溶液吸收。

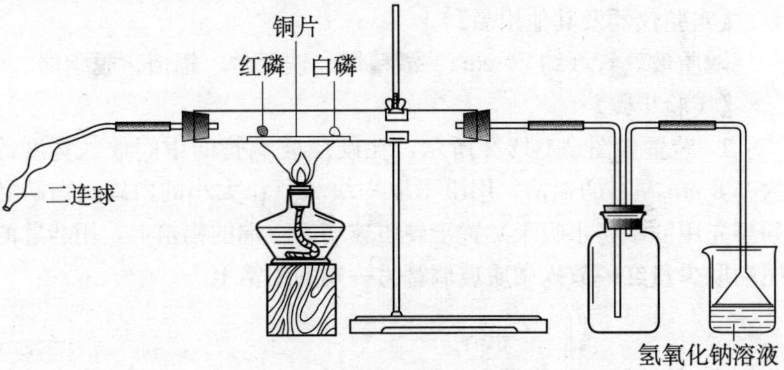

图 2-4-12-1

反应完成后，继续鼓入空气，将硬质玻璃管和集气瓶中残留的五氧化二磷赶出，使其被吸收得更完全，杜绝空气污染。

【注意事项】

红磷、白磷用量要少，约 0.05 g（一个火柴头大小即可）。否则产生五氧化二磷过多过快，氢氧化钠溶液无法完全吸收，仍然会有少量五氧化二磷排入大气。

【实验点评】

该实验利用铜是热的良导体的特点，使白磷和红磷均匀受热，在一个实验中可以同时看到二者燃烧的现象，提高了实验效率。由于实验在封闭体系内进行，热量损失小，白磷燃烧产生的热量同时加热了红磷，红磷很快就可以燃烧，较在开放环境中实验节约了时间。同时产生的五氧化二磷被充分吸收，防止了污染。集气瓶可以起到缓冲的作用，有效防止因反应速率过快而氢氧化钠溶液来不及吸收的五氧化二磷泄漏。

（曹葵）

方法二

【实验试剂】

白磷、红磷

【实验仪器及其他用品】

硬质玻璃管（约 20 cm）、酒精灯、铁架台、铝箔、脱脂棉

【实验步骤】

1. 装置如图 2-4-12-2 所示，在硬质玻璃管的中间放入宽度约为 0.8 cm 左右的铝箔，用镊子取一块绿豆粒大小的白磷（白磷必须事先用滤纸将水吸干）置于硬质玻璃管一端的铝箔上，用药匙的尾端取少量红磷放入硬质玻璃管另一端的铝箔上。

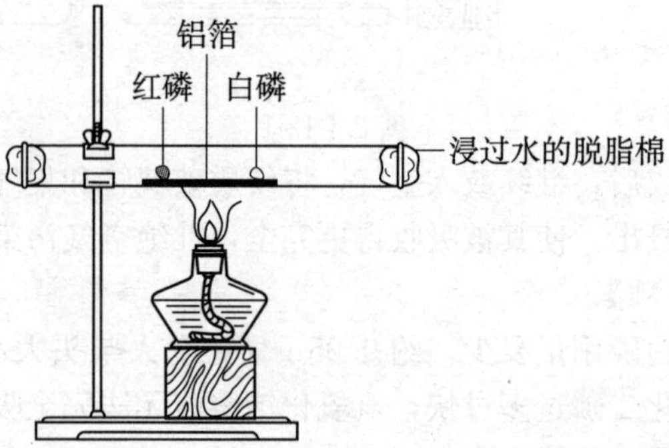

图 2-4-12-2

2. 用浸过水的脱脂棉球将玻璃管两端轻轻堵住。

3. 将酒精灯置于玻璃管下对准铝箔的中间处加热，可以观察到玻璃管中白磷和红磷的变化对比：白磷首先燃烧，发出黄光，产生大量白烟；而红磷在一段时间内没有燃烧。

【注意事项】

1. 铝箔可以用薄铜片代替。

2. 白磷表面的水分必须用滤纸吸干，否则影响加热时间，还容易使试管炸裂。

3. 加热时酒精灯的火焰不必过大，注意将火焰的位置控制在白磷与红磷的中间。此实验成功率较高，一般加热 1～2 min 就可以看到白磷首先燃烧。

4. 不能用橡胶塞将两端管口塞紧，否则加热时可能会发生危险。

【实验点评】

1. 由于铝箔导热性好，所以可明显缩短加热时间。

2. 本实验用浸过水的脱脂棉堵住玻璃管的两端，可有效避免五氧化二磷白烟扩散到空气中所造成的污染。

（杨彦华）

十三、磷的系列实验

【实验原理】

红磷是暗红色的固体，在空气中加热到 240 ℃以上开始燃烧，生成五氧化二磷。白磷是白色蜡状固体，遇光变为黄色。白磷的燃点很低，为 40 ℃。隔绝氧气加热，红磷可转化为白磷。

$$4P+5O_2 \xlongequal{点燃} 2P_2O_5$$

五氧化二磷溶于热水形成磷酸，溶于冷水形成偏磷酸，二者均可使石蕊溶液变红。

$$P_2O_5+3H_2O=2H_3PO_4$$

$$P_2O_5+H_2O=2HPO_3$$

磷酸可以与石灰水反应生成难溶的磷酸钙。

$$2H_3PO_4+3Ca(OH)_2=Ca_3(PO_4)_2\downarrow+6H_2O$$

五氧化二磷有毒，可用氢氧化钠溶液吸收未反应的五氧化二磷。

$$P_2O_5+6NaOH=2Na_3PO_4+3H_2O$$

【实验试剂】

红磷、石蕊溶液、澄清石灰水、氢氧化钠溶液

【实验仪器及其他用品】

硬质玻璃管、酒精灯、集气瓶、烧杯、二连球、石棉丝

【实验步骤】

1. 取一个硬质玻璃管，中间用石棉丝隔开，按照图 2-4-13-1 所示连接仪器，检查装置的气密性。

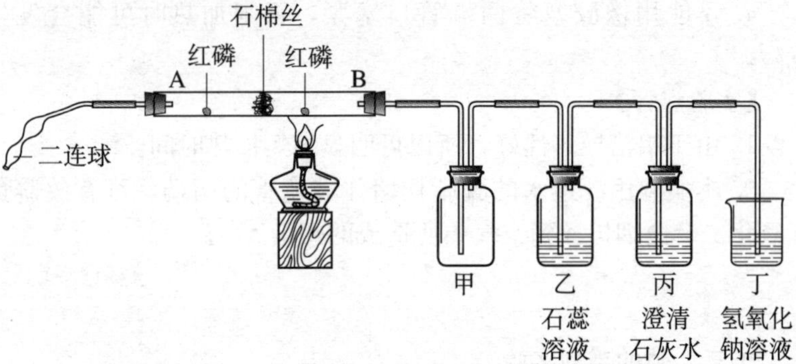

图 2-4-13-1

2. 在玻璃管的 A、B 两端各放入约 0.1 g 干燥的红磷，加热 B 端红磷所在的部位，红磷受热后不断变为蒸气，在玻璃管内壁凝结成一薄层淡黄色物质即为白磷。待 B 处的红磷全部转变为白磷后，停止加热，使玻璃管适当降低温度。

3. 迅速连接二连球和集气瓶，加热 A 端红磷所在的部位，同时鼓入空气，B 端生成的白磷开始燃烧，生成大量白烟，而此时 A 端的红磷并不反应。

4. 生成的五氧化二磷依次通过容器甲、乙（盛有石蕊溶液）、丙（盛有澄清石灰水）、丁（盛有氢氧化钠浓溶液）。甲瓶用于收集五氧化二磷，兼有安全瓶的作用。乙瓶中的溶液变红，丙瓶中澄清石灰水变浑浊，丁中盛有氢氧化钠溶液，可吸收未反应的五氧化二磷。

5. 实验完成后，继续用二连球鼓气，将反应容器中的五氧化二磷全部通入到氢氧化钠溶液中，避免空气污染。

【注意事项】

红磷转化为白磷后，相关仪器连接要快，否则白磷易自燃。

【实验点评】

1. 本实验的综合性较强，有利于引导学生思考和探究。

2. 甲瓶的作用很重要，既可收集五氧化二磷，又起到了安全瓶的作用，防止因反应后温度升高导致密闭容器中压力上升而造成橡胶塞被崩开的现象。

3. 实验结束时，采取鼓气的方法可使装置内的五氧化二磷较为充分地被吸收。在拆卸装置时，对空气的污染也很小。既保护了师生健康，也有利于培养学生的环保意识。

（曹葵）

第5节 碳族元素

一、活性炭的吸附性

【实验原理】

活性炭具有疏松多孔的结构，有较强的吸附性，能吸附气体、色素等物质。温度升高其吸附性减弱，甚至会出现解吸现象。

方法一

【实验试剂】

活性炭、二氧化氮、氢氧化钠溶液

【实验仪器】

锥形瓶、烧杯、酒精灯、三脚架、石棉网、止水夹、带导管的单孔橡胶塞

【实验步骤】

1. 按照图 2-5-1-1 所示连接仪器。关闭止水夹，将活性炭迅速放入盛有二氧化氮气体的锥形瓶中，塞紧橡胶塞。

2. 振荡锥形瓶，观察到锥形瓶内气体的颜色变浅直至接近无色。加热锥形瓶底部的活性炭，又可观察到瓶内气体的颜色由无色

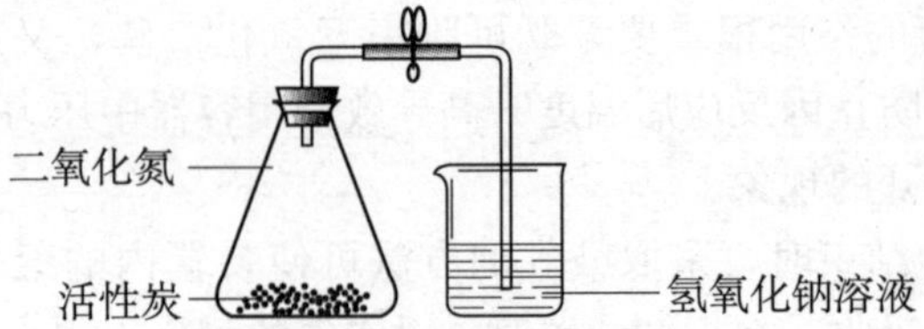

图 2-5-1-1

变为红棕色。以上实验说明活性炭能够吸附二氧化氮，加热后二氧化氮又被释放出来。

3. 实验完毕，待锥形瓶冷却，打开止水夹，烧杯中氢氧化钠溶液经导管进入锥形瓶中，待其与二氧化氮完全反应后再清洗仪器。

【注意事项】

实验前最好将活性炭烘干。由于活性炭吸附能力与其表面积有关，所以将大块活性炭砸成小块实验效果更好。

【实验点评】

1. 本实验能使学生直观地认识活性炭的吸附性。通过活性炭对二氧化氮的吸附与释放过程的对比，可使学生更容易理解该过程是物理变化。

2. 本实验在密闭装置中进行，用氢氧化钠溶液处理实验后的二氧化氮气体，防止了污染。

（夏枚）

方法二

【实验试剂】

二氧化氮、活性炭（颗粒状、预先烘干）、玻璃纤维

【实验仪器】

注射器、具支试管、酒精灯、铁架台、止水夹

【实验步骤】

1. 按照图 2-5-1-2 所示连接仪器。其中 A、B 为两个注射器，注射器 B 内有 60 mL 二氧化氮和空气的混合气体，A、B 都连接在

具支试管上。在具支试管底部放好玻璃纤维，再加入活性炭，将玻璃导管伸到试管底部玻璃纤维处，整个装置要保持气密性良好。

2. 打开止水夹 1、2，缓慢地将注射器 B 的活塞推到底，让红棕色气体通过活性炭层进入注射器 A，可以观察到进入 A 中的气体已变为无色，体积大约为 20 mL（实际体积与混入空气的多少、加热温度以及注射器活塞的摩擦系数都有关系），说明约有 40 mL的二氧化氮气体被活性炭吸附。

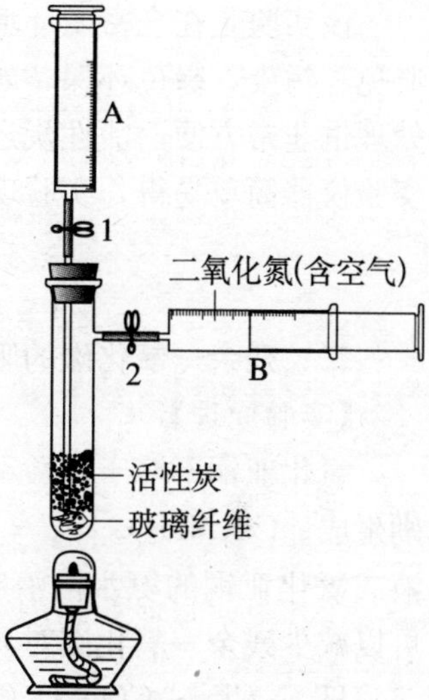

图 2-5-1-2

3. 关闭止水夹 2，用酒精灯加热活性炭层，稍后可发现注射器 A 的活塞缓慢上升，其中的气体变为红棕色，体积约为 40 mL，由此可说明被活性炭吸附的二氧化氮气体已被解吸出来。移开酒精灯后将其熄灭。

4. 打开止水夹 2，待具支试管慢慢冷却后，再将注射器 A 的活塞推到底，可以观察到气体的总体积基本保持不变，实验可以循环进行。

【注意事项】

要保证实验装置气密性良好，酒精灯加热活性炭的时间不宜过长，避免注射器活塞被冲出。该实验中的二氧化氮气体不宜用氯气或溴蒸气代替。

【实验点评】

活性炭具有很好的吸附性，在生产和生活中有广泛的应用。为了让学生更直观地了解到活性炭的吸附性，设计了该实验。从该实验中能够提出多个供学生讨论及扩展思考的问题。如利用活性炭的吸附性在生活中有哪些应用？使用后的活性炭应怎样处理可以恢复其吸附性？等等。

该实验是在全密闭环境下完成的，还可以连续循环进行操作，避免了污染，绿色环保。如果不再进行实验，剩余二氧化氮气体的处理也非常方便，活性炭还可以回收再利用。该实验试剂用量少，实验仪器简单易得，实验现象明显，操作简便。

（黄育全）

二、残余一氧化碳的吸收装置

【实验原理】

氯化亚铜不溶于硫酸和稀硝酸，但能溶于氨水或浓盐酸中，分别生成 $[Cu(NH_3)_2]^+$、$[CuCl_2]^-$ 等配离子。氯化亚铜的盐酸溶液或氯化亚铜的氨水溶液吸收一氧化碳后生成 $Cu(CO)Cl \cdot H_2O$，可以减少残余一氧化碳对环境的污染。

$$H[CuCl_2]+CO+H_2O=Cu(CO)Cl \cdot H_2O+HCl$$

$$[Cu(NH_3)_2]Cl+CO+3H_2O=Cu(CO)Cl \cdot H_2O+2NH_3 \cdot H_2O$$

【实验试剂】

氯化亚铜的盐酸溶液或氯化亚铜的氨水溶液

【实验仪器】

试管、烧杯、干燥管

【实验步骤】

1. 如图 2-5-2-1 所示，在干燥管中放入用氯化亚铜的盐酸或氨水溶液润湿的棉花。通过导管将其与橡胶塞以及有残余一氧化碳产生的装置连接在一起，可有效吸收装置内残余的少量一氧化碳。

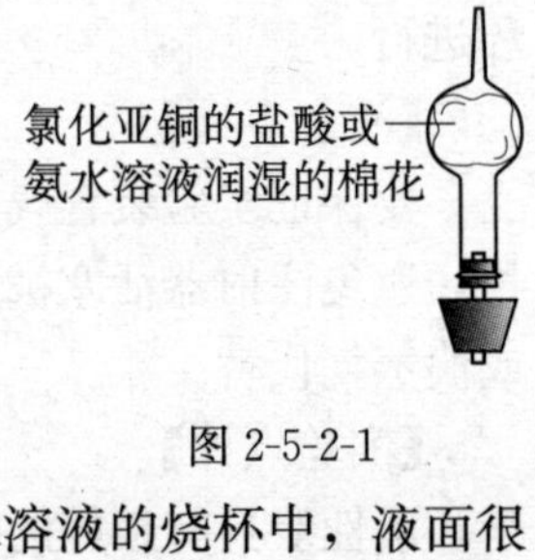

图 2-5-2-1

2. 验证实验：收集一试管一氧化碳，并将试管倒扣在盛有氯化亚铜的盐酸或氨水溶液的烧杯中，液面很快明显上升，证明一氧化碳可被氯化亚铜的盐酸溶液或氯化亚铜的氨水溶液吸收。

【注意事项】

本方法适用于装置中有残余一氧化碳或者有少量一氧化碳产生

的实验，对于有大量一氧化碳逸出的实验，仍建议使用点燃的方法除去尾气。

【实验点评】

本实验试剂用量少，装置简单，操作方便，是对燃烧法处理一氧化碳尾气的一种补充，弥补了只有少量一氧化碳产生或一氧化碳不纯时不适合用燃烧法处理的不足。

（崔丽）

三、常温下一氧化碳与氧气的反应

【实验原理】

用某些金属氧化物作催化剂，一氧化碳和氧气的混合气可以在常温下部分转化为二氧化碳，其中氧化银效果最好。本实验采用氧化铜和二氧化锰的混合物作催化剂。

$$2CO + O_2 \xlongequal[\text{常温}]{\text{催化剂}} 2CO_2$$

【实验试剂】

一氧化碳、氧气、二氧化锰、氧化铜

【实验仪器及其他用品】

计算机、二氧化碳传感器、数据采集器、集气瓶、二连球、气球、球胆、一氧化碳制备装置、氧气制备装置

【实验步骤】

1. 制备一氧化碳和氧气，分别用排水法收集在两个集气瓶中。

2. 将装有两种气体的集气瓶瓶口相对，上下颠倒几次使气体混合均匀，得到两瓶混合气。

3. 按照图 2-5-3-1 所示连接实验装置。用二连球向气球中鼓气，使集气瓶中的气球鼓起，从而将混合气排入放有二氧化碳传感器的集气瓶①中。在开始鼓气的同时开始采集数据，可得到图 2-5-3-2所示的曲线。

---

① 需特制大口集气瓶，以便将传感器探头放入。

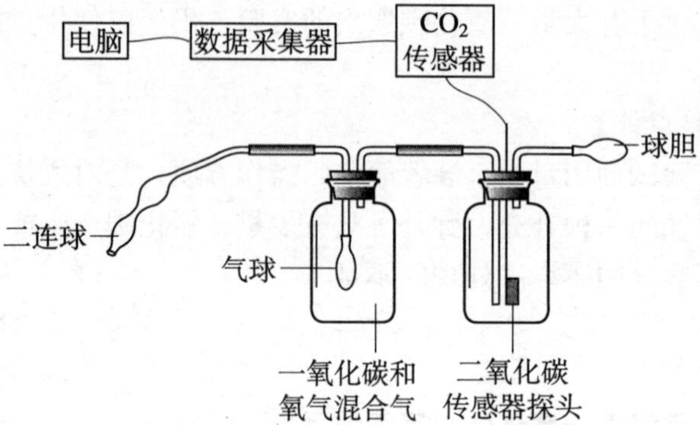

图 2-5-3-1

4. 向另一个集气瓶中放入氧化铜和二氧化锰的混合物及二氧化碳传感器，连接另一瓶混合气。用二连球打气，使集气瓶中的气球鼓起，将混合气排入放有二氧化碳传感器的集气瓶中。在开始鼓气的同时开始采集数据，可得到图 2-5-3-3 所示的曲线。

5. 将两次实验得到的曲线进行对比，可以看出：一氧化碳和氧气在没有催化剂存在时只是简单的混合；在催化剂的存在下，两者发生反应生成了二氧化碳气体，且集气瓶中二氧化碳的浓度逐渐增加。

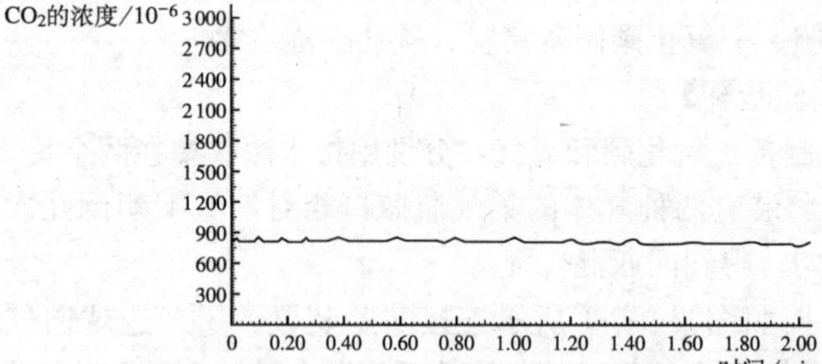

图 2-5-3-2

【注意事项】

1. 采用甲酸与浓硫酸反应制备一氧化碳时，需要除去可能混有的二氧化碳再进行收集，以保证实验的准确性。

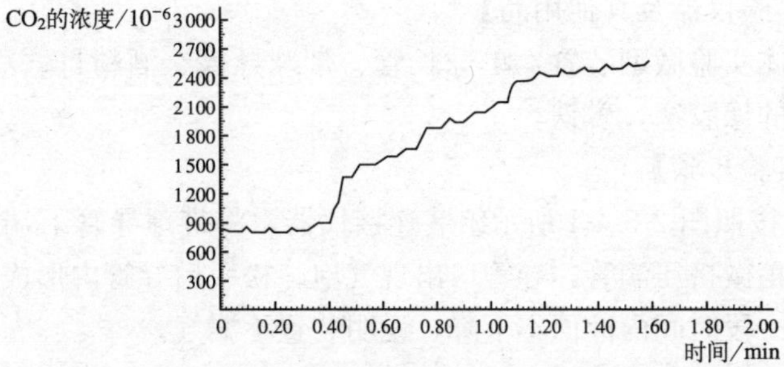

图 2-5-3-3

2. 通过二连球鼓气可保证混合气排出的速率适中，使之充分发生反应。

3. 数据采集结束后，继续用二连球鼓气，使装置中剩余的一氧化碳气体排出，用球胆收集。球胆中的气体须经处理后再排放。

【实验点评】

1. 实验中使用二氧化碳传感器对二氧化碳的浓度进行监测，不仅能定量、直观地看到二氧化碳的浓度升高的过程，而且由于其灵敏度高，只需要有少量二氧化碳即可测出，所以不需要使用大量有毒的一氧化碳。

2. 实验在相对密闭的装置中进行，尾气中的一氧化碳又可被收集，进一步保证了实验的安全，同时又保护了环境。

（白雪　薛秉敏）

四、一氧化碳还原氧化铁的微型实验

【实验原理】

$HCOOH \xlongequal{浓硫酸} CO\uparrow + H_2O$

$Fe_2O_3 + 3CO \xlongequal{高温} 2Fe + 3CO_2$

$CO_2 + Ca(OH)_2 = CaCO_3\downarrow + H_2O$

$CO + 2[Ag(NH_3)_2]OH = 2Ag\downarrow + (NH_4)_2CO_3 + 2NH_3$

【实验试剂】

甲酸、浓硫酸、氧化铁、澄清石灰水、肥皂水、银氨溶液

【实验仪器及其他用品】

气体实验微型装置：单球长管、带球导管、酒精灯、小试管、带导管的橡胶塞，磁铁

【实验步骤】

1. 按照图 2-5-4-1 所示组装连接仪器，将带球导管下端插入水面下，稍微挤压滴管，导管口出现气泡。松手后导管内形成一段水柱，且一段时间内液面不下降，说明装置不漏气。

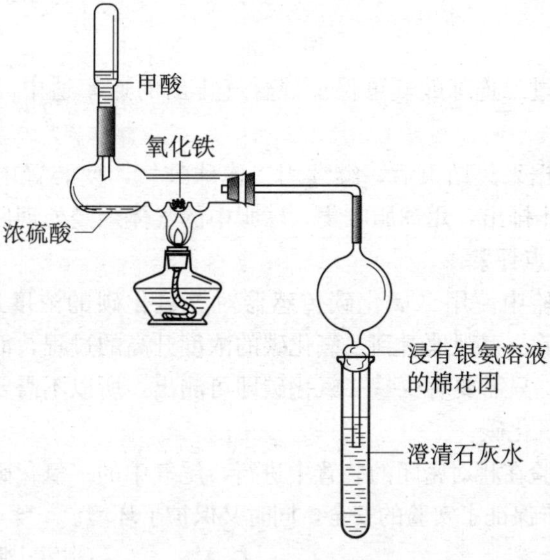

图 2-5-4-1

2. 将实验装置固定好，在单球长管的直管内加入少量氧化铁粉末，用带有导管的橡胶塞塞紧管口。用滴管通过单球长管的支管向其内滴加少量浓硫酸，将吸有少量甲酸的另一支滴管插入支管内，二者之间以乳胶管密封连接，然后逐滴加入几滴甲酸，有气体产生。将带球导管插入肥皂水中，液面上出现气泡。用火柴点燃气泡，有尖锐的爆鸣声。继续制取一氧化碳，直到点燃后无爆鸣，只有轻微的声音时才能进行以下实验。

3. 将带球导管插入盛有少量澄清石灰水的小试管中，将一团棉花堵在试管口，并在棉花上滴加少量银氨溶液。继续制取一氧化

碳，同时用酒精灯加热单球长管内的氧化铁。可发现红色的氧化铁逐渐变为黑色，同时澄清石灰水出现浑浊，试管口的棉花团变黑。

4. 实验结束后，继续制取一氧化碳直至实验装置冷却。用磁铁放在单球长管直管部分的上方检验产物，可以看到有黑色粉末被吸引到直管内的上部。取下支管上的滴管，用洗耳球对准支管向装置内反复吹气，使装置内的一氧化碳被全部吹出。再向装置内滴加少量水，稀释剩余的硫酸，然后将所得稀硫酸直接滴加到黑色粉末上，可观察到有气泡产生，说明黑色产物为铁粉。

【注意事项】

浓硫酸具有腐蚀性，使用时要小心。一定要把甲酸滴到浓硫酸中制取一氧化碳，而不能进行相反的操作。实验时，浓硫酸和甲酸的混合液无需加热，否则会剧烈地产生大量的甲酸蒸气，影响实验结果。另外，实验所用的氧化铁要事先在蒸发皿中加热炒干。

实验之前一定要检验一氧化碳的纯度。实验结束后要将装置内剩余的一氧化碳排出装置之外，并使之被全部吸收，消除污染。

【实验点评】

一氧化碳还原氧化铁的实验比较复杂，既要制备一氧化碳又要使之在加热条件下还原氧化铁，同时一氧化碳既具有可燃性又有毒性。该实验设计节省了药品，保证了安全，实现了实验的绿色化。利用该装置还能够进行一氧化碳还原氧化铜的实验。

（赵东洋）

五、二氧化碳的制取和性质的微型实验

【实验原理】

$CaCO_3 + 2HCl = CaCl_2 + H_2O + CO_2\uparrow$

$CO_2 + Ca(OH)_2 = CaCO_3\downarrow + H_2O$

$CO_2 + 2NaOH = Na_2CO_3 + H_2O$

【实验试剂】

石灰石（或大理石）、稀盐酸（1∶2）、石蕊溶液、澄清石灰水、氢氧化钠稀溶液

【实验仪器】

气体实验微型装置：单球短管、集气管、T形管、烧杯、小试管、酒精灯、带导管的单孔橡胶塞

【实验步骤】

1. 如图 2-5-5-1 所示，在集气管的管口塞紧橡胶塞，将导管的下端插入盛有少量水的烧杯中。挤压滴管，导管口有气泡产生，松手后导管内形成一段水柱，一段时间内液面不下降，说明装置不漏气。

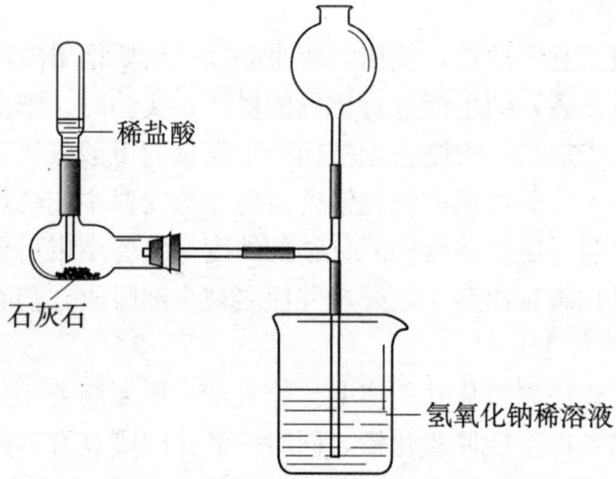

图 2-5-5-1

2. 在单球短管内加入适量细小的石灰石（或大理石），用滴管吸入足量稀盐酸，插入单球短管的支管内（滴管和支管间用乳胶管密封连接）。在集气管的管口塞一团棉花，用滴管逐滴加入稀盐酸制取二氧化碳，在集气管内用向上排空气法收集。稍后取下集气管管口的棉花团，用燃着的木条在管口检验二氧化碳。

3. 用橡胶塞塞紧集气管的管口，将导管分别插入盛有少量紫色石蕊溶液、澄清石灰水的小试管内，观察二者的变化。

4. 将导管插入盛有适量氢氧化钠稀溶液的小烧杯内，反复挤压几次胶头（稀盐酸已经消耗完），促使二氧化碳的溶解。稍后可以看到氢氧化钠溶液倒吸入集气管中，最后几乎充满整个实验

装置。

【注意事项】

在连接组装仪器时，T形管和集气瓶的导管、带橡胶塞的导管之间要紧密接触，使集气管能够向上直立起来。氢氧化钠溶液的浓度不要过大。

【实验点评】

本实验在利用气体实验微型装置设计的一套装置内完成了二氧化碳的制取、收集和检验，通过喷泉实验生动地演示了二氧化碳与氢氧化钠溶液的反应，增强了实验的趣味性和探究性。该实验通过挤压滴管滴加稀盐酸来控制二氧化碳产生的速率和量，因此可以很好地控制实验进程，减少了二氧化碳的逸出量。

（赵东洋）

六、模拟联合制碱法

【实验原理】

联合制碱法是我国著名化工专家侯德榜提出的，又称为侯氏制碱法。其原理如下：

在 30～40 ℃时向氯化钠溶液中通入氨气和二氧化碳，使溶液达到饱和状态，然后降温到 10 ℃以下。由于较低温度下碳酸氢钠的溶解度较小，可从溶液中析出，碳酸氢钠经加热分解得到碳酸钠，产生的二氧化碳气体可以再次利用。

$NaCl+NH_3+CO_2+H_2O=NaHCO_3+NH_4Cl$（副产品）

$2NaHCO_3 \overset{\triangle}{=\!=} Na_2CO_3+H_2O+CO_2\uparrow$

【实验试剂】

浓氨水、氯化钠、干冰、稀硫酸

【实验仪器】

250 mL 锥形瓶、烧杯、蒸发皿

【实验步骤】

1. 取 100 mL 浓氨水倒入 250 mL 锥形瓶中，再加入约 25 g 氯化钠固体，塞好橡胶塞，用手按紧塞子，轻轻振荡约 3 min，再静置 3 min。

2. 溶液静置后得到的上层清液就是饱和的氯化钠氨水溶液，将其倒入另一个锥形瓶中，如图 2-5-6-1 所示连接装置，在烧杯中加入稀硫酸（或水）。

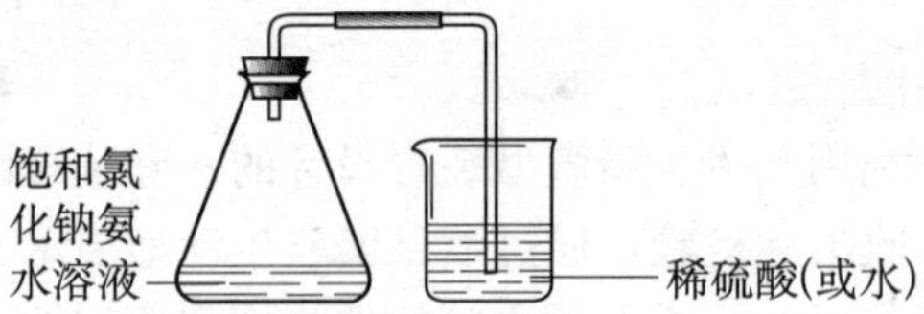

图 2-5-6-1

3. 打开单孔橡胶塞，放入几小块干冰后立即将胶塞塞紧。可以看到锥形瓶内产生大量的白色烟雾，待反应平静后再加入几小块干冰。约 2～3 次后就可以看到锥形瓶中出现白色浑浊。

4. 将锥形瓶中的溶液过滤，得到少量白色固体。将其在蒸发皿上焙炒即可得到纯碱。

【注意事项】

1. 振荡锥形瓶混合氨水和氯化钠时不要过于剧烈，防止将橡胶塞冲开。

2. 干冰温度很低，取用时一定要带布制手套，以防冻伤。

3. 干冰一次加入量不要过多，否则会因产生的气体过多冲开橡胶塞，使氨气泄漏，导致实验失败。

4. 过滤时最好使用抽滤装置，加快过滤速率，减少氨气逸出造成的污染。

【实验点评】

1. 传统的实验室模拟联合制碱法要不断地向饱和氯化钠氨水溶液中通入二氧化碳，反应时间较长。由于反应放热，还要控制反应装置的温度。同时实验中有氨气逸出，污染严重，产率也比较低。

2. 本实验将常规通入二氧化碳改为加入干冰，一方面增加了反应物，有利于反应向正反应方向移动；同时由于干冰的低温效果，降低了反应体系的温度，也有利于产物快速析出。该方法大大缩短了实验时间，一般几分钟后就可以看到明显现象。使用稀硫酸或水作吸收剂，减少了氨气的排放，保护了环境。

（曹葵）

七、实验室制备少量硅粉

【实验原理】

二氧化硅细粉和镁粉在加热条件下发生反应：

$2Mg+SiO_2 \xlongequal{\triangle} 2MgO+Si$

通常还会发生副反应：

$4Mg+SiO_2 \xlongequal{\triangle} 2MgO+Mg_2Si$

最终得到氧化镁、硅化镁（化学式为 Mg_2Si）和硅的混合物，前两者都可与盐酸反应而被溶解，经过滤后得到硅粉。

$Mg_2Si+4HCl=2MgCl_2+SiH_4\uparrow$

$MgO+2HCl=MgCl_2+H_2O$

【实验试剂】

二氧化硅细粉、镁粉、稀盐酸（1∶3）

【实验仪器】

试管、酒精灯、锥形瓶

【实验步骤】

1. 将纯净、干燥的二氧化硅细粉和镁粉以 5∶4 的质量比混合均匀，小心放入试管中，尽量避免晃动试管，以免二者因为密度差而分层。所加试剂不要超过试管容积的三分之一。

2. 用酒精灯加热试管，3～5 min 可引发反应，由于反应放热，混合物迅速红热，试管因高温变形，不能继续使用。冷却后得到灰黑色的氧化镁、硅化镁和硅的混合物。

3. 向锥形瓶中加入过量的稀盐酸，用药匙取上一步制得的混合物，轻轻抖动手腕，每次仅使少量固体进入锥形瓶，可以听到轻微的爆炸声。充分反应后，将锥形瓶中的悬浊液过滤，固体经干燥后得到灰黑色的硅粉。

【注意事项】

1. 硅单质和硅化镁的制取原理相似，只是所用反应物的比例不同。镁粉较少时，易生成单质硅，但通常两个反应同时发生，得到的是固体混合物。

2. 玻璃试管通常会因为反应产生的高温而变形破损，因此也可以用铁质容器进行反应。反应过程中一定要注意安全，避免被红热的试管烫伤。

3. 由于硅化氢自燃比较剧烈，向稀盐酸中加入混合物时，每次加入的量不能太多，应少量多次。操作时要注意安全。

【实验点评】

1. 此实验仪器简单，反应过程中基本没有污染。

2. 利用制取的硅粉与氢氧化钠溶液反应生成氢气，有助于学生理解硅的化学性质。

（崔丽）

八、硅化氢的自燃

【实验原理】

二氧化硅细粉和镁粉在加热条件下生成硅化镁，硅化镁与盐酸反应生成硅化氢（化学式为 SiH_4）。硅化氢是无色气体，稳定性差，极易在空气中自燃。

$$4Mg+SiO_2 \xlongequal{\triangle} 2MgO+Mg_2Si$$

$$Mg_2Si+4HCl=2MgCl_2+SiH_4\uparrow$$

$$SiH_4+2O_2=SiO_2+2H_2O$$

【实验试剂】

二氧化硅细粉、镁粉、稀盐酸（1∶3）

【实验仪器】

试管、酒精灯、锥形瓶

【实验步骤】

1. 取纯净、干燥的二氧化硅细粉和镁粉以 8∶5 的质量比混合均匀，小心地放入试管中，注意不要超过试管容积的三分之一。

2. 用酒精灯加热试管，3～5 min 后引发反应，由于反应放热，混合物迅速红热，试管因高温变形而不能继续使用（此实验可以使用铁质容器）。冷却后得到灰黑色氧化镁和硅化镁的混合物。

3. 向锥形瓶中加入适量的稀盐酸，用药匙取氧化镁和硅化镁的混合物，轻轻抖动手腕，每次仅使少量固体进入锥形瓶，可以听到轻微的爆炸声，锥形瓶内有白烟生成，反应放出大量的热。

【注意事项】

1. 二氧化硅细粉必须纯净、干燥，不能使用粗沙代替。

2. 二氧化硅细粉和镁粉混合后放入试管的过程中，注意不要震荡、晃动试管，以免二者因为密度不同而分层。

3. 由于硅化氢自燃比较剧烈，向稀盐酸中加入混合物时每次加入的量不能太多，应少量多次，注意安全。

4. 二氧化硅细粉和镁粉还会发生另一个反应：

$$2Mg+SiO_2 \xlongequal{\triangle} 2MgO+Si$$

因此反应后会有少量硅粉生成，但不影响硅化氢的自燃。

【实验点评】

1. 该实验通过硅化氢稳定性差、容易自燃的实验现象，说明硅的非金属性很弱，可用于比较第三周期元素的非金属性强弱。

2. 该实验仪器简单，基本没有污染。

（崔丽）

第6节 有机化学

一、甲烷的取代反应

方法一

【实验原理】

甲烷和氯气在光照条件下发生取代反应，该反应是一个光引发的自由基反应。有关反应为：

$$CH_4+Cl_2 \xrightarrow{光} CH_3Cl+HCl$$

$$CH_3Cl+Cl_2 \xrightarrow{光} CH_2Cl_2+HCl$$

$$CH_2Cl_2+Cl_2 \xrightarrow{光} CHCl_3+HCl$$

$$CHCl_3+Cl_2 \xrightarrow{光} CCl_4+HCl$$

【实验试剂】

二氧化锰、浓盐酸、无水醋酸钠、碱石灰

【实验仪器及其他用品】

大试管、双孔橡胶塞、导气管、水槽、黑纸

【实验步骤】

1. 按照图 2-6-1-1 所示连接仪器。

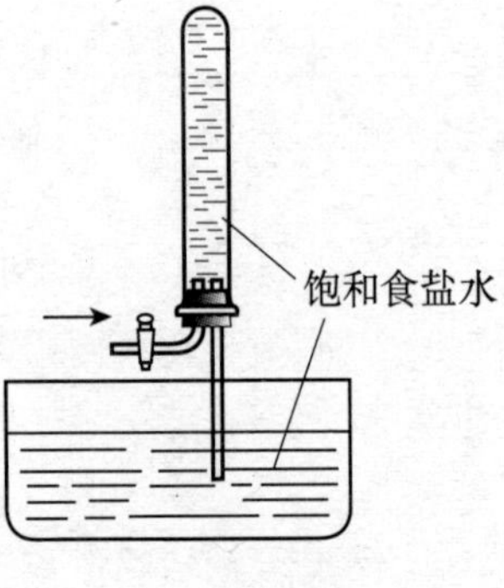

图 2-6-1-1

2. 用排饱和食盐水法收集约 3/4 试管容积的氯气，在试管外套上黑纸，继续收集甲烷气体至水槽中导气管口开始冒气泡，说明气体已收集满。

3. 关闭活塞停止通气，揭开黑纸，使自然光照射混合气体，一段时间（约 5 min）后，可观察到试管内液面上升，液面上方产生白雾，试管壁上有油状液滴生成。

4. 反应完毕，取出装置，将右侧导管下端没入盛有氢氧化钠稀溶液的烧杯中，从左侧导管鼓入空气，使尾气被吸收。

【注意事项】

1. 氯气要使用新制的，实验过程中尽量避免混入空气。

2. 甲烷和氯气的体积比约为 1∶3。

3. 光源可采用阳光照射或者紫外荧光灯照射。

【实验点评】

甲烷与氯气反应的实验若在开放体系中完成，会逸出较多的氯气，造成环境污染。该实验在相对封闭的体系中进行，利用甲烷和氯气密度的差异，在通入甲烷的过程中同时完成了二者的混合，减少了氯气的逸出，体现绿色化学的理念。实验操作简便、现象明显。

方法二

【实验试剂】

二氧化锰、浓盐酸、无水醋酸钠、碱石灰

【实验仪器及其他用品】

集气瓶、玻璃片、胶带、黑纸

【实验步骤】

1. 将装有干燥的甲烷和氯气的集气瓶分别放入黑纸套中。

2. 将两个集气瓶口对口接在一起（盛有氯气的集气瓶应放在上方），抽掉玻璃片，用胶带将两瓶密封，并多缠绕几圈，使两瓶连接固定，如图 2-6-1-2 所示。

3. 上下翻转两个集气瓶，使气体充分混合。

4. 去掉黑纸套，将集气瓶移至光亮处，或用灯光照射使反应发生，可以观察到气体的黄绿色慢慢变浅，集气瓶壁上有油状物生成。

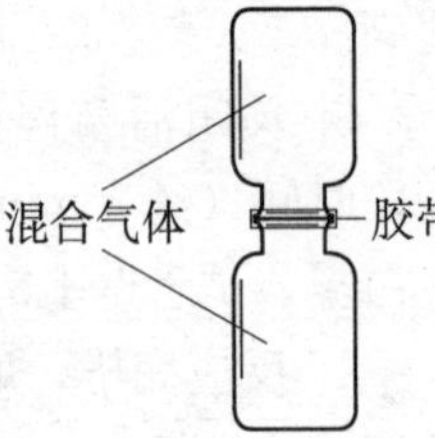

图 2-6-1-2

【注意事项】

1. 混合气体时，应该事先罩上黑纸套。

2. 用胶带将两瓶固定密封好，并使二者成为一个整体，以便于实验操作。

【实验点评】

在集气瓶中进行该实验，现象直观明显，操作简单。只需要混合两瓶气体，光照后反应即可发生。课堂演示后，可以将该装置在教室中静置几天，便于学生仔细观察现象。用胶带密封集气瓶口，减少了氯气的逸出。

（薛秉敏　娄福艳）

二、乙烯的制备与性质

方法一

【实验原理】

乙醇在氧化铝的催化和加热条件下，分子内脱水生成乙烯。反应如下：

$$C_2H_5OH \xrightarrow[\triangle]{Al_2O_3} CH_2{=}CH_2\uparrow + H_2O$$

【实验试剂】

无水乙醇、活性氧化铝、溴的乙酸乙酯溶液

【实验仪器】

底部弯曲的试管（自制）、试管、酒精灯、铁架台

【实验步骤】

1. 按图 2-6-2-1 所示连接仪器，检查装置的气密性。

2. 向弯管中加入乙醇，直管部分放入氧化铝。

3. 加热氧化铝固体，使生成的气体通入溴的乙酸乙酯溶液中，

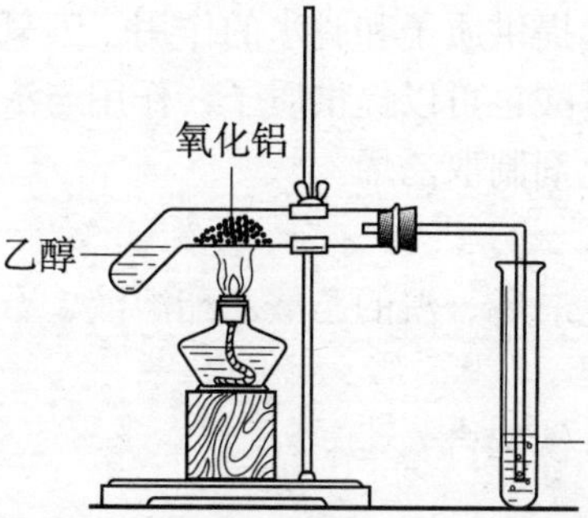

图 2-6-2-1

可观察到溶液褪色。

4. 实验完成后，将氧化铝回收，以备在下次实验时使用。

【注意事项】

1. 固体氧化铝要靠近乙醇液体。

2. 必要时，可以用酒精灯微热乙醇。

3. 本实验所用的新制氧化铝，可通过加热氢氧化铝的方法来制备。

【实验点评】

用乙醇和浓硫酸制备乙烯的反应，升温缓慢，副反应较多，同时会产生较多具有刺激性气味的气体，污染严重。改进后的实验，用底部弯曲的试管代替烧瓶，需要乙醇的量不到原来的$\frac{1}{3}$，节约了试剂和时间；不使用浓硫酸，可有效防止炭化现象的发生，副反应少，无污染；利用氧化铝作催化剂，可以不必严格控制温度，操作简便，现象明显，反应迅速。

方法二

【实验原理】

乙醇在质子作用下被质子化，较高的温度（170 ℃）可以供给足够能量去破坏另一个碳氢键，乙醇发生分子内脱水生成乙烯。浓硫酸在该反应中主要起提供质子和脱水的作用。五氧化二磷具有很强的吸水性，生成的磷酸也可以提供质子，作用与浓硫酸类似，可以代替浓硫酸作为催化剂制取乙烯。

【实验试剂】

无水乙醇、五氧化二磷、溴的乙酸乙酯溶液、石棉绒

【实验仪器】

大试管、酒精灯、铁架台

【实验步骤】

1. 如图 2-6-2-2 所示，在大试管中斜铺一层石棉绒，石棉绒上层加入 2～3 g 五氧化二磷。

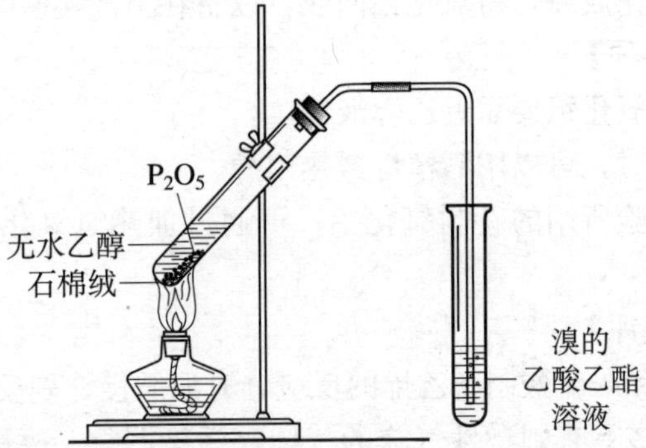

图 2-6-2-2

2. 沿石棉绒一侧，向试管中缓慢加入 5 mL 无水乙醇，微热。

3. 将生成的气体通入溴的乙酸乙酯溶液中，可以观察到溶液褪色。

【注意事项】

一定要将无水乙醇缓慢加入到石棉绒中，不能将无水乙醇与五氧化二磷混合成糊状。

【实验点评】

该实验用五氧化二磷代替浓硫酸做催化剂，反应温度较低，反应迅速。

（薛秉敏　娄福艳）

方法三

【实验原理】

乙醇和浓硫酸混合，加热到 170 ℃时，乙醇发生分子内脱水，生成乙烯。反应如下：

$$C_2H_5OH \xrightarrow[170\ ^\circ C]{\text{浓硫酸}} CH_2=CH_2\uparrow + H_2O$$

浓硫酸在反应中起到催化剂和脱水剂的作用。

【实验试剂】

无水乙醇、浓硫酸、0.02 mol/L 酸性高锰酸钾溶液、溴的乙酸乙酯溶液、10%氢氧化钠溶液

【实验仪器及其他用品】

具支试管、酒精灯、玻璃管、铁架台、温度计、碎瓷片

【实验步骤】

1. 按照图 2-6-2-3 所示连接仪器。具支试管内装有体积比为 2∶3的乙醇和浓硫酸，玻璃管内装有三团分别浸有氢氧化钠溶液、酸性高锰酸钾溶液和溴的乙酸乙酯溶液的棉花。

2. 用带有铁丝网罩的酒精灯加热试管，使混合液的温度迅速升高。

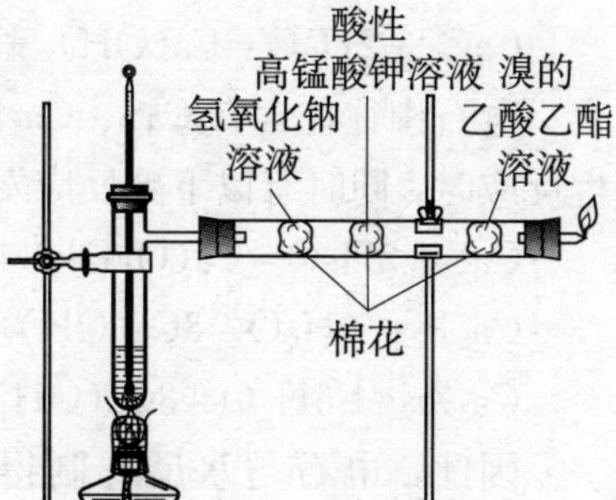

图 2-6-2-3

3. 可以观察到浸有酸性高锰酸钾溶液和溴的乙酸乙酯溶液的棉花褪色。检验产生的乙烯纯度后，在导管尖嘴处点燃，可以观察到气体燃烧，产生明亮的火焰。

【注意事项】

加热液体时，要加入碎瓷片，防止液体暴沸。

【实验点评】

1. 用试管作反应容器，药品用量少，加热后温度升高迅速，减少了副反应的发生，体现了绿色化学的理念。

2. 改变乙醇和浓硫酸的比例，减少浓硫酸用量，进一步减少了污染物的产生。

3. 将乙烯的制备和乙烯的化学性质的实验组合在一起，在保证教学效果的情况下，既减少了各种试剂的用量，又可以有效地节约时间，提高课堂演示效率。

（薛秉敏　娄福艳）

三、乙炔的制备与性质

方法一

【实验原理】

电石与水反应生成乙炔，反应的化学方程式如下：

$CaC_2+2H_2O=Ca(OH)_2+C_2H_2\uparrow$

电石中往往含有 CaS、Ca_3P_2、Ca_3As_2 等杂质，当电石与水发生反应时，同时有以下副反应发生：

$CaS+2H_2O=Ca(OH)_2+H_2S\uparrow$

$Ca_3P_2+6H_2O=3Ca(OH)_2+2PH_3\uparrow$

$Ca_3As_2+6H_2O=3Ca(OH)_2+2AsH_3\uparrow$

因此，电石与水反应制得的乙炔气体中含有臭味且有毒的 H_2S、PH_3、AsH_3 等气体，可用 $CuSO_4$ 溶液进行吸收。

【实验试剂】

电石、10％硫酸铜溶液、乙醇、凡士林

【实验仪器】

底部有孔的试管、集气瓶、烧杯

【实验步骤】

1. 将底部有孔的试管安装在橡胶塞中，在试管底部放一团棉花，棉花上面放几粒块状电石，然后塞上带尖嘴导管的橡胶塞。

2. 在集气瓶中加入硫酸铜溶液与乙醇（体积比为1∶10）的混合溶液，将底部有孔的试管放入集气瓶中，顺势塞紧橡胶塞，装置如图2-6-3-1所示。

图 2-6-3-1

3. 倾斜集气瓶使试管底部的棉花浸上溶液，使溶液与电石反应。

4. 检验产生气体的纯度后，点燃乙炔。乙炔燃烧时在火焰上方罩上涂有凡士林的烧杯，可以吸收黑烟。

【注意事项】

1. 在未反应时，注意试管底部和液面不要接触。

2. 先检验乙炔的纯度，再点燃乙炔。

3. 加入集气瓶的硫酸铜溶液与乙醇的混合溶液要尽可能少，以减少废液的产生。

【实验点评】

改进后的实验体系更加封闭，避免了反应不易控制、产生大量泡沫、生成有臭味的杂质气体等问题，有利于保护环境，同时可以得到平稳的乙炔气流，便于现象的观察和气体的收集。点燃乙炔时，在火焰上罩上涂有凡士林的烧杯，可以避免黑烟扩散到空气中，有效避免了对环境的污染。

（娄福艳　薛秉敏）

方法二

【实验原理】

实验室里常用电石与水反应制取乙炔。乙炔分子中因具有不饱和的碳碳三键，能够使酸性高锰酸钾溶液和溴水褪色。因为其分子具有较高的含碳量，燃烧时发出明亮的火焰，并带有浓烟。

【实验试剂】

电石、饱和硫酸铜溶液、酸性高锰酸钾溶液、1％溴水

【实验仪器及其他用品】

容积为 5 mL 的注射器、六孔井穴板（附带双导气管的井穴塞）、气门芯（用于连接井穴板上的导管）

【实验步骤】

1. 按照图 2-6-3-2 所示连接好装置，并检查装置的气密性。在 5 号井穴内加入少量水，使之能浸入长导管末端一小部分为宜。然后将已经吸入部分空气的注射器连接在反应容器的井穴塞的导管上，轻轻向下推动注射器的活塞，发现有气泡产生，待把注射器内的空气全部挤出后，再稍用力抽拉注射器的活塞，发现有少量水进入导管并在一段时间内水位基本保持不动，说明装置的气密性良好。

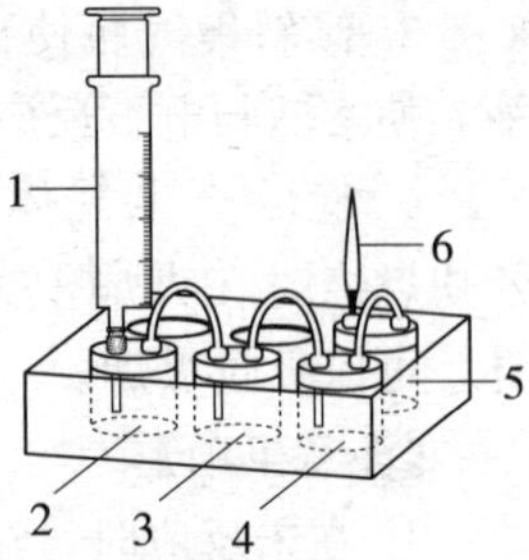

图 2-6-3-2

2. 在各井穴中依次加入药品：其中注射器（图中编号为 1）吸取 2 mL 水，2 号井穴中装入由一小团棉花包裹的黄豆粒大小的电石，3 号井穴中加入 1.5 mL 饱和硫酸铜溶液，4 号井穴中加入 1.5 mL酸性高锰酸钾溶液，5 号井穴中加入 1.5 mL 1%的溴水。

3. 轻轻推动注射器，使水逐滴加入至 2 号井穴中。可以观察到 3 号井穴中有气泡冒出，4 号井穴中紫色的高锰酸钾溶液和 5 号井穴中的溴水均出现了褪色。

4. 在尖嘴玻璃管处（图中编号为 6）（尖嘴玻璃管用气门芯和井穴塞连接在一起）点燃产生的气体，观察现象。可观察到气体燃烧并发出明亮的火焰，同时带有浓烟。

【注意事项】

1. 2 号井穴中的电石应用棉花包裹，以防止井穴板因受热而熔蚀。

2. 应缓慢推动注射器，逐滴加水使之与电石接触，由此控制反应速率。

3. 待紫色的酸性高锰酸钾溶液和溴水都褪色后，再在尖嘴玻璃管处点燃乙炔。

【实验点评】

1. 用棉花包裹电石和使用注射器加水能很好地控制反应速率，同时又能防止井穴板因局部受热而损坏，便于学生从容操作。传统的实验中采用饱和食盐水的目的是为了降低反应的速率。在改进后的该实验中无须使用饱和食盐水，既便于说明问题，同时也减少了配制饱和食盐水等操作。

2. 用井穴板等成套微型实验仪器可直接在实验台上进行操作，省去了用铁架台、试管等常规仪器进行操作时的安装、拆卸等不必要的麻烦，既有利于学生认识和掌握微型实验新技术和方法，又大大节约了时间与药品，便于实施探究教学。

3. 用饱和硫酸铜溶液及时吸收产生的有毒气体（如 H_2S、PH_3、AsH_3 等），保证了整个实验过程的零污染，保护了师生健康，体现了绿色化学的理念。

（李安峰　卢巍）

四、石蜡油的裂化

【实验原理】

石蜡油是液态大分子烃的混合物，加热至一定的温度时能够发生裂化。裂化可以在液相或气相中进行，裂化时不仅有碳链的断裂，同时还有去氢、环化、异构化等反应发生。反应除生成碳链较短的液态烃之外，还有低级气态烃生成。

【实验试剂】

干净的河沙、石蜡油、酸性高锰酸钾溶液

【实验仪器】

底部弯曲的试管（自制）、具支试管、长胶头滴管、烧杯、试管、带铁丝网罩的酒精灯

【实验步骤】

1. 按照图 2-6-4-1 所示连接好装置，并检查装置的气密性。

2. 用长胶头滴管向底部弯曲的试管底部加入石蜡油，在试管

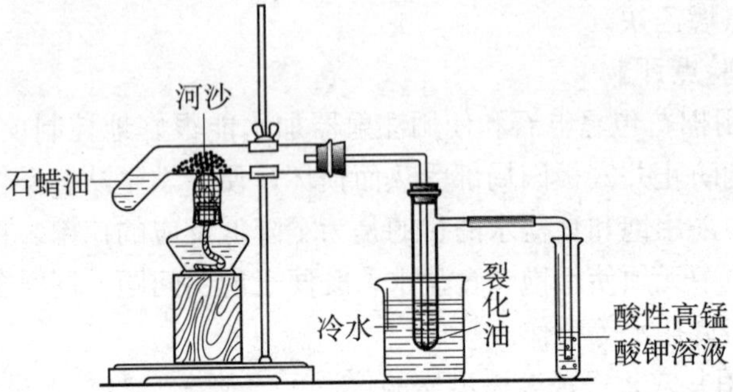

图 2-6-4-1

中加入长度在 2～3 cm 的一小堆干燥的河沙，用带铁丝网罩的酒精灯对准试管中有河沙的部位加热。

3. 几分钟后，在具支试管中可收集到液态裂化油，试管中的酸性高锰酸钾溶液褪色。

4. 实验结束后，吸取具支试管中的裂化油滴入到酸性高锰酸钾溶液中，溶液褪色；另取几滴石蜡油滴入酸性高锰酸钾溶液中，溶液不褪色。

5. 将得到的裂化油收集起来，留作它用。

【注意事项】

1. 对试管和河沙加强热时，为了防止试管炸裂，可以在河沙的底部垫一层铜片；

2. 河沙要提前用盐酸洗净，晾干。

3. 比较裂化油和石蜡油与酸性高锰酸钾溶液的反应时，裂化油和石蜡油的用量应该相同，酸性高锰酸钾溶液的用量也要相同。

【实验点评】

该实验利用河沙积聚的热量使石蜡油变成蒸气，热量得到充分的利用，石蜡油蒸气的温度更高，裂化更快。另外，该实验中通过石蜡油和裂化油与酸性高锰酸钾溶液反应的对比，使实验更有可比性，结果更令人信服。该实验有利于培养学生的实验能力和逻辑思维能力，提高学生的科学探究意识。

（薛秉敏　娄福艳）

五、溴乙烷的消去反应

【实验原理】

$$CH_3CH_2Br + NaOH \xrightarrow{醇} CH_2{=}CH_2\uparrow + NaBr + H_2O$$

【实验试剂】

溴乙烷、氢氧化钠、无水乙醇、酸性高锰酸钾溶液（或溴水）

【实验仪器】

圆底烧瓶、小试管、铁架台、石棉网、酒精灯

【实验步骤】

1. 检查装置的气密性。

2. 向圆底烧瓶中加入 5 g 氢氧化钠固体，再加入 15 mL 无水乙醇，搅拌，使固体充分溶解，得到过饱和的氢氧化钠乙醇溶液。该过程放出大量的热，使烧瓶变得很烫手。

3. 待烧瓶冷却至室温后，加入 15 mL 溴乙烷，按照图 2-6-5-1 所示连接仪器。此时由于溶液内部还有余热，且溴乙烷的沸点很低，因此可以观察到烧瓶内液体沸腾，导管中有气体放出。

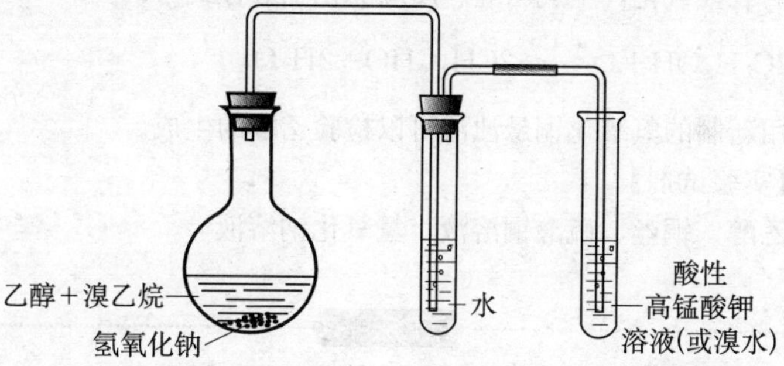

图 2-6-5-1

4. 如果反应速率开始变慢，可微热烧瓶，待液体开始沸腾后移开酒精灯。几分钟之后，可以观察到酸性高锰酸钾溶液（或溴水）褪色。

【注意事项】

1. 为使氢氧化钠充分溶解在无水乙醇中，必要时可微热以加

快氢氧化钠的溶解。

2. 由于溴乙烷易挥发，因此要待乙醇溶液充分冷却后，再加入溴乙烷，同时要在烧瓶上加长导管做冷凝装置，减少溴乙烷的挥发。

3. 酸性高锰酸钾溶液（或溴水）的浓度要低，如果浓度过高，使其完全褪色消耗的时间太长。

【实验点评】

该实验利用氢氧化钠固体溶于乙醇时所放出的热量使反应发生，大大减少了溴乙烷的挥发，提高了原料的利用率，减少了污染，缩短了反应时间。

（娄福艳　薛秉敏）

六、乙醇的催化氧化及产物的检验

【实验原理】

在加热和有催化剂（Cu 或 Ag）存在的条件下，乙醇能够被空气中的氧气氧化，生成乙醛。反应的化学方程式为：

$$2C_2H_5OH + O_2 \xrightarrow[\triangle]{Cu} 2CH_3CHO + 2H_2O$$

用新制的氢氧化铜悬浊液可以检验乙醛的生成。

【实验试剂】

乙醇、铜丝、硫酸铜溶液、氢氧化钠溶液

方法一

【实验仪器】

干燥管、二连球、小试管、带铁丝网罩的酒精灯、铁架台

【实验步骤】

1. 按照图 2-6-6-1 所示连接仪器。干燥管的球体内放有浸有乙醇的棉花，直管处放有铜丝。

2. 用带铁丝网罩的酒精灯加热铜丝，产生的热量使乙醇挥发，

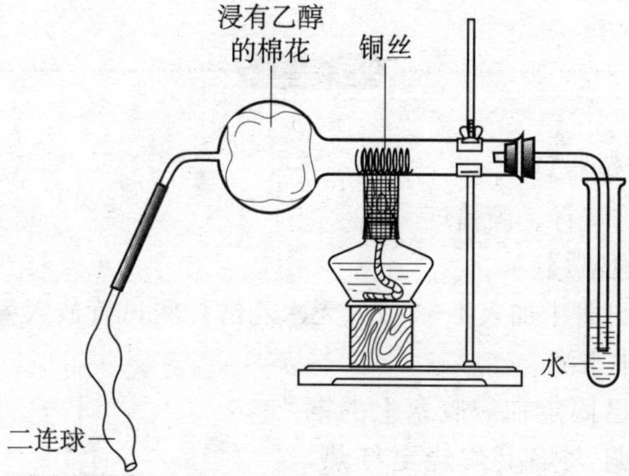

图 2-6-6-1

用二连球鼓入空气，在催化剂铜的存在下，乙醇与氧气发生反应，生成乙醛。

3. 取小试管中的少量溶液与新制氢氧化铜悬浊液共热，可观察到红色沉淀产生。

【注意事项】

要间歇地鼓入空气，使铜丝保持红色和黑色交替出现的状态。

【实验点评】

在棉花上浸有乙醇，既减少了试剂用量，又加大了反应物的表面积，有利于乙醇的汽化，提高了反应速率，而且得到的乙醛较多，便于检出。通过鼓入空气来提供氧气，原料易得，还便于对反应进行控制。

用铜丝作催化剂，实验过程中铜丝交替出现红色和黑色的现象明显，有助于帮助学生理解铜作为催化剂的本质。停止加热后，可以观察到铜丝仍然保持红热状态，便于说明该反应是放热反应。铜丝在实验中没有消耗，可以被重复使用，是较好地体现绿色化学理念的一个典型例子。

（娄福艳　薛秉敏）

方法二

【实验仪器】

试管、烧杯、酒精灯

【实验步骤】

1. 向试管中加入 1～2 mL 无水乙醇，将试管放入盛有适量冷水的烧杯中水浴。

2. 将已固定在橡胶塞上的铜丝在酒精灯火焰上灼烧至红热，趁热伸入试管并顺势将试管盖紧（如图 2-6-6-2 所示）。反应后稍等片刻将铜丝取出，用另一个橡胶塞盖紧试管，不断振荡，减少乙醛的挥发。

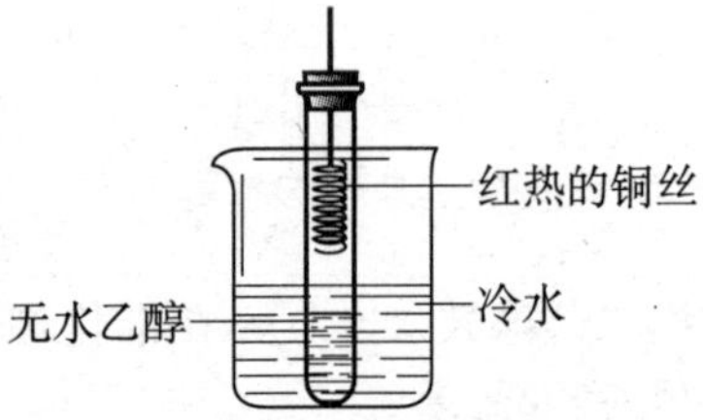

图 2-6-6-2

3. 重复上述操作五次以上。

4. 另取一个试管配制氢氧化铜悬浊液，向其中倒入第一个试管中的混合液，加热煮沸，可以清楚地看到有砖红色沉淀生成。

【注意事项】

1. 每次实验加入乙醇的量不要太多，以 1～2 mL 为宜。否则生成乙醛的浓度太低，影响检验效果。

2. 每次加热铜丝要充分，保证有较多的氧化铜生成。

3. 由于混合物中含有大量的乙醇，在加热煮沸时要注意防止喷溅。

4. 由于每次铜丝催化生成的乙醛的量较少，而且乙醛极易挥发，因此在实验时要注意装置的密封性，避免乙醛的损失。由于反应放热，试管内的压力会逐渐增大，不易盖紧橡胶塞。因此应将试管放在冷水浴中降温。

【实验点评】

1. 由于乙醛极易挥发，每次反应的生成量较少，通常的实验难以检验出产物乙醛的生成。该实验减少了产物挥发，便于检验。

2. 实验试剂简单，成本较低，没有污染。

（崔丽）

七、乙醇与重铬酸钾溶液的反应

【实验原理】

乙醇除了能够与氧气发生反应外，还能够被酸性重铬酸钾（化学式为 $K_2Cr_2O_7$）溶液氧化。在该反应中重铬酸钾被还原，颜色由橙红色变为墨绿色。通过控制反应条件，可以使乙醇被氧化得到乙醛，并且可以用银氨溶液或者酸性高锰酸钾溶液进行检验。

【实验试剂】

乙醇、1%重铬酸钾溶液、3 mol/L 硫酸、银氨溶液

【实验仪器】

试管、烧杯、酒精灯、铁架台

【实验步骤】

1. 按照图 2-6-7-1 所示安装好仪器。

2. 向试管中加入 3 mL 乙醇、2 mL 1%重铬酸钾溶液，慢慢加入 1 mL 3 mol/L 硫酸，再加入沸石，防止液体暴沸。

3. 小心加热试管内的混合物，使生成的乙醛蒸气沿弯曲的导管进入烧杯中的试管内，并凝结成液体。

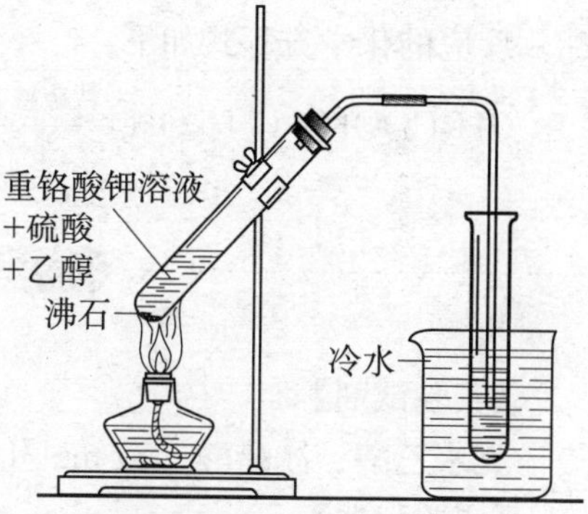

图 2-6-7-1

4. 取出试管中的液体，用银氨溶液进行检验。

【注意事项】

1. 加热液体时，要用小火加热，防止液体暴沸，也避免乙醇蒸气大量挥发。

2. 控制好反应物的浓度和量的关系，否则，生成的大部分产

物是乙酸。

3. 实验废液收集后须经过处理，不能直接倒入下水道。

【实验点评】

还原性是乙醇的重要化学性质。传统的乙醇与重铬酸钾溶液的反应实验没有检验产物。而该实验增加了产物的检验，并且操作简单，有明显的颜色变化，同时它又是检验司机是否酒后驾车的仪器的基本原理，学生对此有浓厚的兴趣。

重铬酸钾是污染性较大的重金属化合物，在中学化学实验中应该尽量避免使用。实验后的废液不应直接倒入下水道，须经回收处理后方可排放（处理方法详见本书第四章）。

（娄福艳　薛秉敏）

八、乙酸乙酯的制备

【实验原理】

乙酸和乙醇在浓硫酸做催化剂的条件下可以脱水生成乙酸乙酯，反应的化学方程式如下：

$$CH_3COOH+C_2H_5OH \underset{\triangle}{\overset{浓硫酸}{\rightleftharpoons}} CH_3COOC_2H_5+H_2O$$

方法一

【实验试剂】

无水乙醇、冰醋酸、10 mol/L 硫酸、饱和碳酸钠溶液

【实验仪器】

大试管、长导气管、小试管、干燥管、酒精灯、铁架台

【实验步骤】

1. 按照图 2-6-8-1 所示连接仪器。向试管内依次加入无水乙醇、10 mol/L 硫酸和冰醋酸。

2. 加热 1～2 min 后，可以看到饱和碳酸钠溶液的液面上有无色油状液体生成。

3. 当饱和碳酸钠溶液有倒吸迹象时，及时拔去单孔塞，停止加热，此时可以闻到乙酸乙酯的香味。

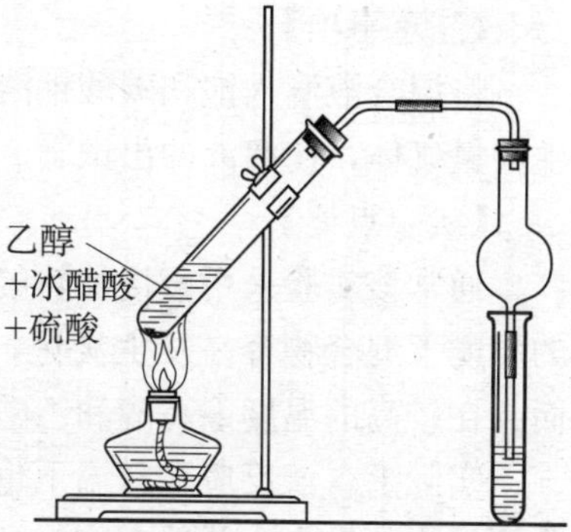

图 2-6-8-1

【注意事项】

1. 导气管应伸入碳酸钠溶液的液面以下，实验结束时注意防止发生倒吸。

2. 加热时不宜太剧烈，在混合液剧烈沸腾之前应及时移开酒精灯。

【实验点评】

1. 用 10 mol/L 硫酸代替 98% 的浓硫酸仍然可以起到催化作用，同时降低了乙酸和乙醇炭化的可能，也减少了生成乙烯的可能性。

2. 在收集乙酸乙酯时，将导气管伸入液面以下，减少了乙酸乙酯、乙酸等气体的挥发，有利于环保。

方法二

【实验试剂】

无水乙醇、冰醋酸、浓硫酸、饱和碳酸钠溶液

【实验仪器】

试管、烧杯

【实验步骤】

1. 在试管中加入 3 mL 乙醇和 2 mL 冰醋酸，然后一边摇动试管一边沿试管壁缓缓加入 0.5 mL 浓硫酸，振荡 2～3 min。

2. 用胶头滴管吸取试管中的混合液，逐滴加入到足量的饱和碳酸钠溶液中，待不再有气体放出时，可观察到液面上层有无色油状液体产生。

【注意事项】

将混合液滴入饱和碳酸钠溶液时，滴加要缓慢一些，否则会产生大量气体，使溶液冲出试管。

【实验点评】

通常该实验采用直接加热的方法，温度不易控制，同时在较高的温度下混合物容易发生炭化，产生乙烯和二氧化硫等杂质气体，而且在较高的温度下乙醇和乙酸容易被蒸出，原料利用率低。

实际上，该反应在常温下也能发生，不使用酒精灯加热可以避免副反应的发生，使反应物得到充分的利用。实验中发现在不加热的条件下，浓硫酸的用量对乙酸乙酯的产率影响不大。因此，该实验大大降低了浓硫酸的用量，减少了副反应的发生，避免了污染，使实验更加绿色化。

（娄福艳　薛秉敏）

九、乙酸乙酯水解条件的选择

【实验原理】

乙酸乙酯在加热时可以发生水解反应，酸或碱的存在会促进酯的水解，尤其是碱可与生成的羧酸发生反应，使酯的水解进行得比较彻底。

$$CH_3COOC_2H_5+H_2O\xrightarrow[\triangle]{\text{酸或碱}}CH_3COOH+C_2H_5OH$$

【实验试剂】

乙酸乙酯、2 mol/L 硫酸、2 mol/L 氢氧化钠溶液、甲基橙指示剂、饱和食盐水

【实验仪器】

250 mL 烧杯、酒精灯、试管、温度计

【实验步骤】

1. 在三支试管中分别加入 5 mL 饱和食盐水、5 mL 2 mol/L 硫酸、5 mL 2 mol/L 氢氧化钠溶液，依次标号为 1、2、3。

2. 在三支试管中加入等量的甲基橙指示剂。再向其中各加入

2 mL乙酸乙酯，塞上橡胶塞。

3. 向大烧杯中加入水，用温度计控制水温在 70～75 ℃之间，进行水浴加热，在水浴过程中振荡试管。

4. 几分钟后停止试验，可以观察到试管 1 中的酯层显浅黄色，水层为浅红色；试管 2 中的酯层无色，水层为红色；试管 3 中的酯层显浅黄色，水层为黄色。试管 1 中酯层的高度最高，试管 3 中酯层的高度最低。

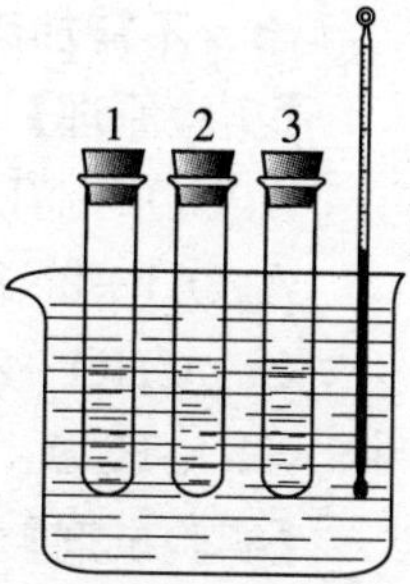

图 2-6-9-1

【注意事项】

1. 水浴加热的温度要控制合适，温度过高，酯容易挥发损失；温度过低，反应速率过慢。

2. 加热过程中应不时振荡试管，促使反应更快地发生。

3. 加热过程中用橡胶塞塞紧试管，防止乙酸乙酯的挥发。（由于水浴时控制的温度比较低，同时橡胶塞有一定的弹性，可以承受一定压力，因此该实验中不会出现橡胶塞冲出试管的情况）

4. 试管 1 中进行的是一个空白实验，主要用于提供对照参比，使结果更加科学。

【实验点评】

该实验设计通过观察水解后酯层的高度来确定酯水解的程度，比闻酯的气味更加明显直观，也更为科学。适当提高水解的温度，可以增大酯水解的速率，更适合课堂演示。用饱和食盐水代替水，可以降低酯在水中的溶解度，使实验现象更加直观。采用甲基橙指示剂对溶液染色，便于观察酯层的高度。水解后，试管 1 中水层的颜色为浅红色，可以使学生对乙酸乙酯水解后生成乙酸有更加直观的认识。

该实验采用封闭体系，不仅降低了酯的挥发，也减少了酸和醇的挥发，保护了环境。

（娄福艳　薛秉敏）

十、不需加热的银镜反应

【实验原理】

$AgNO_3+NH_3\cdot H_2O=AgOH\downarrow+NH_4NO_3$

$AgOH+2NH_3\cdot H_2O=[Ag(NH_3)_2]OH+2H_2O$

$CH_3CHO+2[Ag(NH_3)_2]OH\rightarrow CH_3COONH_4+2Ag\downarrow+3NH_3+H_2O$

【实验试剂】

硝酸银溶液、浓氨水、氢氧化钠溶液、乙醛溶液

【实验仪器】

小烧杯、小试管

【实验步骤】

1. 向试管中加入 3 mL 硝酸银溶液，一边摇动试管一边向其中逐滴加入浓氨水，直至产生的沉淀恰好溶解为止，得到银氨溶液。

2. 向所得的银氨溶液中加入几滴乙醛溶液。

3. 向步骤 2 所得的溶液中加入几滴氢氧化钠溶液，再将混合液迅速倒入小烧杯，静置。

4. 几分钟后可以观察到小烧杯底部和杯壁下部出现了一层光亮的银。

【注意事项】

1. 加入氢氧化钠溶液后，要将混合液迅速倒入小烧杯，注意不要晃动烧杯中的溶液，否则只能得到褐色浑浊的溶液。

2. 其他含有醛基的物质如葡萄糖、甲醛等都可以利用该反应检验醛基的存在。

【实验点评】

乙醛的银镜反应实验通常需要水浴加热。该实验的改进主要有两点：一是通过向乙醛溶液中滴加氢氧化钠溶液，使反应液呈碱性，不使用水浴加热就可以生成银镜；二是使银镜在小烧杯的底部生成，与在试管中生成的银镜相比，可观察到的面积更大，使用等量的药品生成的银镜更多。改进后的实验操作更加简单，现象更加明显。

（娄福艳　薛秉敏）

十一、不用水浴加热的淀粉水解

【实验原理】

淀粉在酸的催化作用下能发生水解，先生成相对分子质量较小的糊精（淀粉不完全水解的产物），糊精继续水解生成麦芽糖。淀粉水解的最终产物是葡萄糖。葡萄糖可以发生银镜反应，也可以与新制的氢氧化铜反应生成红色沉淀。

$$\underset{\text{淀粉}}{(C_6H_{10}O_5)_n} + nH_2O \xrightarrow{\text{催化剂}} \underset{\text{葡萄糖}}{nC_6H_{12}O_6}$$

【实验试剂】

淀粉、碘水、浓硫酸、10%氢氧化钠溶液、2%硫酸铜溶液

【实验仪器】

小试管、试管夹

【实验步骤】

1. 在试管 1 中加入 0.5 g 淀粉和 4 mL 水，在试管 2 中加入 0.5 g 淀粉和 1 mL 水。

2. 在试管 2 中加入 3 mL 浓硫酸，用玻璃棒搅拌。浓硫酸溶于水所放出的热促使淀粉发生水解，溶液呈亮棕色。

3. 将试管 2 的一部分溶液倒入试管 3 中，留作下一步实验用。

4. 向试管 1 和试管 2 中加入几滴碘溶液，试管 1 中的溶液呈蓝色，试管 2 中无明显现象。

5. 向试管 3 中滴入 10%氢氧化钠溶液中和溶液中的硫酸，使溶液的 pH 为 9～10。

6. 向试管 3 中滴入 4 滴 2%硫酸铜溶液，立刻有砖红色沉淀产生。

【注意事项】

1. 该反应利用浓硫酸溶于水放出的热促使水解发生，不需要加热。

2. 检验生成的葡萄糖时，最好使用新制的氢氧化铜，不要使用银氨溶液。因为在实验条件下，淀粉可能没有水解完全，影响银镜的生成。

3. 该方法也适用于纤维素和蔗糖的水解实验。

【实验点评】

淀粉的水解需要加热，但加热温度不易控制，容易出现炭化和胶结。本实验巧妙地利用浓硫酸溶于水放出的热量代替酒精灯加热，不仅简化了实验，节约了能源，更提供了一种利用浓硫酸溶于水放出热量的一个尝试。

本实验中试管 1 里进行的是一个空白实验，提供对照参比，有利于培养学生科学严谨的实验态度。

（娄福艳　薛秉敏）

十二、纤维素的水解

【实验原理】

纤维素的通式为（$C_6H_{10}O_5$）$_n$，分子中约含有几千个单糖单元，在酸性条件下能够发生水解，生成还原性单糖——葡萄糖，但是较淀粉的水解困难。

$$\underset{\text{纤维素}}{(C_6H_{10}O_5)_n} + nH_2O \xrightarrow[\triangle]{\text{催化剂}} \underset{\text{葡萄糖}}{nC_6H_{12}O_6}$$

【实验试剂】

脱脂棉、滤纸、浓盐酸、10%氢氧化钠溶液、2%硫酸铜溶液

【实验仪器】

试管、酒精灯

【实验步骤】

1. 将少许脱脂棉或滤纸放入试管中。

2. 向试管中加入 2 mL 浓盐酸，用玻璃棒将脱脂棉捣烂。将试管在酒精灯上用小火加热 3～4 min。待溶液呈现亮棕色时，停止加热。

3. 向水解液中加入少许 2%氢氧化钠溶液，中和多余的酸，并使混合液呈弱碱性（pH 约为 9）。

4. 向混合液中加入新制的氢氧化铜悬浊液，加热后可以观察到出现砖红色沉淀，证明纤维素水解生成了还原性糖。

【注意事项】

1. 纤维素选择脱脂棉或者滤纸最好，不要使用普通的棉花或者普通纸张。

2. 催化剂浓盐酸的量不宜过多，没过脱脂棉或者滤纸即可。

3. 检验水解产物时不能用银氨溶液。因为水解液中含有大量的 Cl^-，会与银氨溶液产生氯化银沉淀，得不到银镜。

【实验点评】

纤维素的水解使用浓硫酸作催化剂时需要水浴加热，水解需要的时间也比较长。若在酒精灯上直接加热，则又容易出现炭化。用浓盐酸代替浓硫酸来催化纤维素的水解，避免了炭化，水解的速率快。同时浓盐酸较浓硫酸更为安全，实验成功率更高。

（娄福艳　薛秉敏）

十三、蛋白质的盐析

【实验原理】

向蛋白质溶液中加入某些浓的无机盐（如硫酸铵或硫酸钠）溶液，可以使蛋白质溶解度降低而从溶液中析出，这种作用叫做蛋白质的盐析。这样析出的蛋白质仍可以溶解在水中，而不影响原来蛋白质的性质。因此，盐析是一个可逆的过程。

【实验试剂】

鸡蛋、1%醋酸、硫酸铵晶体、蒸馏水

【实验仪器及其他用品】

烧杯、试管、纱布

【实验步骤】

1. 取 2 只鸡蛋的蛋清置于烧杯中，加入 100 mL 蒸馏水，搅拌后观察到清蛋白溶于水，球蛋白呈絮状物析出。用 4～5 层纱布过滤两次，得到蛋白质溶液。

2. 向洁净的烧杯中加入适量蒸馏水，加入硫酸铵固体配成饱和溶液，并且使溶液中仍有一定量的硫酸铵固体。

3. 取 2 mL 蛋白质溶液于试管中，加入 2 滴 1%醋酸，再向其中逐滴加入 2 mL 硫酸铵饱和溶液（溶液中仍有少量固体），可以观察到试管中出现絮状沉淀。继续向试管中加入约 3 mL 蒸馏水，振荡，可以观察到沉淀溶解。再取该澄清溶液 1 mL 于另一支试管中，再滴加足量饱和硫酸铵溶液（溶液中仍有少量固体），又可观察到浑浊，加水后溶液又变澄清。

【注意事项】

1. 过滤时应使用多层纱布，以除去溶液中混入的球蛋白。

2. 一定要用带有少量固体的饱和硫酸铵溶液，盐析的效果较好。

3. 加入硫酸铵溶液之前加入 1%醋酸很有必要，可以保证盐析实验的成功。

4. 所用蛋白质溶液的浓度应尽可能大一些，否则盐析后的沉淀溶于水后很难继续产生沉淀。

【实验点评】

研究表明，蛋白质的溶解度在等电点时最低。卵蛋白的等电点为 4.84～4.90，饱和硫酸铵溶液呈弱酸性，其 pH 与蛋白质的等电点十分接近，有很强的盐析能力。本实验通过加入醋酸、增大硫酸铵溶液的浓度使蛋白质溶液的 pH 尽可能地接近其等电点，便于从其中析出蛋白质。

蛋白质盐析实验中使用饱和硫酸铵或硫酸钠溶液，成功率较低。在本实验中使用含有未溶固体的饱和硫酸铵或硫酸钠溶液，盐析—溶解—盐析—溶解的过程十分明显，有利于学生理解蛋白质盐析的本质。

（薛秉敏　娄福艳）

第三章 绿色化实验仪器的研究与开发

第1节 自制仪器

一、“活性炭吸附红墨水”微型实验仪

【教具装置图】

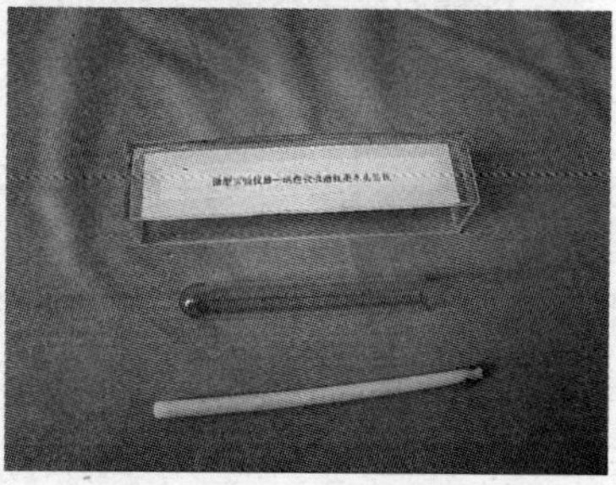

图 3-1-1-1

【用途及特点】

1. 用途：

验证活性炭的吸附性，可用于九年级化学“活性炭吸附红墨水”实验。

2. 特点：

试剂用量少，操作简单，节约时间，现象明显。

【制作材料】

15 mm×100 mm 试管、5 mm×150 mm 塑料棒、4 mm 厚的有机玻璃、棉花、大头针、502 胶水

【制作方法】

1. 用烧红的大头针在塑料棒的一端烫两个小孔。取两枚大头针，用钳子截为 0.8 cm 长的铁丝两根，从塑料棒一端的孔中穿入，以 502 胶水粘牢，如图 3-1-1-1 所示。

2. 将 4 mm 厚的有机玻璃按一定尺寸裁开，粘成尺寸为 15 cm×3.8 cm×3 cm 的仪器盒，将加工好的塑料棒和试管以及使用说明书装入仪器盒中，贴上标签，如图 3-1-1-2 所示。

图 3-1-1-2

【使用方法】

1. 从仪器盒中取出塑料棒和试管。在塑料棒有铁丝的一端缠上一团棉花，注意要将棉花缠紧，使棉花团的直径比试管口的直径稍大。将棉花团缓慢插入试管中，棉花团向试管中插入时应感觉到有一定的力度。

2. 从试管中取出带棉花的塑料棒，向试管中加入$\frac{1}{2}\sim\frac{2}{3}$容积的水，滴一滴红墨水，加入一定量粉末状的活性炭。用带棉花团的塑料棒缓慢插入试管的底部，观察现象，如图 3-1-1-3、图 3-1-1-4、图 3-1-1-5 所示。

图 3-1-1-3

3. 拆卸装置，清洗仪器，装回原盒。

图 3-1-1-4

图 3-1-1-5

（杨德龙　吕清）

二、微型气—液反应器

【教具装置图】

图 3-1-2-1

图 3-1-2-2

【用途及特点】

1. 用途：

“气—液反应器”既保留了干燥管的功能，又具有反应器的用途。

(1) 在“气—液反应器”中放入碱石灰，起干燥作用；放入无水硫酸铜，起检验水的作用。

(2) 可用于一种气体与一种液体的反应，以及一种气体与几种液体的反应。

2. 特点：

(1) 用实验室常用的干燥管为材料，材料易得，制作简单。药品用量少，废液处理量大大降低。

（2）可直接和制取气体的装置相连，不需要其他辅助装置。

（3）该仪器具有两头相连的特点，可以单个使用，也可以多个串连使用，还可以连接在组装的装置中。

【制作材料】

单球150 mm干燥管、直径4 mm玻璃导管、直径15 mm塑料管、直径7 mm空笔芯、20 mm厚塑料片、10 mm×100 mm试管、橡胶塞、502胶水、玻璃胶

【制作方法】

1.“气—液反应器”中容器的制法：将单球干燥管从细口端向上量20 mm，从粗口端向下量45 mm，用玻璃管切割器将其切割开，取中间部分留用。取直径4 mm细导管截取50 mm，将细导管放入干燥管内部，用玻璃胶将其与干燥管的中间部分粘在一起，制得容器部分，如图3-1-2-3所示。

图3-1-2-3

2.短试管部分的制法：取10 mm×100 mm试管，从试管底部向上量至25 mm处，用玻璃管切割器切掉上面部分，将试管底部套在制得的容器内细导管口的上面。

3.容器盖的制作方法：取直径15 mm塑料管截取5 mm长，将其用502胶水粘在20 mm塑料片的中间位置。在塑料片的中间烫一个直径7 mm的孔，用502胶水将截取的空笔芯粘在塑料片的孔中，如图3-1-2-3所示。

4. 将容器盖盖在容器粗口端开口上，将容器插入合适的橡胶塞的孔中，制得“气—液反应器”。

【使用方法】

1. 检验木炭与氧气反应生成的气体是二氧化碳：

在“气—液反应器”的橡胶塞上扎一个小孔，用铁丝固定一块木炭和一根火柴，并将铁丝插入橡胶塞中固定。从反应器盖的小孔中加入澄清石灰水。点燃火柴，将装置塞入盛有氧气的集气瓶中，观察反应现象，如图 3-1-2-4 和图 3-1-2-5 所示。

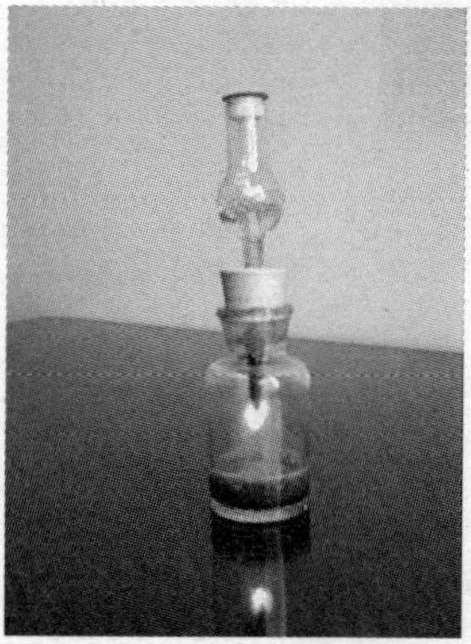

图 3-1-2-4

图 3-1-2-5

2. 用单个“气—液反应器”进行一种气体与一种液体的反应。例如，二氧化碳与水（紫色石蕊溶液）的反应：

从反应器盖的小孔中加入少量紫色石蕊溶液，将其塞在制取二氧化碳的广口瓶上，观察实验现象，可以发现石蕊溶液变红。

3. 用多个“气—液反应器”进行一种气体与几种液体的反应。例如，二氧化碳与水（紫色石蕊溶液）和澄清石灰水反应的实验：

取两个“气—液反应器”，取下其中一个的容器盖，加入紫色石蕊溶液。取另一个“气—液反应器”，从容器盖的小孔中加入澄清石灰水，并将其固定在第一个反应器的粗口端上。再将这两个相连的装有不同药品的反应器塞在制取二氧化碳的广口瓶上，如

图 3-1-2-6所示，观察实验现象。

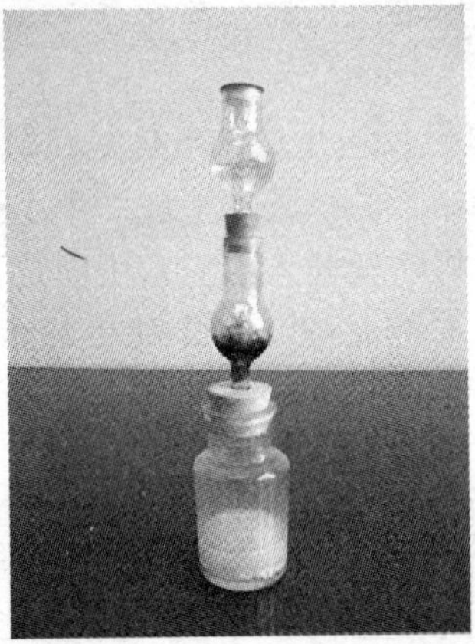

图 3-1-2-6

（杨德龙　吕清）

三、“木炭还原氧化铜”微型实验仪

【教具装置图】

图 3-1-3-1

【用途及特点】

1. 用途：

加热固体生成二氧化碳气体，产生的二氧化碳使澄清石灰水变浑浊。可用于九年级化学“木炭还原氧化铜”的实验，以及高一化学“鉴别碳酸钠和碳酸氢钠”“加热碱式碳酸铜”的实验。

2. 特点：

该仪器试剂用量少，现象明显，操作简单。解决了木炭还原氧化铜实验的难点。仪器构思巧妙、新颖，一件仪器能同时进行固体加热生成二氧化碳、二氧化碳使澄清石灰水变浑浊的两个实验。

【制作材料】

12 mm×100 mm 具支试管、单球 120 mm 干燥管、10 mm×100 mm 试管、试管夹、橡胶塞

【制作方法】

1. 取单球 120 mm 干燥管，由细口端向上量 20 mm，粗口端向下量 30 mm，用玻璃管切割器切掉两头，留下中间部分，用玻璃胶固定在具支试管的支管处。取 10 mm×100 mm 试管，从试管底部向上量 20 mm，用玻璃管切割器切割，留下试管底部，并将其套在干燥管中的支管上，用一个塑料盖盖在干燥管管口，如图 3-1-3-2 所示。

图 3-1-3-2

2. 取试管夹，用锯锯掉 80 mm 试管夹柄。

3. 用 4 mm 厚的有机玻璃，按一定尺寸裁开，粘成 11.5 cm×8.5 cm×4 cm 的仪器盒（盒上留有一个方孔），将所用仪器装入仪器盒中，贴上标签，并将使用说明书装入盒中，如图 3-1-3-3 所示。

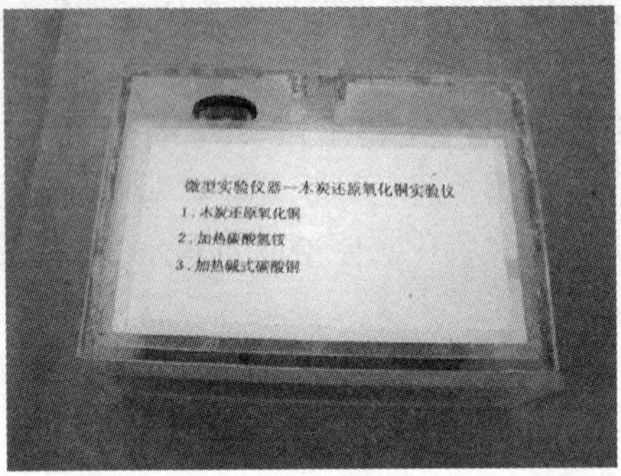

图 3-1-3-3

【使用方法】

1. 从仪器盒中取出试管夹，将试管夹插入实验仪器盒的方孔中进行固定。

2. 向具支试管中加入一定量活性炭和氧化铜的混合粉末，塞上橡胶塞，将其固定在试管夹上。

3. 用胶头滴管向干燥管中加入澄清石灰水，用酒精灯加热具支试管，观察反应现象，如图 3-1-3-4、图 3-1-3-5、图 3-1-3-6 所示。

图 3-1-3-4

4. 拆卸装置，清洗仪器，装回原盒。

图 3-1-3-5

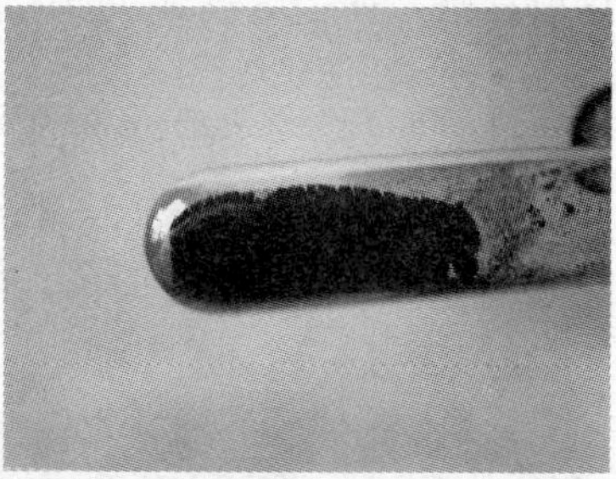

图 3-1-3-6

（杨德龙　吕清）

四、防污染燃烧器

【教具装置图】

图 3-1-4-1

【用途及特点】

1. 用途：

该装置可以有效地防止实验过程中产生的污染物扩散到空气中。可用于固体在气体中发生的燃烧反应。例如，硫、磷与氧气的反应，磷、铜、铁与氯气的反应等。

2. 特点：

该装置是一个密闭系统，实验产生的污染物不仅不会扩散到空气中，还可以被充分吸收，防污染效果好。装置制作材料易得，制作方法容易。实验操作简单，能一器多用。

【制作材料】

1.5 L平底塑料瓶、250 mL集气瓶、橡胶塞、燃烧匙、胶布、蜡烛

【制作方法】

1. 取1.5 L塑料瓶从瓶口向下量15 cm，用剪刀剪下。取燃烧匙，用三角锉将燃烧匙柄锉尖。在橡胶塞上用锉尖的燃烧匙柄扎一个小孔。取剪下的塑料瓶的上半部分，将橡胶塞从塑料瓶口塞紧，燃烧匙柄由下向上插入橡胶塞的小孔中进行固定，这样就制得了防污染燃烧器的防护罩部分，如图3-1-4-2。

图3-1-4-2

2. 取1.5 L塑料瓶的下半部分，从瓶底向上量2.5 cm，用剪刀剪下。用烧热的铁片将剪下的塑料瓶底烫出一个直径稍大于集气瓶口的一个大孔。将有圆孔的塑料瓶底从集气瓶口套入，落到集气瓶“肩”上。移动塑料瓶底，使其在集气瓶“肩”部四周距离相等时，用胶布进行固定。最好使用两层胶布交叉固定，胶布之间不留空隙。点燃蜡烛，将熔化的蜡滴在胶布上，用小木板抹平，在胶布上形成一层蜡的保护层。这样就在集气瓶“肩”上形成了一个环形水槽（用于放入吸收液，吸收生成的有害气体），如图3-1-4-3。

3. 调整好防护罩中燃烧匙的高度，将防护罩放入集气瓶“肩”

上的环形水槽中，就制得了防污染的燃烧器，如图 3-1-4-1。

【使用方法】

以硫在氧气中的燃烧实验为例：

1. 用排水法收集一集气瓶氧气，瓶底要留有少量水，取出集气瓶，盖上玻璃片。向集气瓶内和环形水槽中都加入一定量的氢氧化钠溶液。

2. 将少量硫粉装入燃烧匙中，点燃后将燃烧匙伸入到集气瓶中，观察反应现象。

（杨德龙　吕清）

图 3-1-4-3

五、“模拟酸雨的危害”微型实验仪

【教具装置图】

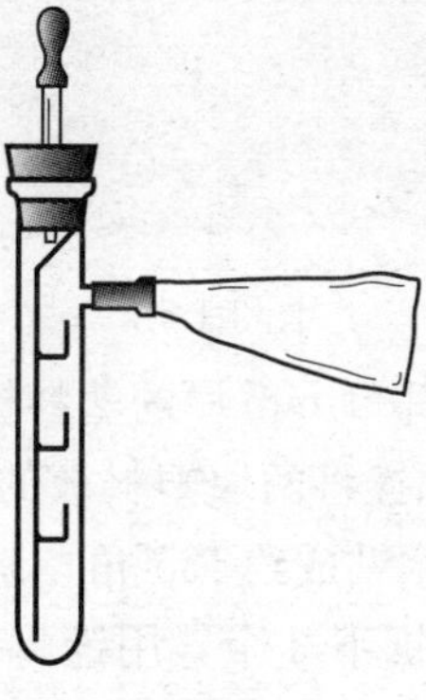

图 3-1-5-1

【用途及特点】

1. 用途：

不需加热生成气体的固—液反应和气—液反应。

2. 特点：

实验在全密封的系统中进行，不会对空气造成污染。

【制作材料】

15 mm×150 mm 具支试管、橡胶塞、胶头滴管、小塑料袋、玻璃导管、乳胶管、1 mm 厚塑料板、细线、502 胶水、九孔井穴板

【制作方法】

1. 吸收袋的制作：取和具支试管的支管直径基本相同的 1.5 cm长的玻璃导管，在该导管上套上 3 cm 长的乳胶管，将折叠好的小塑料袋套在有乳胶管的玻璃导管上，用细线缠绕紧，如图 3-1-5-2 左图所示。

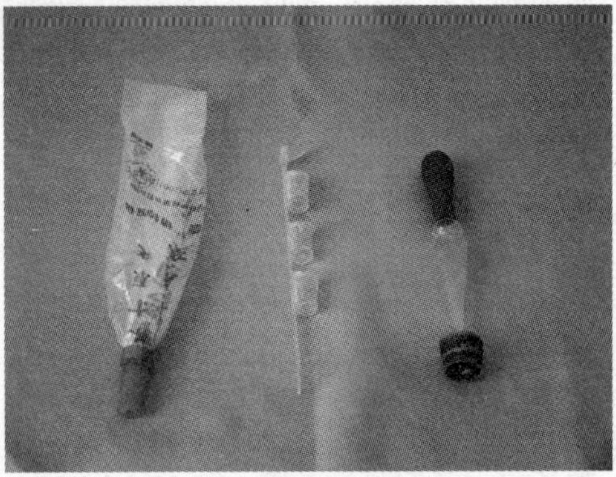

图 3-1-5-2

2. 反应器的制作：取 1 mm 厚的塑料板，裁成 1 cm×12.5 cm 和 1 cm×1 cm 两块，用锉将两块塑料板的一侧锉成一定斜面，再将两块塑料板用 502 胶水粘成约 135°角，制成井穴架。将九孔条形井穴板上的井穴用钢锯锯下 3 个，用锉将每个井穴的一侧锉成平面，用 502 胶水将其粘在井穴架的不同位置上，如图 3-1-5-2 中图所示。

3. 将橡胶塞打一小孔，套在胶头滴管上，如图 3-1-5-2 右图所示。

4. 取 4 mm 厚的有机玻璃，按一定尺寸裁开，粘成 5.6 cm×4 cm×16.4 cm 的仪器盒，将上述仪器装入盒中，贴上标签，将使

用说明书装入盒中，如图 3-1-5-3 所示。

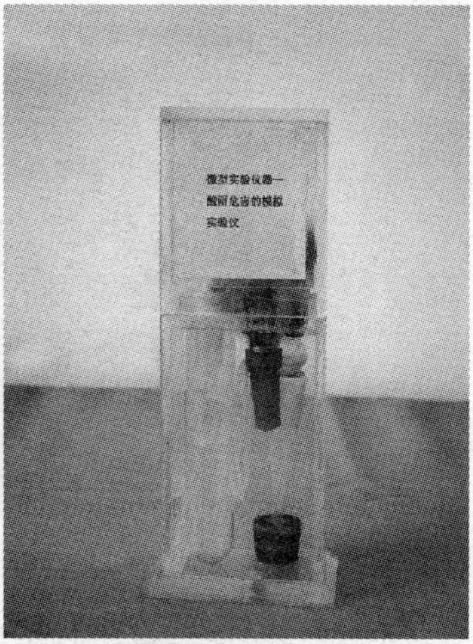

图 3-1-5-3

【使用方法】

1. 向具支试管中加入半药匙亚硫酸钠，滴加 2 滴酚酞溶液。

2. 在井穴架上的三个井穴中各滴入 6 滴水，再从上到下分别加入一小段镁条、2 小粒大理石（或石灰石）、一小片绿色植物的叶子（也可同时加入一小片红花瓣），将井穴架放入具支试管中，放回仪器盒。

3. 向吸收袋中加入 3 滴管氢氧化钠溶液，套在具支试管的支管上。

4. 在具支试管口塞上有孔橡胶塞，用胶头滴管吸入半滴管 60％硫酸，插入橡胶塞的小孔中，如图 3-1-5-4 所示。

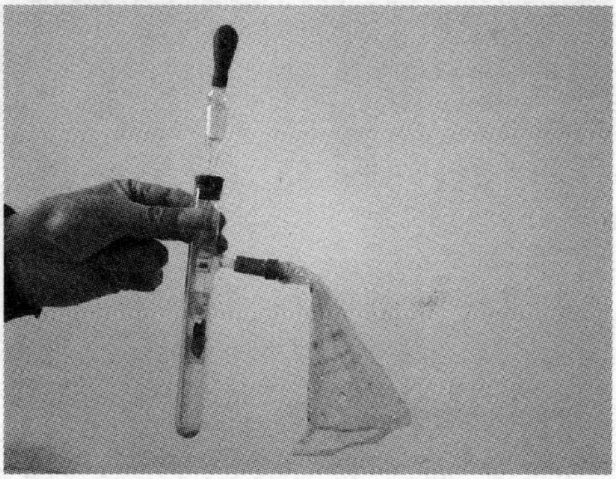

图 3-1-5-4

5. 挤压胶头滴管，使硫酸逐滴滴下，当亚硫酸钠固体全部溶解后，停止滴入硫酸。

6. 观察反应现象，如图 3-1-5-5 所示。

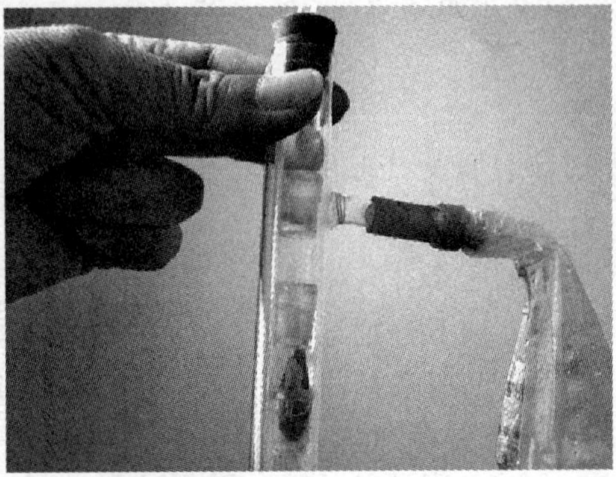

图 3-1-5-5

7. 反应完毕后将吸收袋提起，使氢氧化钠溶液流入具支试管中，直至观察到试管中的溶液由无色变为红色为止，如图 3-1-5-6 所示。

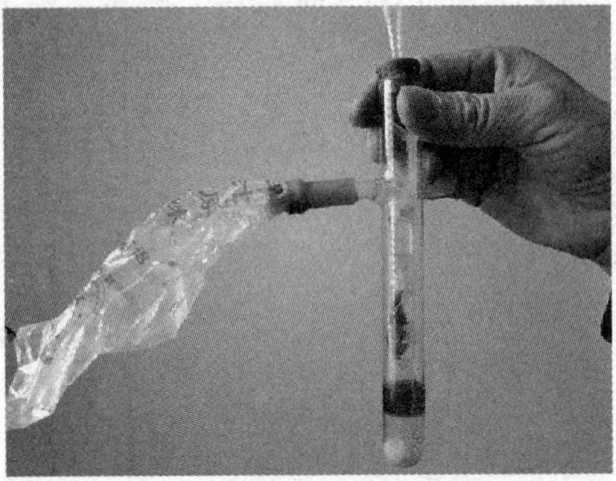

图 3-1-5-6

8. 拆卸装置，清洗仪器，装回原盒。

（杨德龙　吕清）

六、燃烧条件的探究装置

【教具装置图】

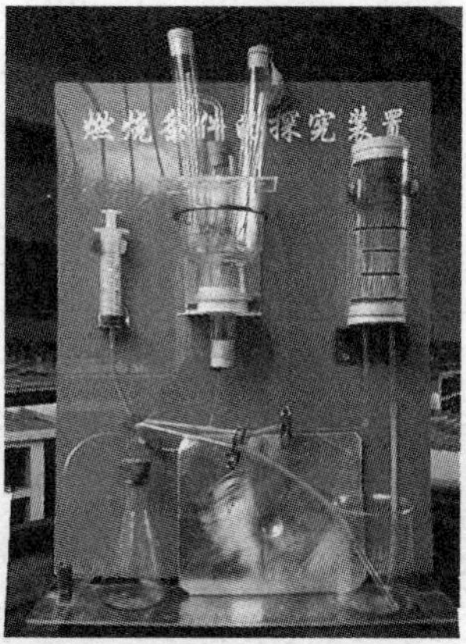

图 3-1-6-1

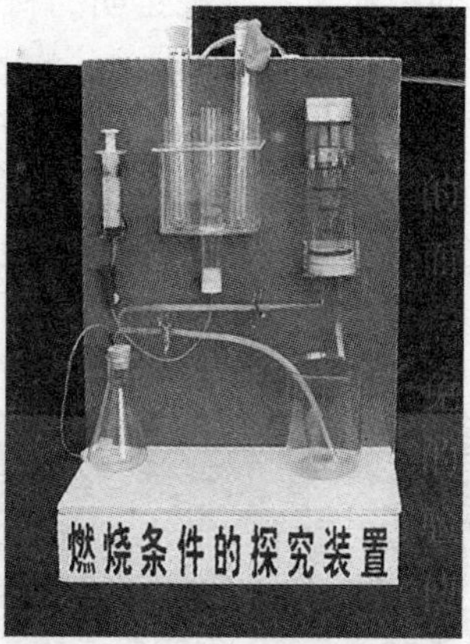

图 3-1-6-2

【用途及特点】

1. 用途：

本教具适用于九年级化学“燃烧与灭火”一节的教学。可演示白磷在空气和水中的燃烧、铁粉在空气中的燃烧以及铁丝在氧气中的燃烧等实验。

2. 特点：

探究燃烧条件时，白磷在空气中和水中的燃烧都在密封系统内进行，无有害气体泄漏。白磷在水中燃烧无残留，产生的五氧化二磷直接被氢氧化钠吸收，过多的可以在集气瓶内进行二次吸收，对环境不会造成污染。制备氧气时，过氧化氢的用量极少，10%过氧化氢只用 2～3 mL，催化剂二氧化锰制成小蜂窝球状，可反复使用。该装置节约药品，操作简单，现象明显，能极大地激发学生的探究欲，并能培养其独立思考的能力。

【制作材料】

500 mL 废旧集气瓶（或 160 mm×60 mm×100 mm 废旧塑料扁水槽）、20 mm×200 mm 玻璃管（可用废旧试管代替）、60 mm×

180 mm 玻璃管（最好使用亚克力管，铁丝在其中燃烧时不易炸裂）、直径 18 mm 高 4 mm 的橡胶塞（比 20 mm×200 mm 玻璃管内径稍大，最好是透明的材料）、其他橡胶塞、20 mm×200 mm 试管、150 mL 锥形瓶、一次性注射器、点滴管（带针头）、细金属网、铝片、玻璃管、乳胶管

【制作方法】

1. 将废旧集气瓶（或废旧塑料扁水槽）加工成如图 3-1-6-3 所示的形状（塑料扁水槽便于挂在演示板上）。

图 3-1-6-3

图 3-1-6-4

2. 找一个与集气瓶口直径相吻合的大橡胶塞，在其中间打一个比 20 mm×200 mm 玻璃管外径略小的孔（塑料扁水槽则在底部中间打一个直径与 20 mm×200 mm 玻璃管外径相同的孔），如图 3-1-6-4 所示。

3. 在直径 18 mm 高 4 mm 的橡胶塞中间打一个直径 3～4 mm 的小孔，将孔的一端加工成平滑的凹形（便于水中的白磷下落时能自动落回至小孔处），如图 3-1-6-5 所示。在该橡胶塞高 2 mm 处横切（注意不要切透，切过中间小孔一点即可），插入一小片细金属网。然后凹面向上塞入玻璃管接近二分之一高度处。如图 3-1-6-6 所示。

4. 取一个与 20 mm×200 mm 玻璃管相吻合的橡胶塞，在其插入玻璃管的一端挖一个小坑以便放置二氧化锰，并插上点滴管针头（用于加入过氧化氢），如图 3-1-6-7 所示。

图 3-1-6-5

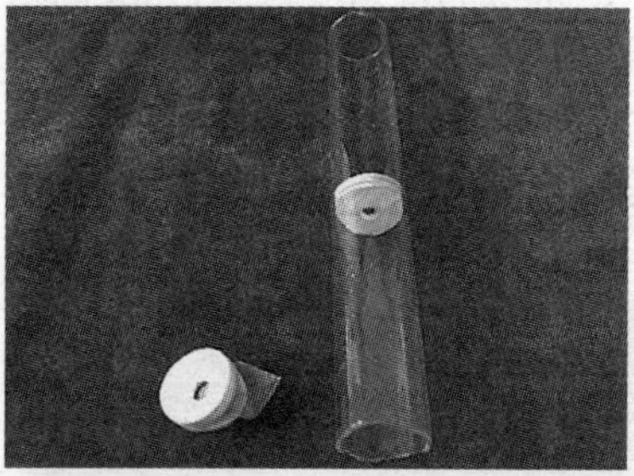

图 3-1-6-6

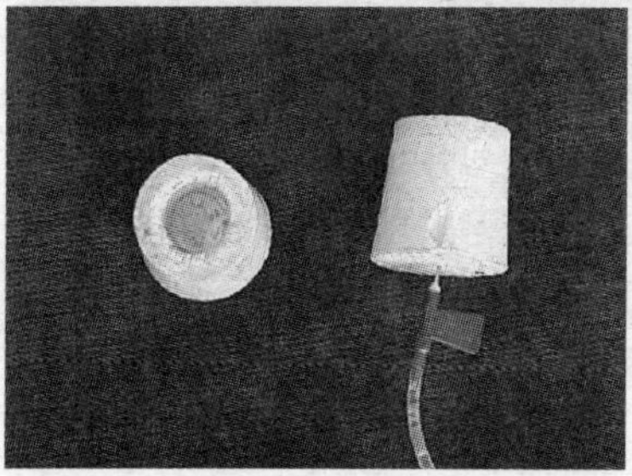

图 3-1-6-7

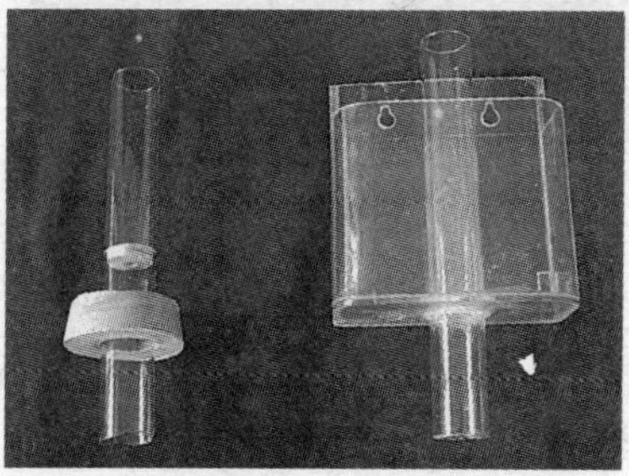

图 3-1-6-8

5. 将玻璃管插入大橡胶塞（或将玻璃管用 502 胶水粘到水槽上，注意密封，防止漏水），如图 3-1-6-8 所示。将其盖紧集气瓶口，如图 3-1-6-9 所示。

6. 把有机玻璃片和玻璃导管加工成如图 3-1-6-10 所示的形状。

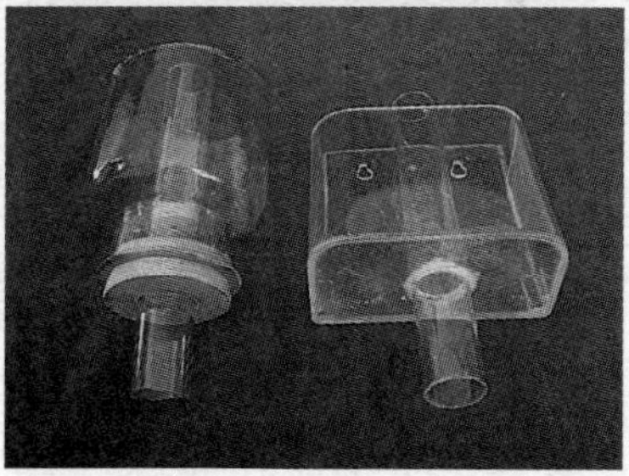

图 3-1-6-9

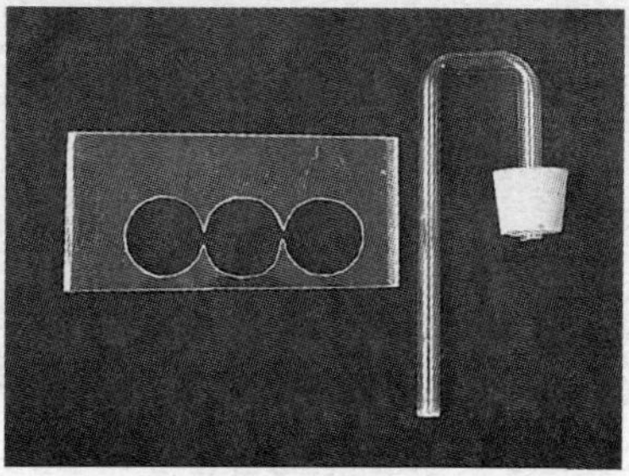

图 3-1-6-10

7. 在 60 mm×180 mm 的玻璃管上做好刻度，上下分别盖上橡胶塞。下面的橡胶塞打孔，插入玻璃导管，如图 3-1-6-11 所示。

8. 在 150 mL 锥形瓶上的橡胶塞上打孔，安装导管和注射器针头，如图 3-1-6-12 所示。

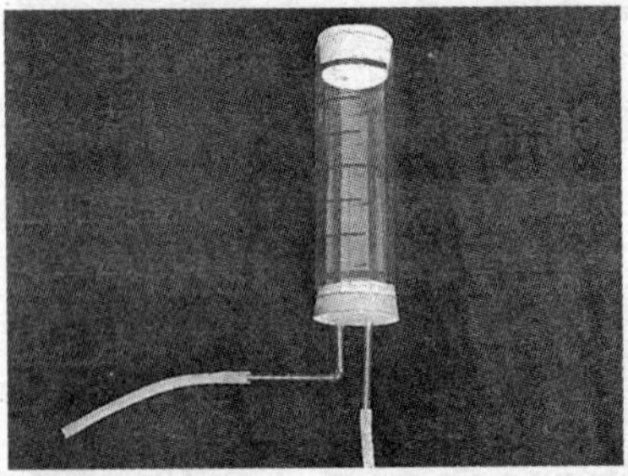

图 3-1-6-11

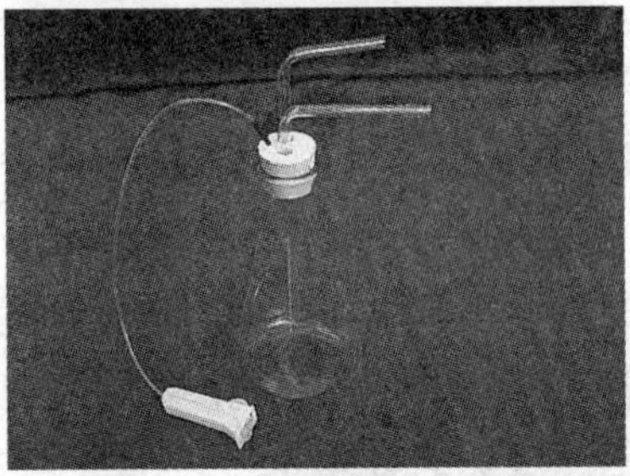

图 3-1-6-12

9. 在铝片中心冲一个凹槽，加工成如图 3-1-6-13 所示的形状，用于铁粉燃烧实验用（燃烧后的产物落在铝片上，便于观察产物的颜色）。

10. 调整好各仪器的位置，将其固定在演示板上，如图 3-1-6-14 所示。固定完成后的效果如图 3-1-6-1 所示（使用塑料扁水槽的装置如图 3-1-6-2 所示）。

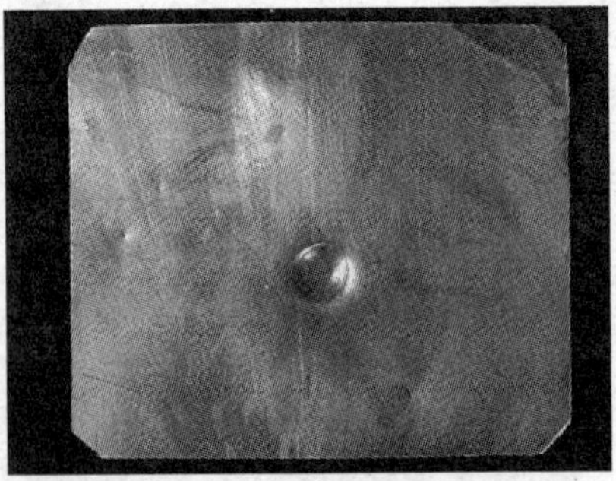

图 3-1-6-13

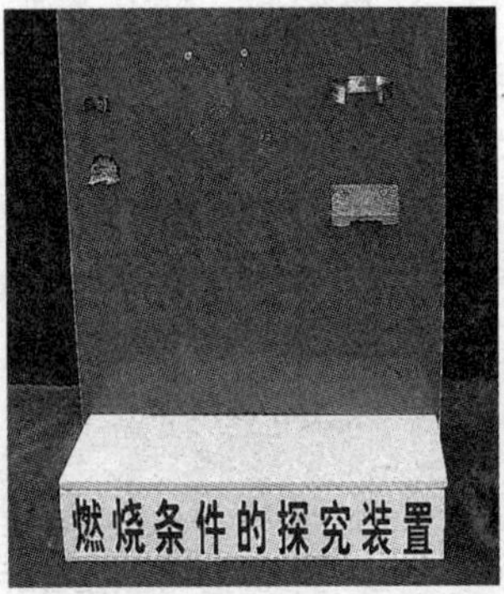

图 3-1-6-14

【使用方法】

1. 向水槽和水槽中的玻璃管内加入一定量的热水，向玻璃管中加入一粒绿豆大小的白磷（自动下沉到橡胶塞的小孔处），再向两支试管中分别放入少量红磷和一粒绿豆大小的白磷，在盛放白磷的试管上盖上一个带气球的橡胶塞（防止白磷的燃烧产物污染空气）。将试管和玻璃管同时放入水槽中。试管中的白磷开始燃烧，而红磷和热水中的白磷不燃烧，由此得出可燃物燃烧的条件。

2. 取出两支试管，向水槽和玻璃管中滴加氢氧化钠溶液，以吸收白磷燃烧产生的五氧化二磷。盖上带弯曲导管的橡胶塞，推动注射器活塞，向玻璃管底部注入过氧化氢溶液（提前在橡胶塞的小坑中放置蜂窝球状的二氧化锰），可以发现白磷在水中持续燃烧。

3. 打开玻璃管上端的橡胶塞，倒入一定量的水（根据所要得到氧气浓度的不同确定加水量）。推动注射器，将过氧化氢溶液注入锥形瓶中，用排水法在玻璃管中收集一定浓度的氧气，进行铁丝燃烧的实验。

4. 向铝片的凹坑内滴入 2 滴酒精，点燃后向火焰上撒铁粉，可引导学生继续深入探究燃烧的条件。

【维护保养】

实验后应及时清洗金属网，保持其清洁。

（陈力凡　王宏）

七、香烟烟雾中有害物质检验器

【教具装置图】

见图 3-1-7-1。说明：进烟口、过滤器、出水口、烟嘴均用废弃笔管制成。

【用途及特点】

1. 用途：

（1）证实香烟烟雾中焦油、烟碱、醛类、一氧化碳等物质的存在。

（2）使学生了解实验中产生废物的处理，养成环保的实验习惯。

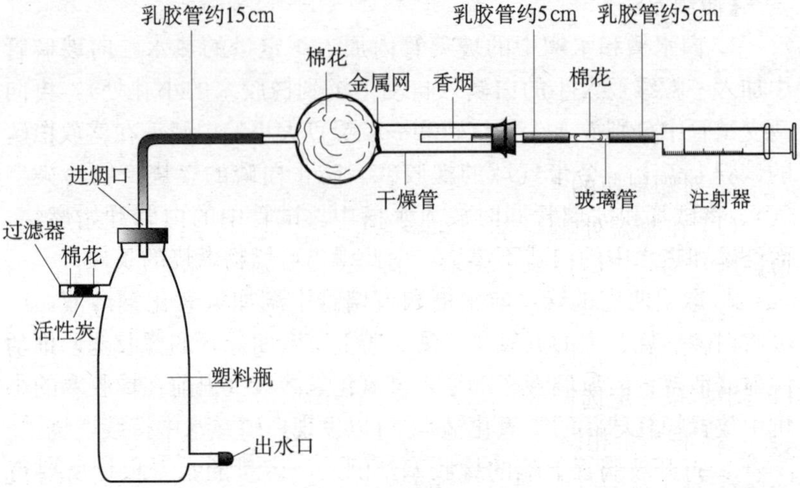

图 3-1-7-1

2. 特点：

（1）香烟在一个相对封闭的环境内燃烧，最大限度地减少了烟雾对空气的污染。实验产生的废水通过自制净水装置进行处理。

（2）熄灭香烟的方法安全合理，棉花与香烟隔开能有效地避免烟灰对实验的影响。

（3）实验现象明显，能够直观地说明问题，并能给学生以教育和警示作用。

（4）装置取材容易，结构简单，安全可靠，成本低廉。

【制作材料】

塑料瓶（500 mL 左右有一定硬度的透明塑料瓶）、干燥管、废弃笔管、橡胶塞、玻璃导管、乳胶管、金属网、50 mL 注射器、活性炭、脱脂棉、香烟、火柴

【制作方法】

1. 过滤烟气装置的制作：取一支废弃的粗笔杆，一端用棉花塞住（不能太实，防止通气不畅），向笔杆中添加活性炭粉末，另一端也用棉花塞住，如图 3-1-7-2 所示。

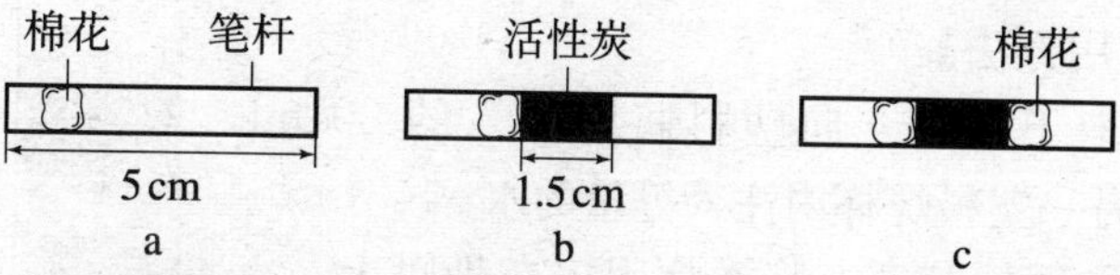

图 3-1-7-2

2. 对塑料瓶的处理：

(1) 在瓶盖处烫出开口，固定一小节带笔头的笔管作为进烟口，将缝隙密封好。

(2) 在瓶体上部开一小孔，固定烟气过滤装置，密封。

(3) 在瓶体的底部的侧面开一小孔，固定一小节笔管作为出水口（出水口一定选择在能将水尽量排净的地方开），密封。

(4) 将 4 个相同规格的透明塑料瓶从中间剪开，制成 4 个塑料烧杯。

3. 吸烟装置的制作：

(1) 取一支两头粗细不同的笔管作烟嘴（较粗的一端用于固定香烟），固定在橡胶塞上，笔管较细的一端用乳胶管与注射器相连。

(2) 取一支干燥管在细口端塞入一小团棉花（不可太实）。如果将此装置用作演示实验可将棉花放入干燥管的球形部分，在直管与球形部分之间用金属网隔开，如图 3-1-7-3 所示。

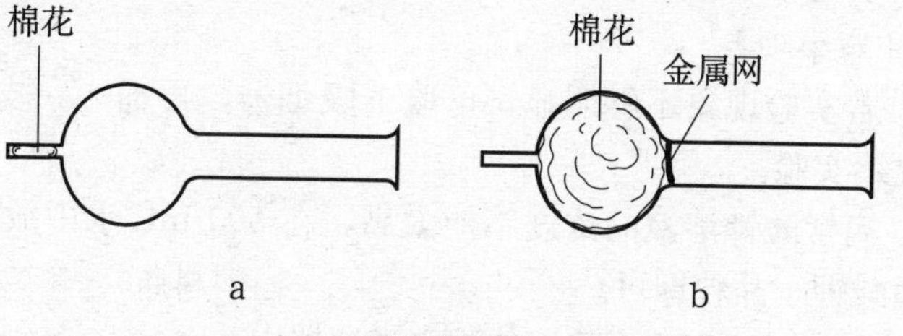

图 3-1-7-3

(3) 用已装有烟嘴的橡胶塞塞紧干燥管开口。

4. 将吸烟装置与处理好的塑料瓶用乳胶管连接。

5. 自制简易净水装置：

取一塑料瓶截去底部，在瓶盖处开口并固定一节笔管。在瓶内依次装入棉花、活性炭、细沙、粗沙，如图 3-1-7-4 所示。

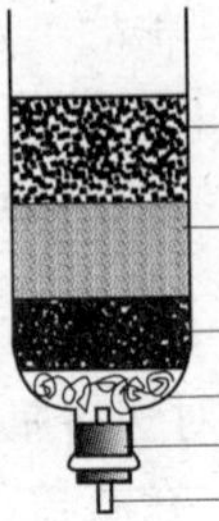

图 3-1-7-4

【使用方法】

1. 取下瓶盖，向塑料瓶内注入约 30 mL 水，在另一塑料烧杯内注入等量的水。

2. 取下橡胶塞，将香烟固定在烟嘴上，点燃，迅速插入干燥管中，抽拉注射器的活塞，观察干燥管中棉花的颜色变化，发现棉花因吸附了烟焦油而变黄。

3. 当烟雾已充满塑料瓶时，取下乳胶管，用止水夹夹紧，使干燥管内的香烟因氧气耗尽而自动熄灭。同时迅速用手指堵住笔尖开口，振荡塑料瓶，使瓶内烟雾与水充分接触。待烟雾中相关成分充分溶解后，将瓶内的水全部倒入塑料烧杯中，并与另一烧杯中等量的清水进行对比。发现水的颜色变深，这是因为烟雾中的烟碱、醛类等物质溶于水造成的。

4. 再向盛有烟气的塑料瓶内注入约 30 mL 高锰酸钾溶液，用手指堵住笔尖开口，振荡塑料瓶，使瓶内不溶于水的烟气与高锰酸钾溶液充分接触。观察高锰酸钾溶液的颜色变化，发现高锰酸钾溶液的紫色变浅或褪去，这是因为不溶于水的一氧化碳等还原性的物质与高锰酸钾反应造成的。

5. 实验中产生的废水用自制的简易净水器进行处理。

【注意事项】

1. 若实验现象不够明显，可取下吸烟器，再插入一支点燃的香烟继续实验。

2. 高锰酸钾溶液的浓度不能太高，在 500 mL 水中放入 3～4 颗高锰酸钾小晶粒即可。

3. 振荡时注意不要将液体溅入过滤器内。

4. 装置各接口的密封十分重要，可采用 502 胶水和棉花密封接口。

【维护保养】

实验结束后，塑料瓶内壁会粘有烟焦油，使瓶子的透明度下降，可先用酒精再用清水进行清洗。清洗时注意不要将液体溅入过滤器内。清洗后将装置敞口放置于干燥处。

（王文志）

八、定量气体爆鸣枪

【教具装置图】

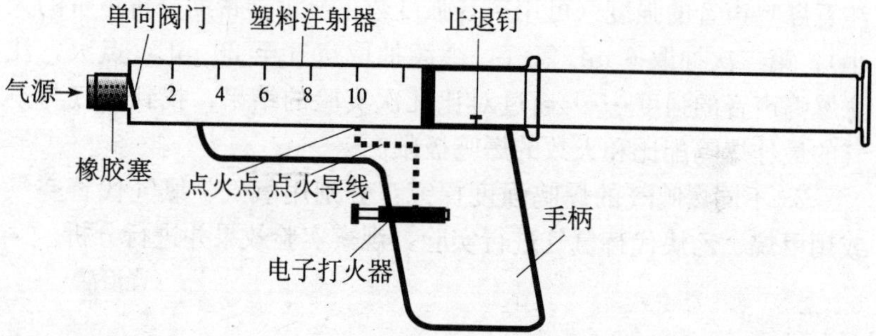

图 3-1-8-1

【用途及特点】

1. 用途：

中学化学中的气体爆鸣实验，目前只能进行定性的实验。学生只能听到爆鸣声，对气体的爆鸣强度及影响因素不能深入探究。同时该实验具有一定的危险性，学生不便亲手操作。由此而设计的定量气体爆鸣枪，能够定量地进行爆鸣实验，增加了实验的探究性。

2. 特点：

使用该装置取用气体，气体无泄漏且用量少，安全环保。装置操作简单，趣味性强，适合学生探究使用。

【制作材料】

塑料注射器、玩具手枪、电子打火器、单孔橡胶塞、胶黏剂

【制作方法】

在注射器的前端用打孔器打一个比注射器内径略小的孔，再在注射器的中部和尾部各打一个直径约 5 mm 的小孔，将点火器镶嵌在枪托内，将点火线引出。在单孔橡胶塞的小端用胶水半固定一个圆形橡胶片作为单向阀门。将上述物品按图 3-1-8-1 所示用胶黏剂粘好。

【使用方法】

将气源通过导气管与橡胶塞相连，拉动注射器活塞抽取所需气体至所需用量，按动点火器，注射器内混合气体发生爆炸。

1. 同种爆鸣气不同配比的爆鸣强度探究：以空气与氢气的爆鸣为例，第一次抽取 4 mL 氢气，继续抽取空气至 20 mL，点火，注意爆鸣声音的强度（可用声音强度数字显示器帮助分辨声音的大小）；第二次抽取 6 mL 氢气，继续抽取空气至 20 mL，点火，注意爆鸣声音的强度…… 通过对比几次实验的结果，找到氢气与空气的最佳爆鸣配比和大致的爆鸣极限。

2. 不同爆鸣气的爆鸣强度探究：分别用氧气、氯气代替空气或用甲烷、乙炔代替氢气进行实验，观察实验效果并进行分析。

（曹治淮）

九、环保多媒体化学实验演示橱

【教具装置图】

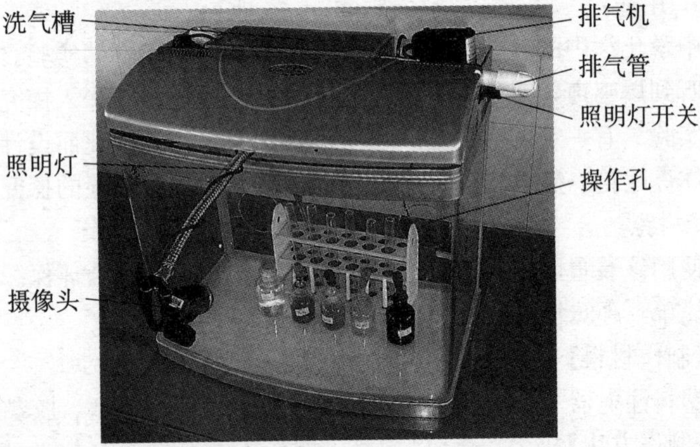

图 3-1-9-1

【用途及特点】

1. 用途：

环保多媒体化学实验演示橱相当于一个通风橱和一个多媒体实

物展示台，可用于大多数中学化学演示实验。对于会产生烟雾和有害气体的有污染实验可当做通风橱使用，对于其他无污染的实验可作为多媒体实物展示台使用。

2. 特点：

(1) 环保。在中学化学演示实验中，有很多实验会产生烟雾或有毒有害气体，要求在通风橱中进行。而像通风橱这样的设备，很多学校的实验室没有配备，即使有配备的也无法带到教室进行演示实验。对于产生烟雾和有毒有害气体的实验，教师只能在没有任何防护措施的条件下进行实验，这样不仅影响了教学的效果，也对师生的身体健康产生很大的危害。这是个普遍存在、亟待解决的问题。该演示橱较好地解决了这一问题。该装置是一个微型化了的通风橱，可以方便地运用到课堂演示实验中。通过巧妙设计的尾气处理装置，使尾气被充分地吸收，解决了教学中课堂演示实验所存在的尾气污染问题，实现了化学实验绿色化。

在通风橱中加装的尾气处理装置有三种方案来处理实验所产生的烟雾或有害气体。

方案一：对于无毒烟尘，通过排气机和导管直接排到室外。

方案二：对于容易被吸收的有害气体，如 SO_2、NO_2 等可通过洗气槽除去。

方案三：对于难于吸收的有毒气体，如 CO 等，可用气球收集后再进行处理。

以上措施能够有效地防止有害物质对师生身体健康的危害和对环境的污染，同时也对学生进行了一次环保意识的教育。让学生在具体的实验中感受环保的责任与意义，使化学实验不仅成为学习化学知识的方法与工具，而且成为学校环保教育的载体。

(2) 多媒体化。多媒体已经成为现代化教学的必备手段。化学是一门以实验为基础的科学，中学化学实验多使用试管、烧杯等进行实验，尽管操作简便，现象直观，但进行实验演示时可见度低，坐在后排的学生无法看清，严重地影响了他们的学习积极性。而该实验演示橱则能把多媒体和化学实验整合起来，在演示橱中装入了高清摄像头，可以把实验的过程和现象通过多媒体完整、同步地呈现给学生。与此同时，还能利用软件对实验过程进行录像，便于重现实验过程，使学生能够观察到实验过程中的任何细微变化。这样不仅体现了多媒体的优点和化学实验的特点，还能防止在多媒体平台进行化学实验时酸碱溶液对平台的腐蚀。

(3) 方便携带。这样一套实验演示橱体积小于通风橱，且可以方便地搬到教室中去使用，通过USB接口与多媒体轻松连接。

(4) 造价低，制作简单，便于推广应用。该装置相当于一个通风橱和一个多媒体实物展示台，但制作成本不到500元人民币。

(5) 安全、节能。该演示橱中的排气机采用12 V直流电源，照明灯采用12 V LED。

【制作材料】

水族箱、高清摄像头、排气机、塑料板、排气管、气球、LED照明灯、防火板、导线

【制作方法】

1. 在水族箱的背面开两个直径在12 cm左右的孔作为操作孔，如图3-1-9-2所示。

2. 在水族箱的箱盖前端装入高清摄像头，如图3-1-9-3所示。

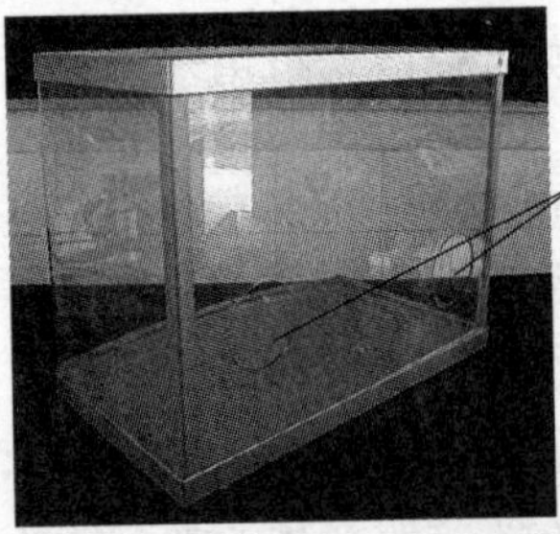

图 3-1-9-2

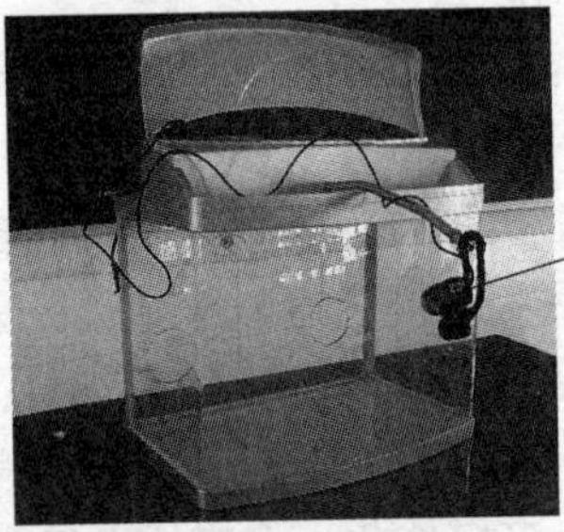

图 3-1-9-3

3. 在水族箱的箱盖上装入排气机，如图3-1-9-4所示。

4. 制作如图3-1-9-5所示的洗气槽，并将洗气槽装在水族箱的箱盖上，如图3-1-9-4所示。

图 3-1-9-4

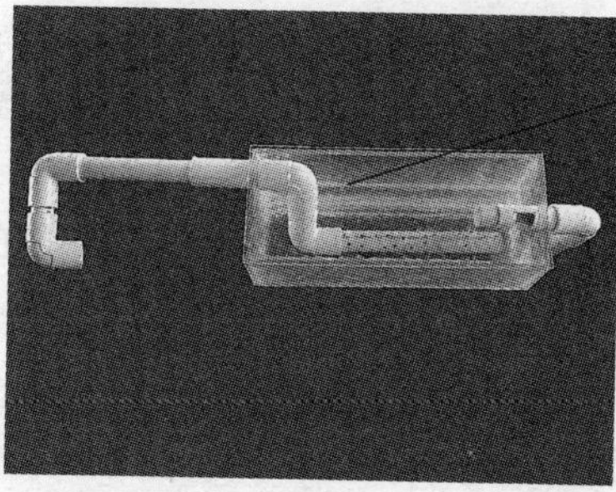

图 3-1-9-5

5. 在水族箱的箱盖下面贴上防火板，再装上 LED 照明灯，如图 3-1-9-6 所示。

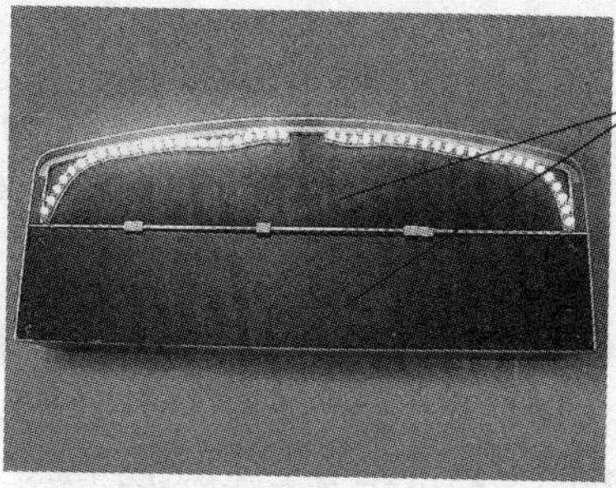

图 3-1-9-6

【使用方法】

1. 对于会产生烟雾和有害气体的实验，应先分析实验所产生的有害物质的性质，再选择尾气处理的方案。

[案例 1] 燃烧条件的探究

该实验需要燃烧白磷，会产生大量的白烟，应排到教室外，故选择尾气处理的方案一。具体实验步骤为：

(1) 将实验所需用品放入演示橱中。

(2) 在排气口连接好排气管，将排气管口放到教室外。

(3) 打开排气机，开始演示实验。

(4) 实验结束，待白烟散尽后关闭排气机。

[案例 2] 硫在空气（氧气）中燃烧

该实验会产生大量有毒的二氧化硫气体，可用氢氧化钠等碱性溶液来吸收，故选择尾气处理的方案二。具体实验步骤为：

(1) 将实验所需用品放入演示橱中。

(2) 在洗气槽中加入氢氧化钠溶液，并将洗气槽的进气管连接到排气口上。

(3) 打开排气机，开始演示实验。

(4) 实验结束，继续排气一段时间后再关闭排气机。

[案例 3] 一氧化碳的性质实验

该实验会产生一氧化碳尾气，一氧化碳是一种无色、无味的剧毒气体，难于被吸收，所以选择尾气处理的方案三。具体实验步骤为：

(1) 将实验所需用品放入演示橱中。

(2) 在排气口上连接一个气球。

(3) 开始演示实验，并在实验中产生一氧化碳尾气时，打开排气机。

(4) 实验结束，继续排气一段时间后再关闭排气机，取出气球（收集到的一氧化碳气体可采取燃烧等方法进行处理）。

2. 对于其他无污染的实验可作为多媒体实物展示台使用。

[案例 4] 酸碱溶液的性质实验

该类实验一般不会产生有害气体或烟雾，但酸碱溶液具有很强的腐蚀性，易对多媒体设备造成损害。对于这些演示实验，该装置可作为多媒体实物展示台使用。具体实验步骤为：

（1）将所需的实验仪器和药品放入实验演示橱中。

（2）将实验演示橱通过 USB 接口与多媒体连接，启动相关软件，开始演示实验。

（陈才喜）

十、微型气体制备仪

【教具装置图】

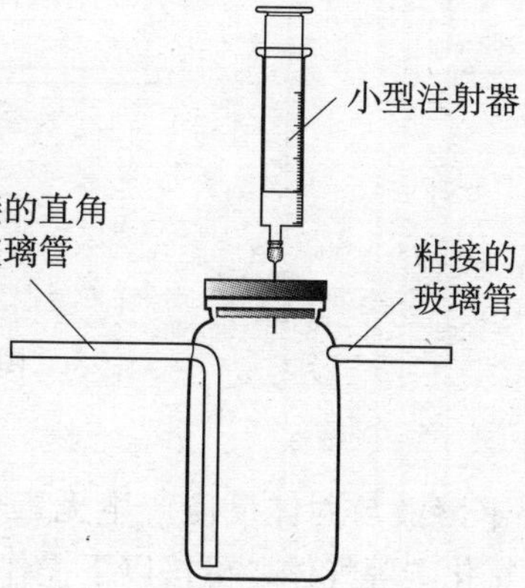

图 3-1-10-1

【用途及特点】

微型气体制备仪具有材料易得、价格低廉、节约试剂、绿色环保、用途广泛、便于推广等特点。尤其是该教具可以实现人手一套，广泛应用于常温下的气体制取与性质实验，能够直接放置在实验台或课桌上进行实验。这对于改变我国学生动手实验机会少的现状和提高实验能力具有重要的意义。

【制作材料】

玻璃管、砂轮（三角锉）、酒精灯、坩埚钳、消过毒的小药瓶（高 4 cm 或 5 cm 两种规格的均可）、乳胶管、橡胶塞、紫外线光固化胶

【制作方法】

1. 截取 3 cm 和 6 cm 长的两段短玻璃管，将两端均烧圆滑。把 6 cm 长的玻璃管在酒精灯火焰上灼烧弯成直角玻璃管。

2. 用钻头在距小药瓶瓶口 1.5 cm 的两侧各打一个小孔。

3. 将加工好的 3 cm 长玻璃管的一端插入药瓶的孔中约 0.2 cm，用固化胶固定在小孔上（如图 3-1-10-2）。用同样方法把加工好的直角玻璃管插入药瓶内距瓶底 0.3 cm 左右处，并固定在药瓶的小孔上，制成微型气体制备仪的主体部分（如图 3-1-10-3）。

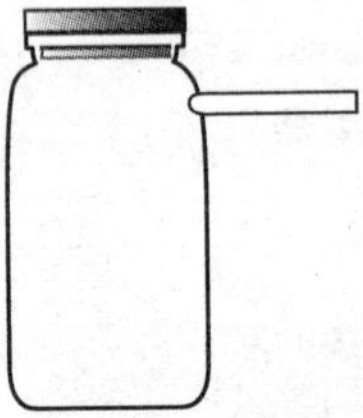

图 3-1-10-2

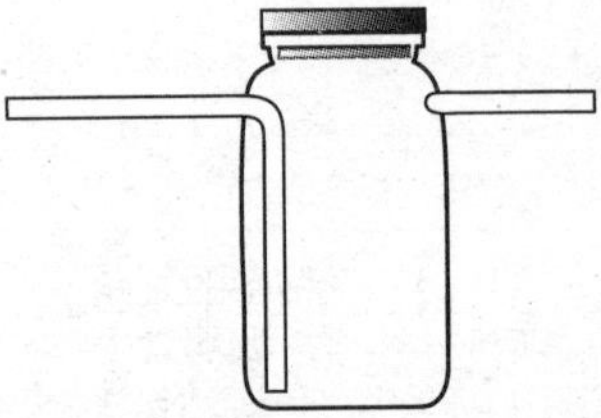

图 3-1-10-3

【使用方法】

1. 对于常温下溶液与固体反应产生无毒气体的实验，如制备氢气、氧气、二氧化碳等气体，可按以下操作进行。下面以二氧化碳的制取与检验为例加以说明。

(1) 按图 3-1-10-4 所示连接好装置，向另一个洁净的小瓶中加

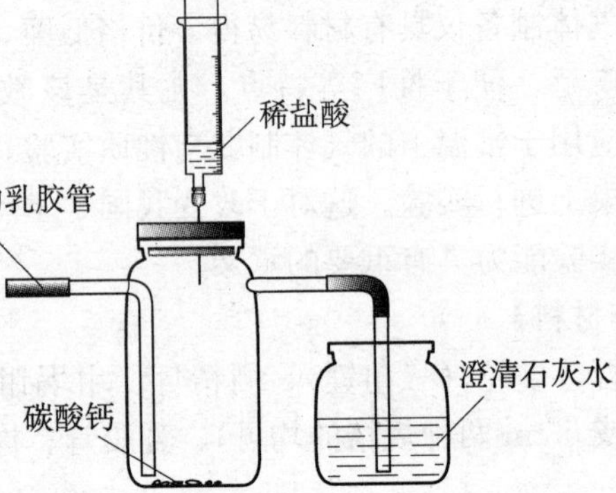

图 3-1-10-4

入少量水，检查装置的气密性。

(2) 向反应容器中加入约 0.4 g 碳酸钙固体，注射器中吸入 2 mL稀盐酸，连接好装置。

(3) 缓缓推动注射器，使稀盐酸与碳酸钙固体接触发生反应，观察实验现象。

2. 对于产生有毒气体的实验，如制备氯气、氨气、二氧化硫、一氧化氮等气体的实验，可按图 3-1-10-5 所示制备一氧化氮的装置进行实验。基本程序同制备无毒气体的一样，只是在实验完毕后在左侧支管中连接洗耳球并挤压，将容器内剩余的气体全部排入吸收瓶中加以充分吸收，以保护师生健康和环境。

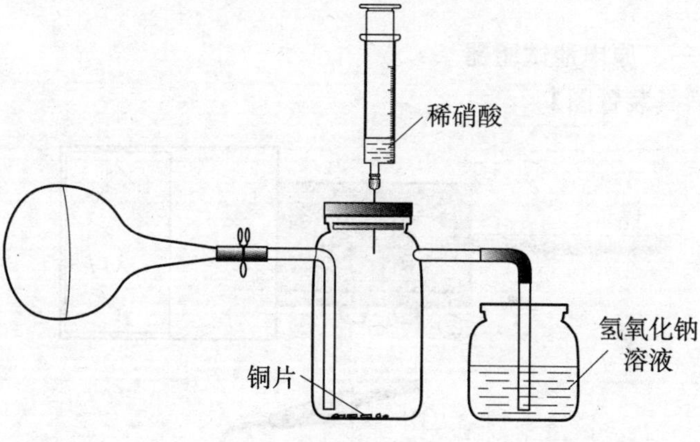

图 3-1-10-5

对于产生有毒气体且需要进行系列性质探究的实验，如用高锰酸钾和浓盐酸反应制取氯气，并探究氯气与溴化钾、碘化钾溶液反应的实验，可采用如图 3-1-10-6 所示的串联装置进行操作。

【注意事项】

本教具只适用于反应温度不高于 80 ℃的实验。当反应温度高于 80 ℃时，玻璃管与药瓶的接合处的黏合剂会软化，影响实验的正常进行。对于在常温下进行的气体制备与性质实验，可将仪器直接放置在实验台上进行；对于需要加热的反应，可将制备仪放置在三脚架的石棉网上加热，注意使温度不要超过 80 ℃。

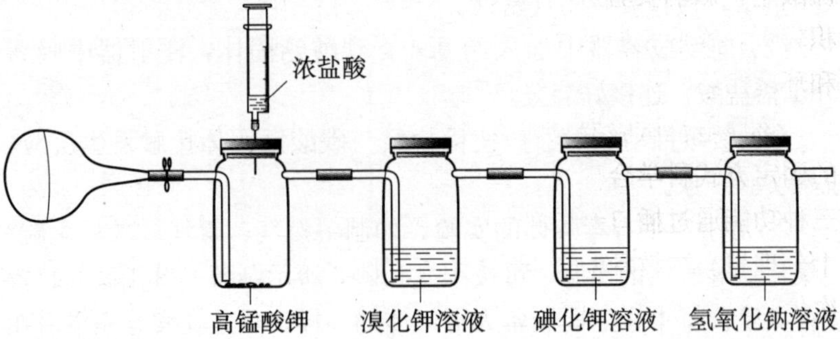

图 3-1-10-6

（李安峰　卢巍）

十一、原电池试验器

【教具装置图】

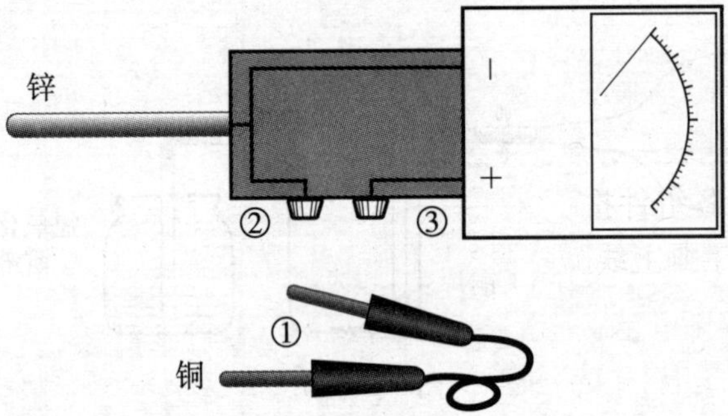

图 3-1-11-1

【用途及特点】

1. 用途：

高中化学“原电池”教学中用于学生分组实验或探究性实验，也可以在课外兴趣小组的活动中使用。

2. 特点：

利用传统装置进行原电池的探究实验时，导线不易安装，铜夹夹持不牢固，经常接触不良，做电极板用的铜片、锌片也极易掉在硫酸中，影响实验进度和效果。同时，传统原电池试验器的容器容积较大，实验完毕后产生大量无回收利用价值的废液，造成了浪费和环境污染。

该原电池试验器（如图 3-1-11-1）采用一体化微型结构，电极的固定方式科学合理，接触良好。“断路”“短路”“电流表展示”三种功能通过插口组合实现，节约了学生探究性实验的时间，效果十分理想。本教具配套点滴板或者六孔井穴板做容器进行实验，每次仅需要稀硫酸 1～3 mL，极大地减少了药品用量和有害废液的排放，符合绿色化学的理念。

【制作材料】

电源插座用的小电压表、470 Ω 电阻、插头及配套插座、导线、塑料板、碳棒、锌粒、铜丝及其他金属棒

【制作方法】

1. 将电源插座用的小电压表取下，打开外壳，去掉其内部串联的大阻值电阻，改为 470 Ω 电阻。

2. 用塑料板材制成大小合适的塑料外壳，在适当位置打孔，以便安装电表头、插座及电极固定螺丝。

3. 将各组件按图 3-1-11-2 所示连接好，固定在塑料外壳中，并在外壳上画上线路联接图。

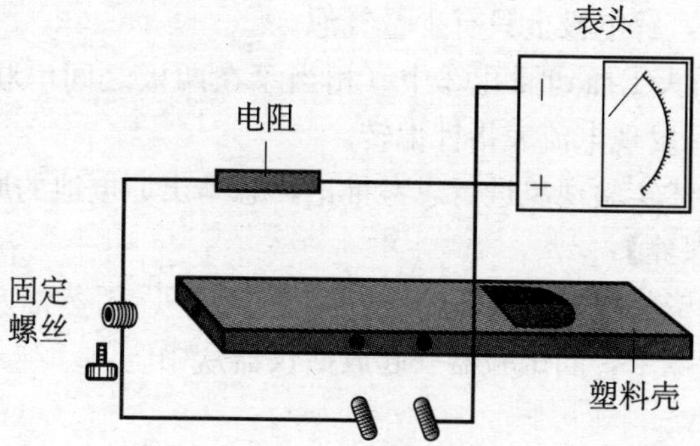

图 3-1-11-2

4. 锌电极的制作：将长约 15 mm、内径为 5 mm 的玻璃管一端封口，用坩埚钳夹住玻璃管开口端在酒精喷灯上加热的同时，向玻璃管中加入锌粒，待锌粒熔化后继续加入，直到熔化的锌达到5～6 mm高，将一根直径为 2 mm 的铜丝插入液态锌的中央，停止加热，熔化的锌逐渐凝固并与铜丝成为一体。在玻璃管温度较高时将其插入冷水，玻璃管炸裂，除去锌棒上残留的玻璃屑，剪去过长的铜丝（留 2～3 mm），得到一根经久耐用的锌电极。

5. 收集其他材料的电极，如镁、铝、铁、铜、银、石墨等，用于不同的实验。

【使用方法】

向六孔井穴板或 25 mL 小烧杯中加入浓度为 0.1 mol/L 的稀硫酸，固定好原电池的负极锌棒。

1. 把锌电极和铜电极分别插入稀硫酸中，不连接铜棒，观察两个电极上的现象，发现锌电极附着少量气泡，铜电极无变化。

2. 将铜电极的尖端与锌电极在稀硫酸中接触，观察两个电极上的现象，发现铜电极上产生大量气泡，锌电极上的气泡量明显减少。

3. 使溶液中的两支电极脱离接触，再将插头①插入插孔②中（相当于两个电极短路），观察两个电极上的现象，发现铜电极上产生大量气泡，锌电极上只有少量气泡。

4. 将插头①插到插孔③中（相当于在两极之间串联了一个灵敏电流表），发现电流表指针偏转。

综合上述实验现象进行思考推论，总结出原电池的原理。

【维护保养】

实验完毕将电极从原电池试验器上取下，用蒸馏水[1]冲洗干净，用滤纸擦干，同试验器一起放回仪器盒中。

（曾庆利）

---

① 自来水中有时会含有杂质金属离子，洗涤锌电极后容易使其变黑，影响以后使用。

十二、多种气体性质实验组合装置

【教具装置图】

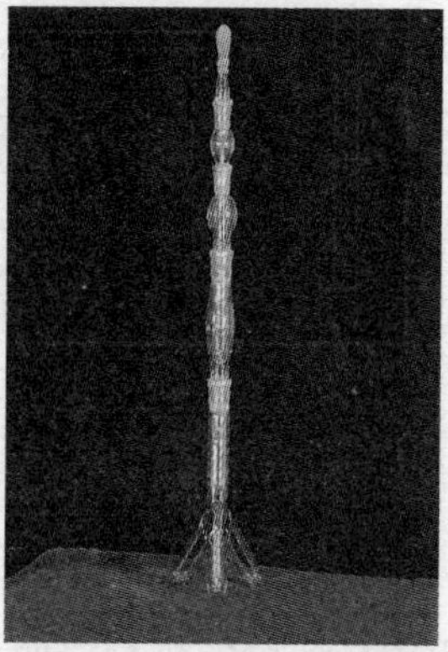

图 3-1-12-1　组合仪器

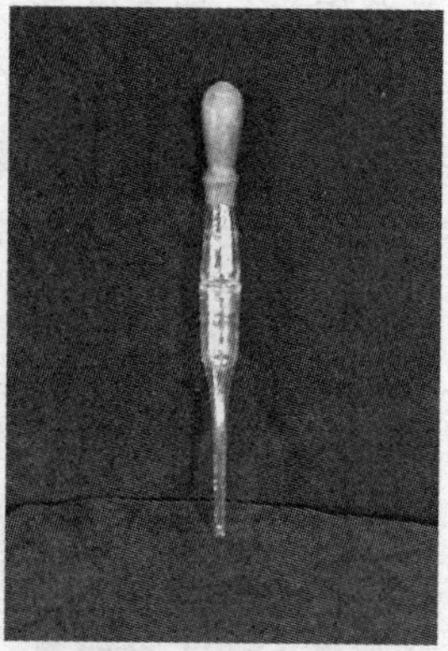

图 3-1-12-2　定量加液器

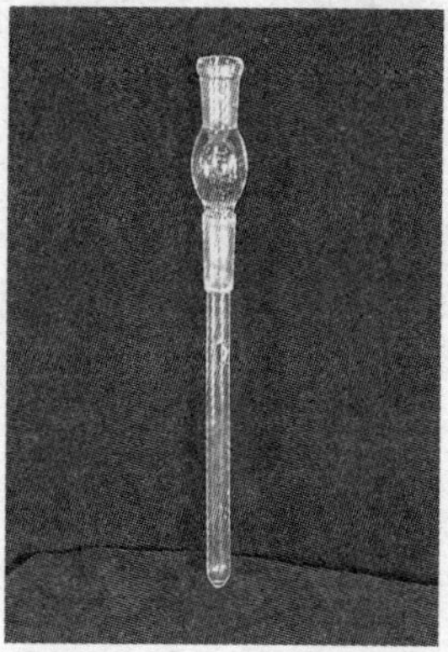

图 3-1-12-3　气体发生套管

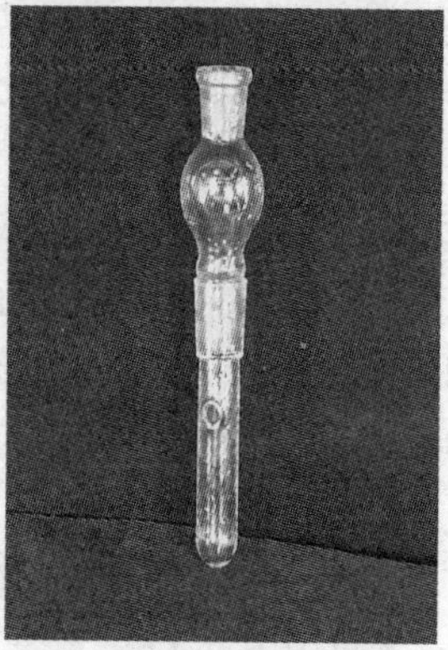

图 3-1-12-4　洗气套管

【用途及特点】

1. 用途：

本套装置适用于反应装置类似的、不需要加热便可产生气体的相关性质实验。尤其适用于进行一些有害气体制备、性质研究等方面的实验。

2. 特点：

传统的气体性质实验装置由气体发生装置、气体性质实验装置和尾气吸收装置三部分组成。整套装置体积庞大，搭建和携带很不方便。而该组合装置同样具备这三大部分，但省略了铁架台等夹持仪器和导气管、乳胶管等连接部分，以及洗气瓶等仪器。通过仪器上的小孔代替导管和乳胶管，以套管代替洗气瓶和尾气吸收装置，使仪器结构得以大幅度地简化。

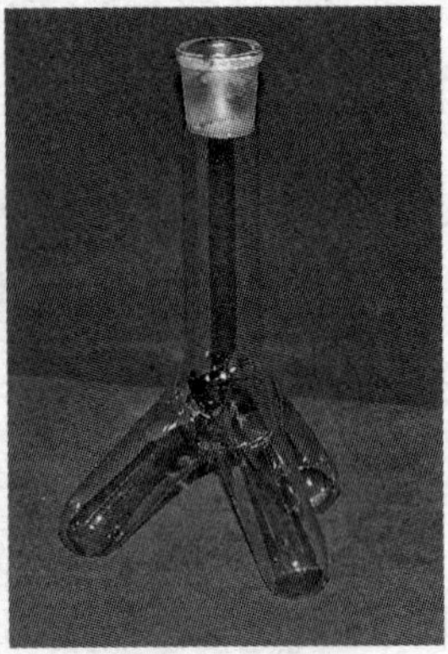

图 3-1-12-5　综合套管

传统的有害气体性质实验，往往局限于教师在讲台上进行演示，学生在座位上往往观察不清实验现象，失去了亲自动手感受实验的机会。而该组合装置设计紧凑，仪器体积小，药品用量少，便于学生近距离地观察实验，方便学生亲自动手操作，进行实验探究。本套仪器能有效地将教师的演示实验转化为学生实验，真正体现出以学生的发展为本的理念。

本套装置具有模块式组合的特点，操作简便，试剂用量少，反应可随机组合，密封性好，安全环保，便于学生大胆进行实验操作和近距离观察。同时，该仪器美观简洁，视觉冲击力强，能充分调动学生的学习兴趣。

【仪器制作】

标准磨砂接口的成套玻璃制品

【使用方法】

1. 氯气的制备和性质实验。

(1) 操作：在气体发生套管中放入固体反应物，定量加液器中吸取一定量的浓盐酸。为了能在常温下使固体和液体混合产生氯气，学生可以根据已学知识选择氯酸钾或高锰酸钾与浓盐酸反应产生氯气。为了研究氯气的氧化性和漂白性，可在两个洗气套管中分别放入碘化钾淀粉溶液和湿润的有色布条，还可在其他的洗气套管中放入干燥的有色布条做对比实验或者放入硝酸银溶液。最后一个综合套管中放入氢氧化钠溶液作为尾气吸收液。如图 3-1-12-1 所示组装仪器。

（2）现象：将浓盐酸滴入选择好的固体反应物中后可以观察到氯气的颜色，同时也观察到湿润的有色布条褪色、碘化钾淀粉溶液变蓝、硝酸银溶液变浑浊等现象。

2. 硫化氢的制备和性质实验。

（1）操作：在气体发生套管中放入硫化亚铁固体，定量加液器中吸取一定量的盐酸或稀硫酸。在两个洗气套管中分别放入硫酸铜溶液和湿润的醋酸铅试纸，在综合套管的三个支管内分别放入亚硫酸钠粉末、稀硫酸和氢氧化钠溶液，如图 3-1-12-1 所示组装仪器。

（2）现象：将盐酸滴入硫化亚铁固体中后，可以观察到一个洗气套管中的溶液中产生了黑色沉淀，另一个洗气套管中的试纸变黑。倾斜加入稀硫酸，使之与亚硫酸钠粉末反应产生二氧化硫，综合套管壁上有淡黄色固体生成。

3. 二氧化硫的制备和性质实验。

（1）操作：在气体发生套管中放入亚硫酸钠粉末，定量加液器中吸取一定量的稀硫酸，在两个洗气套管中分别放入溴水（或酸性高锰酸钾溶液）和品红溶液，最后一个洗气套管中放入氢氧化钠溶液作为尾气吸收液。如图 3-1-12-1 所示组装仪器。

（2）现象：将稀硫酸滴入亚硫酸钠粉末中后，可以观察到洗气套管中的溶液均褪色。实验结束后，取下装有品红溶液的套管，稍稍加热，可以观察到褪色的溶液又变红色。

4. 二氧化氮的制备和性质实验。

（1）操作：在气体发生套管中放入铜屑，定量加液器中吸取一定量的浓硝酸，在两个洗气套管中分别放入碘化钾淀粉溶液和水，在最后一个洗气套管中放入氢氧化钠溶液作为尾气吸收液。

（2）现象：将浓硝酸滴入铜屑中后，可以观察到一个洗气套管中的碘化钾淀粉溶液变蓝，另一个洗气套管中气体变为浅的红棕色。

5. 溴苯的制备。

（1）操作：在气体发生套管中放入少量铁粉，定量加液器中吸入少量苯和液溴，可在两个洗气套管中分别放入四氯化碳液体和硝酸银溶液。

（2）现象：将定量加液器中的液体缓慢滴入铁粉中，可以观察到气体发生套管中的液体处于沸腾状态，液面上充满红棕色气体，一个洗气套管中的液体变橙色，另一洗气套管中产生了浅黄色沉淀。反应结束后，将气体发生套管中的混合物倒入盛有水的试管中，振荡后静置，可以发现试管底部有少量油状液体。

【注意事项】

本套装置适用于不需要加热就能产生气体的制备和性质实验。定量加液器上的乳胶管可以同时起到缓冲作用。接口处用凡士林润滑，实验结束时先用滤纸擦净接口后再进行清洗。

（张仕兰）

十三、绿色食盐水电解器

【教具装置图】

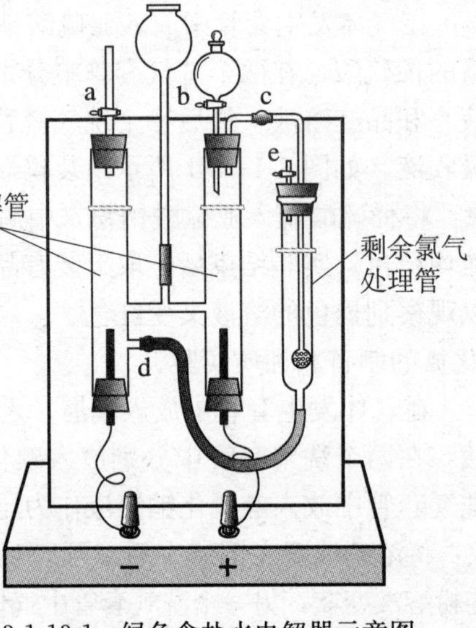

图 3-1-13-1　绿色食盐水电解器示意图

（其中的 a、b、e 为玻璃活塞，c、d 处有玻璃球活门）

【用途及特点】

该教具可进行高中化学电解饱和食盐水的演示实验，对教材中电解食盐水的装置进行了较大的改进，将开放型实验装置设计成了可控式封闭型的实验仪器。本教具操作简单，现象明显，在充分展示食盐水的电解过程并检验反应产物（氢氧化钠、氢气和氯气）的前提下，突出了绿色环保。该装置将产生的氯气进行控制检验，不使其向空气中扩散。同时将产生的氯气和氢氧化钠溶液分别引入“剩余氯气处理管”内进行反应，使反应产物自身相互作用消除污染隐患，实现了从实验源头至反应后无污染的“绿色化学实验”的设想。另一方面，本教具制作材料易得，制作简单，易于推广。

【制作材料】

玻璃管（18 mm × 200 mm、22 mm × 100 mm、6 mm × 60 mm）、单孔橡胶塞、双孔橡胶塞、分液漏斗、漏斗、石墨电极、乳胶管、玻璃多孔球泡、低压电源（18 V）、有机玻璃支架

【制作方法】

1. 用 2 支 18 mm×200 mm 玻璃管和 1 支 6 mm×60 mm 玻璃管制成 H 型电解管，如图 3-1-13-2 所示。

2. 用 1 支 22 mm×100 mm 玻璃管制成剩余氯气处理管，如图 3-1-13-3 所示。

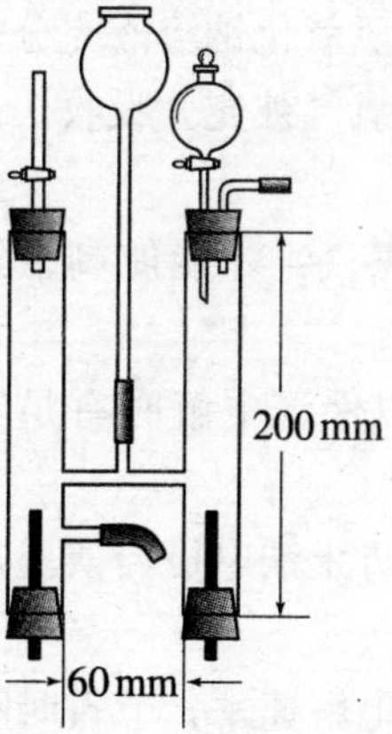

图 3-1-13-2　H 型电解管

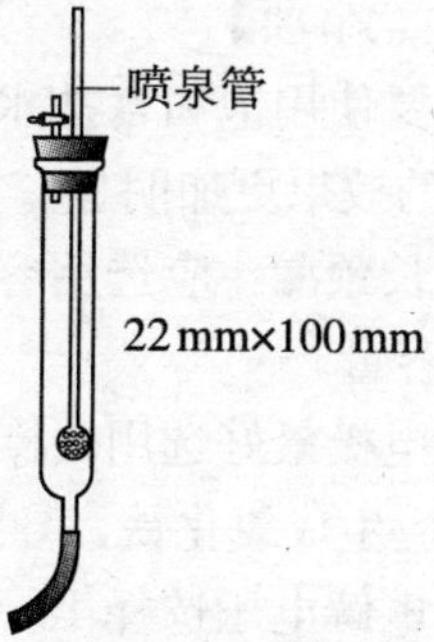

图 3-1-13-3　剩余氯气处理管

3. 在H型电解管下方装配电极和电源接线，用有机玻璃支架将H型电解管、剩余氯气处理管和直流电源组合固定为一体，如图3-1-13-1所示。

【使用方法】

1. 按图3-1-13-1所示连接好装置及电源。

2. 打开a、b活塞，从漏斗中加入混有无色酚酞溶液的饱和食盐水，注满H型电解管，管内不留空气泡。

3. 打开电源开关，可以观察到正极所在的管中有黄绿色气体产生，负极所在的管中有无色气体产生，溶液逐渐变红，证明有碱生成。

4. 关闭电源，取一小试管倒扣在活塞a连接的玻璃管上，慢慢打开活塞a，放出适量无色气体后关闭a，立即用拇指堵住试管口，将其移至酒精灯火焰上检验产生的氢气。在分液漏斗中放入一小块湿润的淀粉碘化钾试纸，并盖好分液漏斗的塞子。略旋开分液漏斗的活塞b，放出少量氯气后立即关闭b，可观察到试纸变蓝，说明管内产生的气体是氯气。

5. 在剩余氯气处理管活塞e处的导管口放置适量浸有碱液的脱脂棉后，打开活塞e，挤压玻璃球活门d，将适量呈红色的氢氧化钠溶液引入剩余氯气处理管中。再挤压玻璃球活门c，使正极产生的氯气从玻璃多孔球泡中均匀冒出，与氢氧化钠溶液充分、迅速地反应，可发现溶液红色逐渐消失，剩余氯气被充分吸收。

【注意事项】

1. 要使用饱和食盐水，收集较多的氯气，才能使剩余氯气处理步骤的效果更加明显。

2. 长颈漏斗应选用容积较大些的，以保证电解时有足够的液体回流容量。

3. 电极最好选用碳棒（石墨电极），防止铁电极与实验产生的氯气反应生成氯化铁，导致溶液变黄。

4. 电解电压选择18 V为宜，可加快电解速率，节省时间。

5. 处理剩余氯气时，使用玻璃多孔球泡导入氯气，有利于扩大接触面积，使氯气充分、迅速地与氢氧化钠溶液反应，提高吸收速率。同时可引起学生的兴趣，激发其学习的积极性。

【教学建议】

建议引导学生在以下四个阶段重点观察实验现象，加深其对电解饱和食盐水实验现象与原理的认识。

1. 通电前：混有酚酞溶液的饱和食盐水为无色溶液。

2. 通电时：溶液颜色发生变化的同时有气泡产生。

3. 关闭电源后：检验气体产物是氢气和氯气。

4. 污染处理：最后将反应产生的氢氧化钠溶液和氯气引入尾气处理管中进行反应，吸收剩余的氯气。

这样学生不仅懂得了电解食盐水的原理与过程，同时还巩固了酸、碱、盐的有关知识，使一个单独的实验变成了一个综合知识的实验。在培养学生综合探究能力的同时，也使学生得到了潜移默化的环保教育。

（王庆兰）

十四、高炉炼铁反应微型实验装置

【教具装置图】

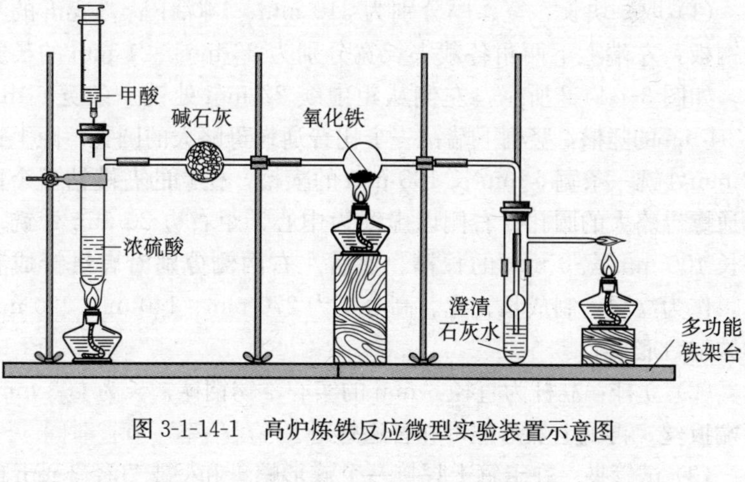

图 3-1-14-1　高炉炼铁反应微型实验装置示意图

【用途及特点】

该实验装置通过微型化，减少了药品和有害气体的用量，减少了对环境的污染，体现了绿色化学的理念。防倒吸装置的使用，使整个实验装置处于密闭状态，防止已被还原的铁粉再被氧化，保证了良好的实验效果。

【制作材料】

玻璃管、具支试管、一次性注射器、橡胶塞、乳胶管、玻璃尖嘴、蝶形螺母、普通螺母、3 mm 厚普通钢板或不锈钢板、直径 6 mm实心不锈钢棒

【制作方法】

1. 微型实验装置的制作。

(1) 用一次性注射器、单孔橡胶塞和 18 mm×120 mm 具支试管组成一氧化碳制备装置，如图 3-1-14-1 所示。

(2) 取直径 7 mm 的玻璃管截取 100 mm，将玻璃管中部吹制成直径为 16 mm～20 mm 的圆球，得到单球玻璃管。

(3) 把一个带有单孔橡胶塞的直角玻璃导管与已制成的单球玻璃管连接，组成防倒吸装置。

2. 多功能组合式铁架台的制作。

(1) 取一块长、宽、厚分别为 310 mm、140 mm、3 mm 的不锈钢板，左端上下两角各裁去长宽分别为 26 mm、21 mm 的长方形；如图 3-1-14-2 所示，左侧从距虚线 22 mm 处铣一条宽 6 mm 长 94 mm的竖槽，竖槽下端钻一个比普通螺母略大的圆孔；距上边 22 mm处铣一条宽 6 mm 长 188 mm 的横槽，横槽的右端钻一个比普通螺母略大的圆孔；右侧以虚线为中心，距右边 20 mm 处铣一条长 100 mm 宽 6 mm 的长槽。然后左右两侧分别沿虚线折成直角，作为立腿，制成长、宽、高分别为 270 mm、140 mm、20 mm 的铁架台底板。

(2) 立杆：立杆为直径 6 mm 的实心不锈钢棒，长为 400 mm，下端扳丝，再配上蝶形螺母和普通螺母。

(3) 试管夹：在卡箍上焊接一个蝶形螺母和一支直径 3 mm 的

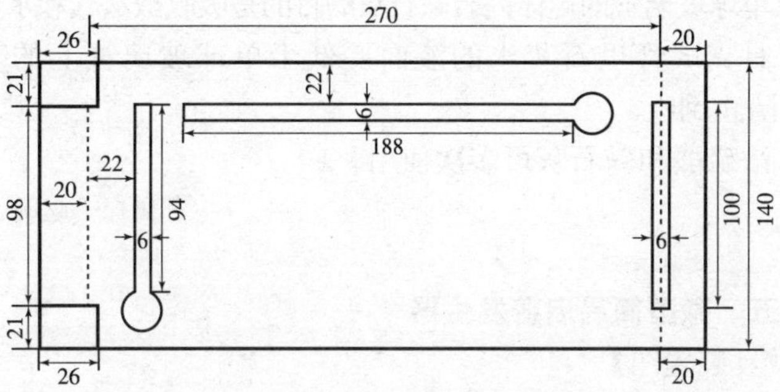

图 3-1-14-2　多功能组合式铁架台底板制作俯视图（图中单位为毫米）

不锈钢柄，作试管夹用。

【使用方法】

1. 如图 3-1-14-1 所示连接仪器，向第一支具支试管中加入 2～3 mL 浓硫酸，竖直固定在多功能组合式铁架台上，一次性注射器内吸入甲酸，插入单孔橡胶塞。第一支单球玻璃管的球体内装满碱石灰，第二支单球玻璃管的球体内加入氧化铁。在第二支具支试管里加入澄清石灰水，将制成的防倒吸装置塞入具支试管，具支试管的支管口连接玻璃尖嘴。

2. 用微型酒精灯加热浓硫酸，然后加入少量甲酸，观察到有气体生成，将玻璃尖嘴插入盛肥皂水的烧杯里，用点燃气泡的方法检验一氧化碳的纯度。

3. 用微型酒精灯微热第一支具支试管，用一个酒精灯点燃尾气，另一个酒精灯加热氧化铁。可以观察到红色的氧化铁变为黑色，澄清石灰水变浑浊。先撤离一氧化碳制备装置和还原装置的两个酒精灯。待第一支具支试管逐渐冷却，不再有气体生成时，熄灭点燃尾气的酒精灯。

4. 用磁铁接触盛氧化铁的单球玻璃管球形部分的上部，黑色粉末立即被吸到球形部分的上方，由此说明氧化铁被还原为铁。

【注意事项】

1. 甲酸要少量多次加入，避免生成过量的一氧化碳逸入空气。

2. 单球玻璃管的球体内装碱石灰的目的是吸收酸蒸气和水蒸气。

3. 具支试管里石灰水的液面要低于单球玻璃管上的球体约2 cm，防止倒吸。

4. 浓硫酸和碱石灰可多次使用。

（郭国保　赵明志）

十五、微型简易启普发生器

【教具装置图】

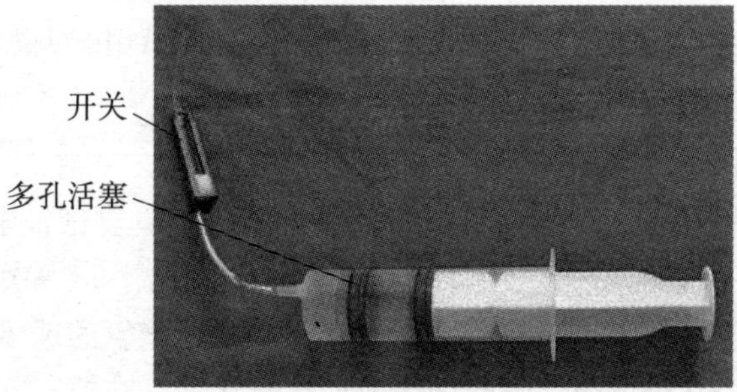

图 3-1-15-1

【用途及特点】

1. 用途：

用于固体与液体反应且不需加热的气体制备实验。例如，制取 H_2、CO_2、H_2S、NO_2、NO、C_2H_2 都可以使用此装置。

2. 特点：

容积小，节约药品，实验成本低但实验效果好。该简易装置既可解决部分学校因资金短缺而难以开展实验的问题，又因其取材容易，适合学生使用，能引起学生的探究兴趣。

【制作材料】

30 mL 塑料注射器、一次性医用输液器上带有开关的塑料导管约 20 cm（注意不要使用医疗废弃物）

【制作方法】

如图 3-1-15-1 所示，在塑料注射器内增加一个打有多个小孔的活塞，去掉针头，连接一个长约 20 cm 带有开关的塑料导管，即制成了微型简易启普发生器。

【使用方法】

1. 该装置的原理与启普发生器相同，现以制取氢气（或二氧化碳）为例说明：将 4 g 锌粒（或石灰石）加入注射器内，将多孔活塞连同锌粒（或石灰石）推至注射器的 10 mL 刻度处，再将注射器原有的活塞推至 20 mL 刻度处，然后将注射器用试管夹竖直固定在铁架台上。

2. 用另一支塑料注射器吸取约 5 mL 稀盐酸，拔掉微型简易启普发生器上的塑料导管，将稀盐酸经过多孔活塞的小孔注入注射器内两活塞中间的部位，注意使稀盐酸和锌粒（或石灰石）暂不接触。套紧塑料导管，打开其上的开关，向上推动活塞使稀盐酸与锌粒（或石灰石）接触，反应立即开始。

3. 根据需要进行气体收集和性质检验。如需点燃气体，最好用针头代替玻璃尖嘴，因为针头很细，能缓解气流，使气体均匀地逸出，即使只有少量气体产生，也能够安静地燃烧。

4. 实验结束时关闭开关，反应产生的氢气（或二氧化碳）使注射器内压力增大，活塞自动向下滑动，锌粒（或石灰石）与稀盐酸脱离接触，反应自动停止。

5. 若要重复实验，只需打开开关并向上推动活塞，使固液试剂重新接触即可。

【注意事项】

1. 实验前加液体试剂时，一定要保证其不与固体试剂接触。

2. 制取二氧化氮、乙炔等气体时注意控制气体产生的速率。

【维护保养】

实验结束后，排出装置内部的混合液，吸入清水清洗装置内壁和固体试剂。然后取出装置内的活塞和多孔活塞，倒出固体试剂，将注射器置于通风处晾干后，组装备用。

（马可龙　韩独石）

十六、氨气与氯化氢反应的环保装置

【教具装置图】

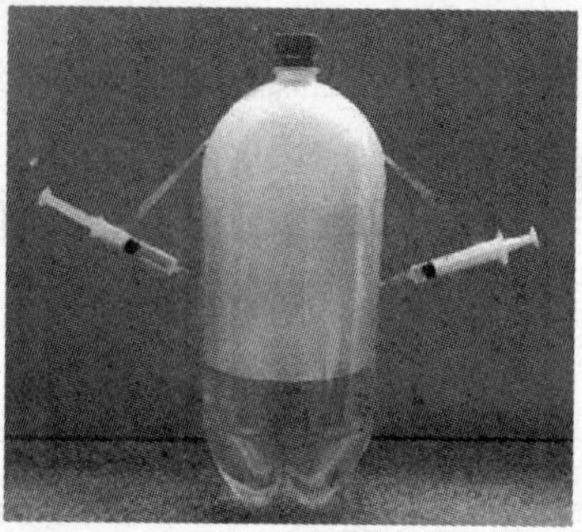

图 3-1-16-1

【用途及特点】

1. 用途：

本装置用于进行氨气与氯化氢反应的实验，验证二者的化学性质。

2. 特点：

(1) 该装置取材容易，制作简单，成本低廉。

(2) 实验时只需要极少量的反应物，整个实验在密闭容器中进行，反应易控制。反应生成的氯化铵和过量的氨气、氯化氢都极易溶于水，反应后无任何剩余尾气，做到了有害气体零排放。

(3) 由单纯的观察验证性实验向分子扩散、化学反应的能量变化及气体的溶解性等探索性实验方面进行了拓展，能激发学生的探究兴趣。

【制作材料】

3 L 饮料瓶、5 mL 塑料注射器（带有套着护针帽的针头）2 支、透明胶带

【制作方法】

1. 将一支注射器的针头扎入饮料瓶壁约$\frac{2}{3}$高度处，用透明胶带固定，使针头朝下，注射器与瓶壁呈 30°～ 45°角，如图 3-1-16-1

所示。

2. 将另一支注射器以同样的方法扎入，并对称地固定于饮料瓶壁。

【使用方法】

1. 在两支注射器中分别吸入约 0.2～0.5 mL 浓氨水和浓盐酸，饮料瓶中装入 1 L 水，迅速按图 3-1-16-1 所示安装好实验装置。

2. 轻推装浓盐酸注射器的活塞，使一滴浓盐酸悬于针头尖端，然后同样地在另一针头尖端悬挂一滴浓氨水（注意尽量不要让液滴脱离针尖滴入水中）。

3. 观察饮料瓶中所发生的一系列现象，分析、解释现象产生的原因。

两针尖悬挂液滴后，刚开始时浓氨水液滴无变化，而浓盐酸液滴上产生白烟，大量白烟上升，少量白烟向下徐徐飘落。这是因为气体分子的扩散速率与分子的相对分子质量有关，相对分子质量较小的气体分子扩散速率快。反应产生的白烟是氯化铵小颗粒，由于该反应放出的热量使局部空气受热上升，热空气夹带氯化铵小颗粒上升。少量氯化铵颗粒在重力作用下自由下落。随后整个饮料瓶上部的空间充满了白色的烟，而瓶下部的水仍然透明，烟与水的界面分明，现象十分明显。

振荡后发现瓶上部的白烟逐渐变浅直至消失，饮料瓶仍透明如初。这是因为反应的生成物氯化铵及少量未参与反应的两种气体全部溶于水。只要将挂在两针头上的残留液滴入水中，轻推活塞，使针头重新悬挂浓氨水和浓盐酸的液滴，即可重复上述实验。

4. 实验完毕后，将注射器内剩余的浓氨水和浓盐酸注入饮料瓶内的水中，清洗注射器后，将其重新固定在饮料瓶上。

【注意事项】

1. 两个注射器固定的高低和倾斜度应保持一致，两针头扎入瓶中的深度也应相同。

2. 饮料瓶盖要旋紧，以防泄漏有毒气体污染空气。

3. 实验结束后，取掉两支注射器并洗净。将饮料瓶中的混合液倒入废液缸，向瓶中注入清水，振荡清洗多次，置通风处晾干后置于仪器架上储存。

（马可龙　韩独石）

第2节　仪器产品

一、气体实验微型装置

【用途及特点】

本产品是一套适用于中学化学教学中氧气、氢气、二氧化碳、一氧化碳、氯气、氯化氢、硫化氢、二氧化硫、氮气、氨气、一氧化氮、二氧化氮、乙炔等十几种气体的制备、收集及系列性质实验和尾气吸收的微型化学实验仪器。不仅可以满足新课程化学实验教学的需要，还能广泛应用于课外探究性实验、研究性学习和家庭实验等。

通过仪器的微型化实现了实验的绿色化。具有结构简单、节约药品、易于操作、现象明显、安全无污染、价格低廉、易于携带等优点。

利用该套仪器进行实验探究，不仅可以使学生体验科学研究的过程，激发学习化学的兴趣，促进其学习方式的转变，培养学生的创新精神和实践能力，而且能够消除实验过程中的气体污染，有利于树立绿色化学思想，强化实验安全意识和环境保护意识。

【仪器介绍】

本套仪器包括单球短管、单球长管、双球管、集气管、微型酒精灯、微量药匙、胶头滴管、多用滴管、清洁刷、微型烧杯、连接导管、操作台、试剂瓶等。以下是对部分主要仪器的介绍：

仪器名称	主要用途	使用注意事项
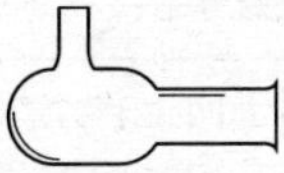 单球短管 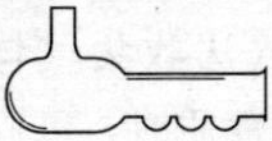 单球长管 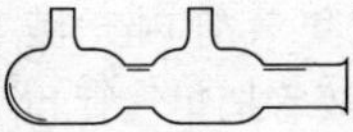 双球管	1. 在常温或加热条件下用作反应容器，用于快速制取少量气体 2. 单球长管还可试验气体的性质： (1) 进行气体和液体的反应 (2) 进行气体和固体的反应，包括在加热条件下固体在气体中的燃烧，还原性气体还原金属氧化物等 3. 双球管还可制取两种气体，并试验两种气体之间的反应；也可首先制取一种气体排除装置内的空气，再制取另一种气体，防止后者在空气中变质	1. 固体试剂用微量药匙从管口加入，一般放置到支管正下方 2. 液体试剂用胶头滴管从支管滴入，一般不超过 2 mL；胶头滴管和支管之间用乳胶管密封连接 3. 实验时应用夹子固定在微型实验操作台上 4. 加热前外壁要干燥，不可长时间持续加热 5. 用单球长管试验气体的性质时，用多用滴管滴加液体试剂到凹坑内，一般为 1～3 滴，此时不可对凹坑内的液体加热；可在滴液前先在凹坑内放置一小块滤纸，或将放在凹坑内的滤纸润湿，可以对湿润的滤纸稍微加热。使用微量药匙加入固体试剂，一般放置在两个凹坑之间的位置，此时可以对固体药品加热 6. 用双球管进行实验时，一般先在左侧的球体内加入药品
	1. 收集少量气体 2. 试验气体的性质，包括固体在气体中的燃烧、气体在液体中的溶解等	1. 用带橡胶塞的直角导管连接到单球短管（或单球长管、双球管）的管口，直接用排空气法收集气体；

续表

仪器名称	主要用途	使用注意事项
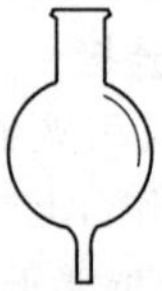 集气管		瓶口向上，用于向上排空气法；瓶口向下，用于向下排空气法；为了收集到比较纯净的气体，可在瓶口塞一团棉花或一个带导管的橡胶塞 2. 用排气法收集气体并试验气体的性质时，可以同时制取气体，以及时补充被消耗的气体 3. 用排水法收集气体时，首先使集气管内充满水，再用乳胶管把集气管和单球短管（或单球长管、双球管）连接起来，当集气管内的水被全部排出后，用止水夹夹住乳胶管，立即将乳胶管与气体发生装置分开，再把集气管瓶口对准倒放在烧杯中的橡胶塞塞紧，然后取出集气管
 微型酒精灯	用于加热	与一般酒精灯的使用方法和注意事项相同，同时还应注意： 1. 可将灯芯取出用胶头滴管直接向瓶内添加酒精，酒精量一般不超过 10 mL 2. 为了保证安全，不要长时间持续加热

续表

仪器名称	主要用途	使用注意事项
 多用滴管	1. 用于吸取和滴加少量液体试剂 2. 用于储存少量液体试剂 3. 用于液体试剂之间以及液体试剂与气体之间的反应 4. 用于萃取和分液	1. 一般使用方法与胶头滴管相同 2. 用于储存少量液体试剂时，应贴上标签 3. 用于液体试剂与气体之间的反应、萃取和分液时的实验操作方法详见有关实验
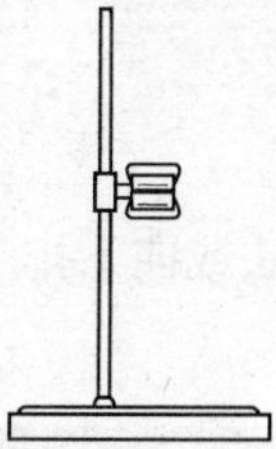 操作台	包括底板、支杆和铁夹，用于固定和支持单球短管、单球长管、双球管等玻璃仪器	先把支杆插进底板上的孔内，再用铁夹将单球短管（或单球长管、双球管等仪器）固定在支杆上合适的高度
 试剂瓶	贮存少量固体、液体试剂	取用试剂后要及时盖紧瓶盖

【使用方法】

1. 检查装置的气密性。

如图 3-2-1-1 所示连接仪器装置，在单球短管（或单球长管、双球管等仪器）的支管上套上乳胶管，然后插入滴管，用带导管的橡胶塞塞紧管口，将导管的一端插入盛有适量水的烧杯中。挤压滴管，导管口有气泡冒出；若松开手，导管中会形成一小段水柱，且一段时间内保持液面不下降。

2. 连接组装仪器。

（1）在单球短管、单球长管、双球管等玻璃仪器内放入少量固体药品。

（2）在滴管内吸入所需液体试剂，将其套在支管上。

（3）用带导管的橡胶塞塞紧管口，将装置固定在操作台上。

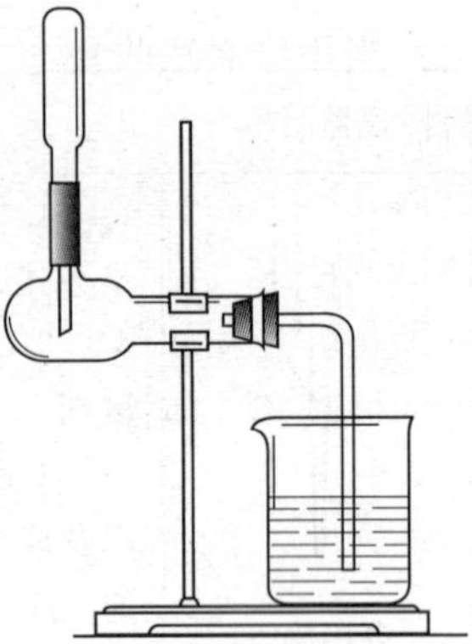

图 3-2-1-1

3. 气体的制取。

制取气体时，挤压滴管，逐滴滴入液体试剂后发生反应，产生气体。通过控制滴加液体试剂的量和速率，可以很好地控制产生气体的多少和快慢。

4. 气体的收集。

（1）排空气法。

在导管上直接连接集气管，就可以用向上排空气法或向下排空气法收集气体，如图 3-2-1-2 所示。

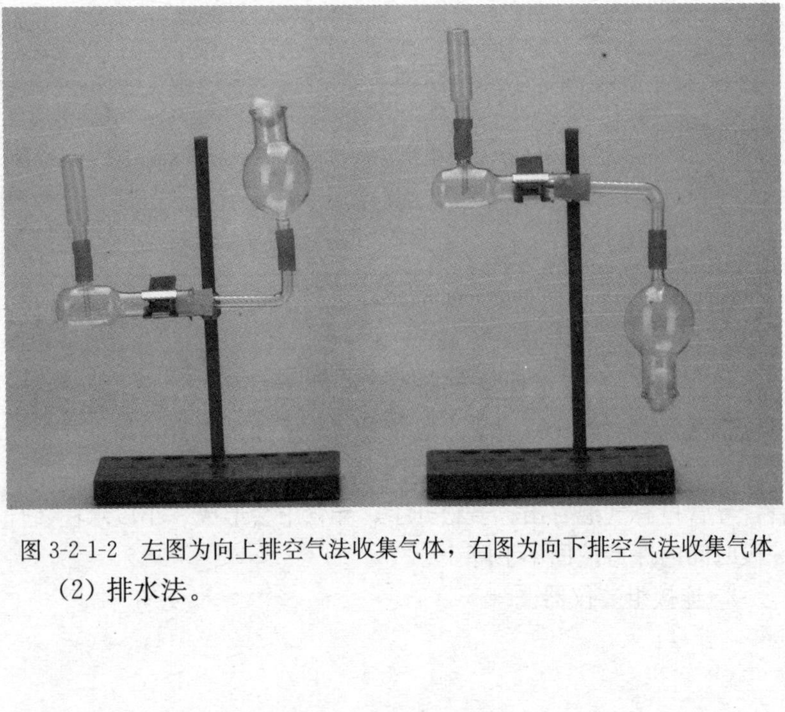

图 3-2-1-2　左图为向上排空气法收集气体，右图为向下排空气法收集气体

（2）排水法。

当用排水法收集气体时，首先在单球短管中制取少量气体，以排除装置内的空气。再把集气管放进盛有适量水的烧杯中，使集气管内充满水，用乳胶管将单球短管和集气管连接起来，继续滴加液体试剂产生气体。当集气管内充满气体时，用止水夹夹紧乳胶管，立即将乳胶管和单球短管分开，再把集气管的瓶口对准倒放在水槽中的橡胶塞，使橡胶塞塞紧瓶口，将集气管从水槽中取出。

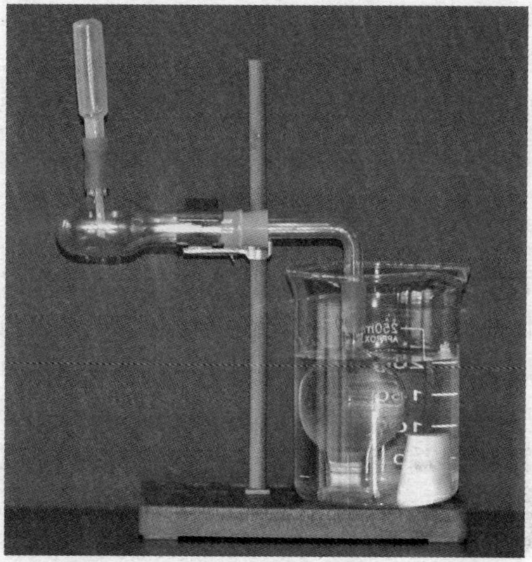

图 3-2-1-3

5. 探究气体的性质。

气体的性质实验可以在单球长管内完成，也可以在集气管内完成，主要包括以下几个类型：

(1) 气—液反应。

用多用滴管在单球长管的凹坑内加入所需试剂，用带导管的橡胶塞塞紧直管口。实验时，制取的气体与凹坑内的试剂发生反应。如制取氯气并试验氯气和溴化钠溶液、碘化钾溶液、氯化亚铁溶液等的反应。

(2) 气—固反应。

① 还原性气体在加热条件下还原金属氧化物。

将少量固体药品（如氧化铜）放在单球长管的直管内壁上（不要放进凹坑内），制取气体并检验纯度后，用酒精灯加热有固体的部位，观察现象。如用氢气（或一氧化碳）还原氧化铜、氨气还原氧化铜等。

② 金属单质、非金属单质的燃烧。

以钠在氯气中的燃烧为例。将一小块金属钠放在单球长管的直管部分（为了防止反应时玻璃炸裂，在凹坑内事先加入适量玻璃纤维，再把钠放在玻璃纤维上），制取少量氯气，加热钠所在的位置，观察钠在氯气中燃烧的现象。

(3) 气—气反应。

① 可燃性气体的燃烧。

在导气管口连接一支玻璃尖嘴，利用单球短管制取气体，用小试管收集气体并检验纯度，点燃纯净的气体。可在火焰上罩一只小烧杯，检验燃烧产物。如氢气、硫化氢等气体在空气中的燃烧。

② 两种气体之间的反应。

在双球管中可以制备两种气体。这两种气体可以直接在装置内反应，如硫化氢与二氧化硫的反应等；也可以将混合气体先收集起来，再在一定条件下反应，如氮气与氢气反应合成氨等。

6. 尾气的吸收。

实验结束后，取下滴管，用洗耳球向装置内吹气，使剩余的气体全部被吸收，可以有效地防止尾气污染环境。

【实验举例】

氢气的制取与性质的微型实验

实验原理

$Zn+H_2SO_4=ZnSO_4+H_2\uparrow$

$2H_2+O_2\xlongequal{点燃}2H_2O$

$H_2+CuO\xlongequal{\triangle}Cu+H_2O$

实验试剂

锌粒、稀硫酸（1∶4）、氧化铜、肥皂水

实验仪器及其他用品

单球长管、胶头滴管、单孔橡胶塞、乳胶管、玻璃尖嘴、操作台（带铁夹）、酒精灯、玻璃片、火柴

实验步骤

1. 制取氢气和氢气纯度的检验。

（1）按图 3-2-1-4 所示把装置连接好，检查装置的气密性。

（2）在单球长管里放入适量锌粒和少量氧化铜粉末，用带有玻璃尖嘴的橡胶塞塞紧管口，将装置固定在操作台上。

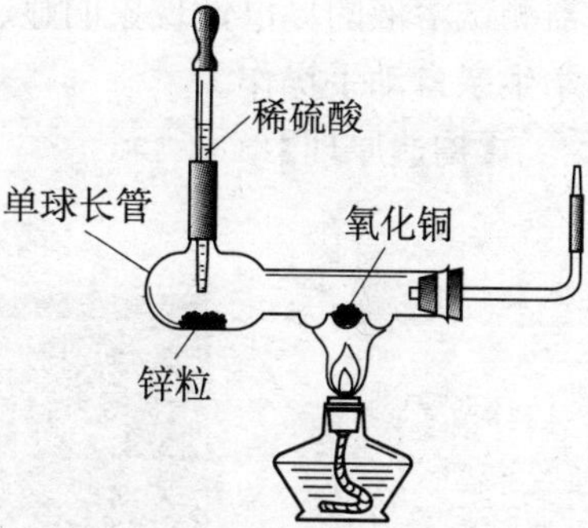

图 3-2-1-4

（3）将吸有稀硫酸的胶头滴管插入带有乳胶管的支管中，滴入一滴稀硫酸，用导管将生成的氢气直接通入肥皂水中，水面上产生气泡，将氢气收集在气泡中，点燃气泡，如果听到尖锐的爆鸣声，表明氢气不纯。再滴加稀硫酸制取氢气，继续收集，再次检验。如果点燃气泡时发出的是“噗噗”的声音，表明氢气已经纯净，此时才能继续进行其他实验。

2. 试验氢气的化学性质。

（1）氢气的可燃性。

用火柴点燃玻璃尖嘴处的氢气，仔细观察氢气燃烧的火焰。将干燥的玻璃片放在氢气火焰的上方，观察玻璃片上的现象。

（2）氢气的还原性。

加热单球长管里的氧化铜粉末，同时继续制取少量氢气，观察黑色氧化铜粉末的变化。当管内有红色物质出现时，停止加热。继续制取氢气，待装置冷却后停止制取氢气。

（赵东洋　靳跃）

二、微型溶液导电实验器

【用途及特点】

本产品是一种专门为学生实验设计，能显示溶液导电能力强弱的微型化学实验仪器。

该仪器结构简单、便于携带、安全可靠、造价低廉。使用该仪器测试溶液的导电性现象明显、操作简单、试剂用量小，非常适合学生亲自动手操作。

【构造原理】

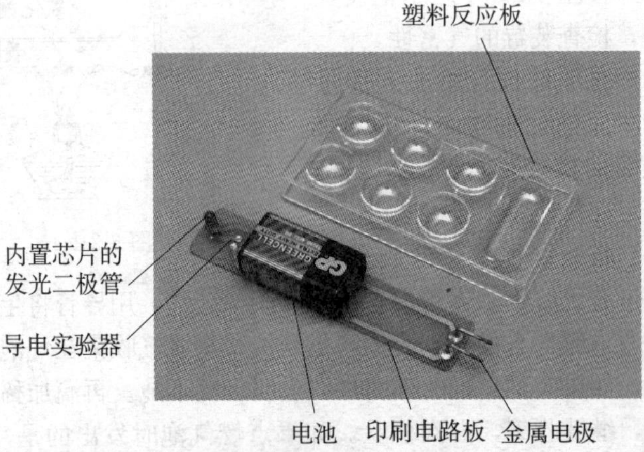

图 3-2-2-1

全套产品包括 1 个导电实验器、1 个塑料反应板、1 节 9 V 电池和 1 本使用说明书。导电实验器由印刷电路板、金属电极、电池和内置芯片的发光二极管构成。

实验时，将待测液加入到塑料反应板的孔穴中，将微型溶液导电实验器的金属电极尖端浸没在待测液中，根据发光二极管的发光情况，判断溶液的导电能力强弱。

当导电实验器的两个电极直接与固体物质接触或浸没在溶液里时，发光二极管的响应将指示以下几种导电情况：

1. 导电性强——发光二极管闪烁并发出明亮的红光。

2. 导电性弱——发光二极管发光。

3. 不导电——发光二极管不发光。

【使用方法】

1. 准备工作。

将电池安装在电池座上。让导电实验器的两个电极的顶端触及到一枚硬币或一个金属片上，电路状况即可被测试。如果导电实验器处于正常的工作状态，发光二极管应该闪烁并发出明亮的红光。如果发光二极管不发光或发光很暗，则需更换电池按照以上操作程序再试一次。确认导电实验器没有问题之后，便可以进行实验了。

2. 溶液导电性的测试。

测试溶液的导电性时，首先将被测液加入到反应板的孔穴中，记录液体的名称及其对应的孔穴号码，注意不要使孔穴里的液体相互混合，以防污染溶液。在反应板的椭圆形孔穴中加入蒸馏水。将导电实验器的两个电极顶端浸没在第一个孔穴里，观察并记录发光二极管的发光情况。在测试下一种液体之前，将两个电极浸没在椭圆形孔穴的蒸馏水中，以达到清洗电极的目的。重复上述操作，继续测试下一个孔穴里液体的导电性。

为了观察二极管发光强度的变化，最好在光线较暗的地方进行操作，这样会获得较好的观察结果。

此外，导电实验器还可以测试固体的导电性。测试时，必须首先确认电极已与被测固体接触良好。如果发光二极管闪烁并发出明亮的红光，说明该固体的导电性强。

【维护保养】

每次实验之后，应将电池及时取出。清洗并擦干电极。将反应板洗净并晾干，以备下次使用。

（郑小立）

三、便携式多功能化学实验装置

【用途及特点】

1. 用途：

该装置可用于二氧化碳的制取及性质、铜与浓硝酸的反应、不同价态硫元素之间的转化、综合实验“雾中钠灯”等多种实验。

2. 特点：

(1) 该装置的巧妙之处在于内管中部有通气孔，构成了制气、储气、性质验证一体化的装置。在制气的同时，其性质验证实验相继进行，实现了仪器的多功能化，并降低了成本。

(2) 仪器采用玻璃管，透明度大，开口处磨砂并配有相互吻合的塞子，耐腐蚀性与密封性好。

(3) 根据化学反应原理，使用密封装置，在不使用通风橱的条件下，安全地进行实验，达到节能、环保的目的。

(4) 通过“雾中钠灯”创新实验，使浓盐酸挥发出来的酸雾与浓氨水挥发出来的氨气化合生成氯化铵白烟。再使用本装置进行钠与水的反应，使钠的黄光穿透浓“雾”。该实验综合性强，现象明显，能充分地调动学生的实验兴趣。

(5) 使用本装置进行钠与水反应的实验，产生的氢气能被自动引燃，在管口还可发生安全爆鸣。

【构造原理】

该装置由内外管构成，如图 3-2-3-1 所示，外管带有底座，其

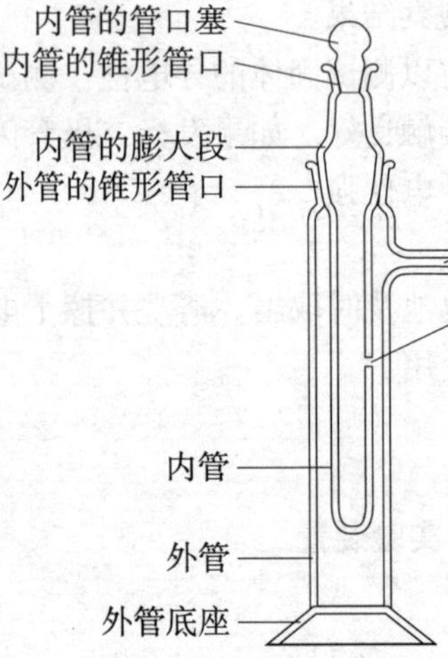

图 3-2-3-1

上部设有内磨砂面的锥形管口，并有一个支管；内管中部有通气孔，其上部也设有内磨砂面的锥形管口，盖有磨口塞，管口下有外磨砂面的膨大段，内外管相互吻合构成一体。通过内管中部的通气孔连通内外管，构成了制气、储气与性质验证一体化的装置。

【使用方法】

1. 二氧化碳的制取与性质实验。

向内管中放入石灰石碎块，在距离内管通气孔上下 1.5 cm 处，各贴上一条湿润的蓝色石蕊试纸，在外管中注入 5 mL 澄清石灰水。将内管插入外管，向内管加入2 mL 稀盐酸（1∶4），塞紧磨口塞，如图 3-2-3-2 所示。约 0.5 min 后通气孔下方的试纸变红，1 min 后通气孔上方的试纸也变红。由此可证明二氧化碳气体的密度比空气的大，同时证明二氧化碳是酸性氧化物，其水溶液显酸性。稍后可见外管中的澄清石灰水变浑浊。

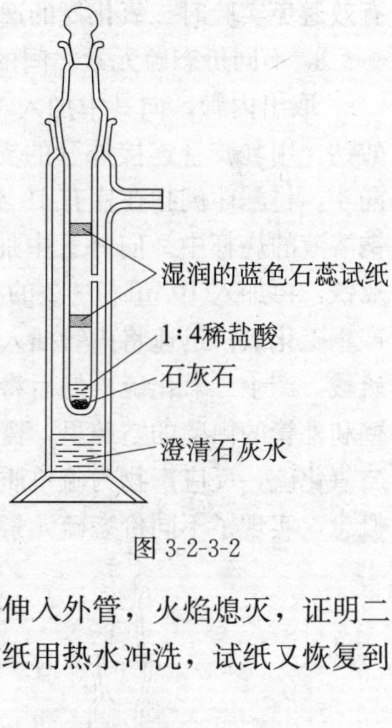

图 3-2-3-2

将内管慢慢取出，用燃着的木条伸入外管，火焰熄灭，证明二氧化碳不支持燃烧。取下内管上的试纸用热水冲洗，试纸又恢复到原来的蓝色，证明碳酸不稳定。

2. 铜与浓硝酸反应。

取出内管，向外管中注入 10%氢氧化钠溶液 20 mL。将内管插入外管，再向内管中注入浓硝酸 0.5 mL，把直径为 1 mm 的一段铜丝的一端绕成螺旋状，另一端插进与内管口相适应的小橡胶塞中，如图 3-2-3-3 所示。当铜丝浸入浓硝酸时立即产生红棕色的二氧化氮，同时溶液中有硝酸铜生成。若将铜丝提离浓硝酸液面时，反应立即停止。

取出小橡胶塞和铜丝。将小橡胶塞改换成磨口塞，塞紧内管口，将实验装置不断倾斜振荡，使氢氧化钠溶液不断进入小孔，吸收二氧化氮，同时有蓝色的氢氧化铜沉淀生成，最后用水清洗该装置。

使用本装置解决了传统实验中铜与浓硝酸的反应不易控制的问题，可有效避免实验时二氧化氮的逸散。

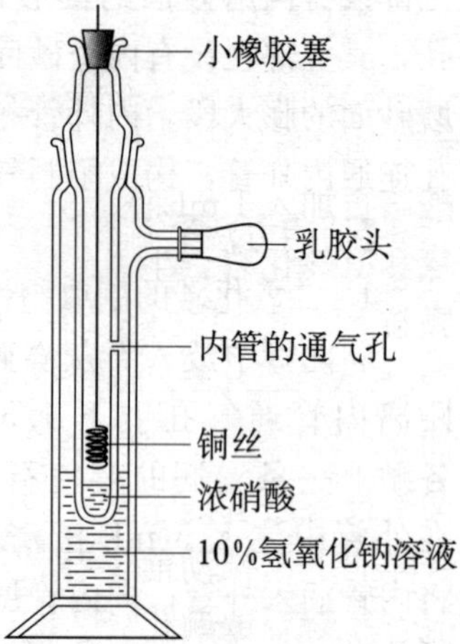

图 3-2-3-3

3. 不同价态硫元素之间的转化。

取出内管，向其中加入 1 g 亚硫酸钠。用乳胶管连接外管的支管口和漏斗，将漏斗倒扣在盛有 10%氢氧化钠溶液的烧杯中。向外管中加入硫化亚铁，再加入 10 mL 1∶2 的稀盐酸，产生硫化氢。迅速将内管插入外管，向内管中注入 1 mL 1∶4 的稀硫酸，产生二氧化硫。然后将该装置稍作振荡，观察到在内管的外壁和外管的内壁的空腔里，覆盖了一层淡黄色的硫。硫化氢还原了二氧化硫，反应产物为硫单质。这一实验生动地揭示了氧化还原的概念，实现了不同价态硫元素之间的转化。

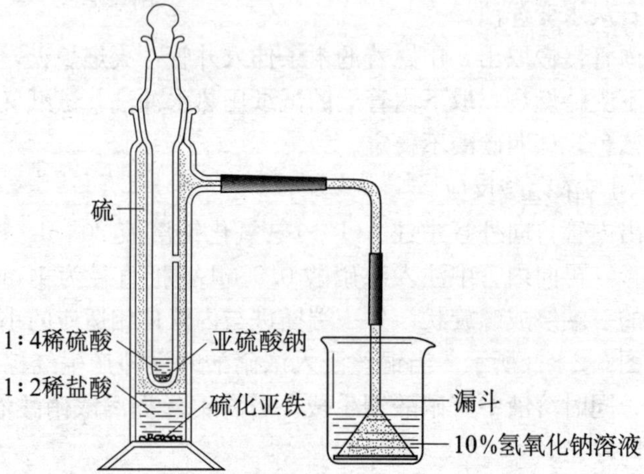

图 3-2-3-4

$$2H_2\overset{-2}{S}+\overset{+4}{S}O_2=2H_2O+3\overset{0}{S}$$

4. “雾中钠灯”。

取出内管，向外管中注入 1 mL 浓盐酸，再加入 1 mL 浓氨水，挥发出来的氯化氢和氨气化合，生成了白烟状的氯化铵小颗粒。

迅速向内管中加入 2 mL 蒸馏水，将其插入外管，把新切的绿豆大的两块钠粒分两次投入内管的水中，后一块钠粒产生的气体能迅速推动前者，防止钠块贴到管壁上。片刻后钠融化成小球，发出的黄光可透过浓“雾”，与高压钠灯发光的颜色相近。

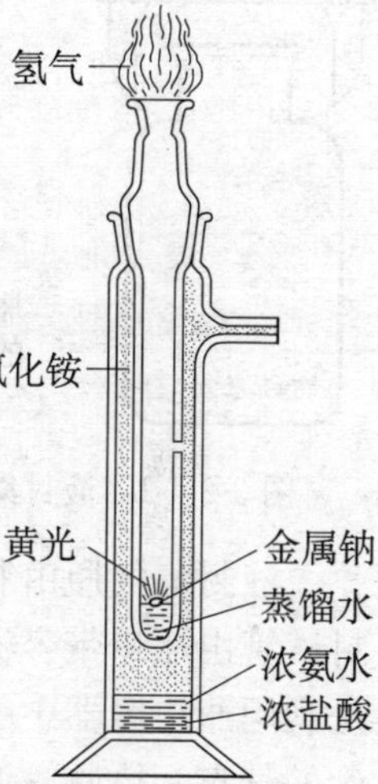

图 3-2-3-5

与此同时，钠与水反应生成的氢气迅速上升，在内管口处达到着火点，与空气混合后发生爆鸣。若向内管的反应液中滴加适量酚酞溶液，溶液呈红色。

【维护保养】

实验结束后应及时将该装置洗净晾干，磨砂处用纸条垫好，以防粘连。

（杨荫川　马涛）

四、液封集气瓶和液封试管

【用途及特点】

液封集气瓶和液封试管可作为有污染性气体或有烟雾产生的实验的反应容器。使用这两种玻璃仪器进行实验，不仅可以有效地防止污染物向空气中扩散，而且能将气态污染物进行吸收。

【构造原理】

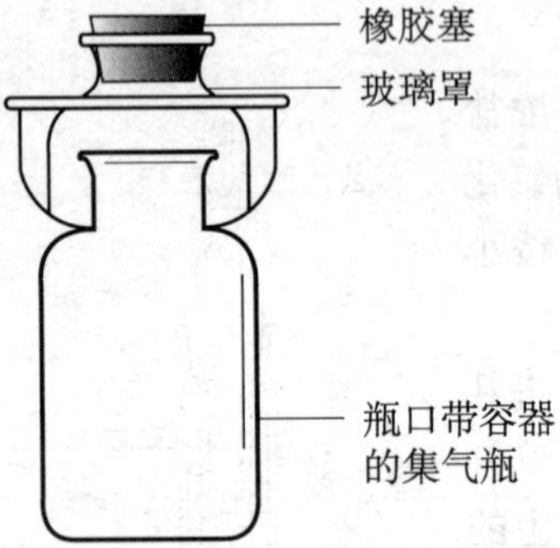

图 3-2-4-1　液封集气瓶

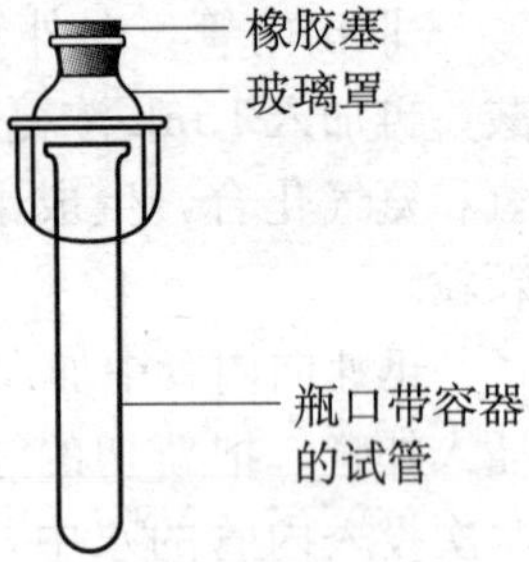

图 3-2-4-2　液封试管

液封集气瓶由瓶口带容器的集气瓶、玻璃罩和橡胶塞组成。液封试管由瓶口带容器的试管、玻璃罩和橡胶塞组成。这两种仪器都是利用瓶口容器中的溶液、玻璃罩和橡胶塞将体系封闭，反应所产生的气态污染物被溶液吸收，从而有效地防止了对空气的污染。

【使用方法】（以四个典型实验为例）

1. 液封集气瓶的使用。

（1）硫在氧气中的燃烧。

① 将燃烧匙的柄插入橡胶塞中，然后用橡胶塞把玻璃罩的上口盖紧（如图 3-2-4-3）。

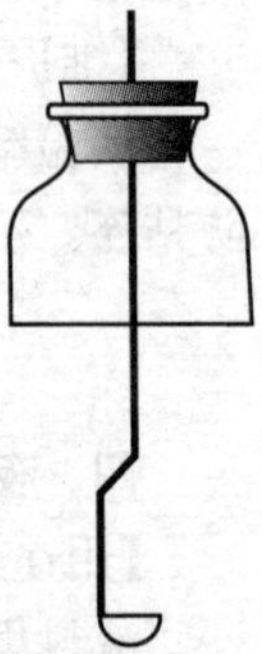

图 3-2-4-3

② 在瓶口带容器的集气瓶内收集满氧气，用橡胶塞盖住瓶口。向瓶口的容器中加入 7～10 mL 1％的氢氧化钠溶液，并滴入酚酞溶液。

③ 在燃烧匙内放入适量硫粉，加热点燃，观察硫在空气里燃烧的现象。然后将燃烧匙伸入集气瓶里，此时玻璃罩及瓶口容器中的溶液将集气瓶密封（如图 3-2-4-4）。

④ 观察硫在氧气里燃烧的现象以及瓶口容器里氢氧化钠溶液的颜色变化。

（2）氢气在氯气中的燃烧。

① 将带弯头尖嘴的玻璃导管插入橡胶塞中，然后用橡胶塞将玻璃罩的上口盖紧（如图 3-2-4-5）。

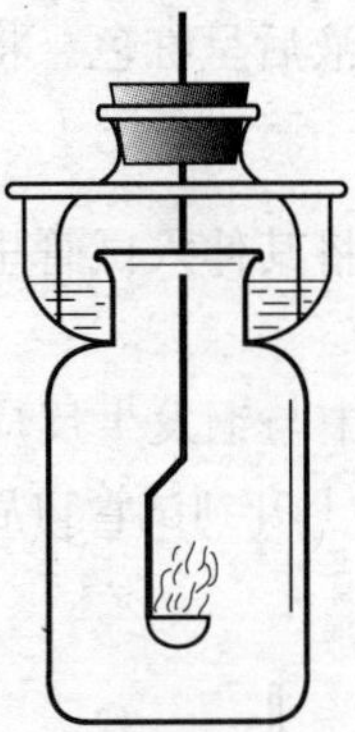

图 3-2-4-4

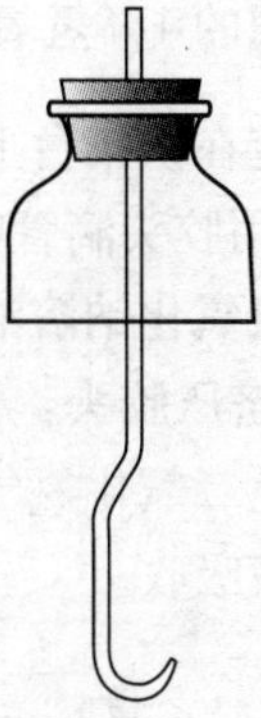

图 3-2-4-5

② 在集满氯气的集气瓶的瓶口容器中注入 7～10 mL 水或 1%的氢氧化钠溶液，并滴入酚酞溶液。

③ 向玻璃导管中通入氢气，检验氢气的纯度后，点燃氢气，将导管伸入盛氯气的液封集气瓶内。当玻璃罩尚未浸入到溶液液面以下时，可以观察到瓶内的火焰呈苍白色，瓶口有酸雾出现。然后将玻璃罩浸入溶液，使体系封闭（如图 3-2-4-6）。火焰稍后自动熄灭后停止通入氢气。

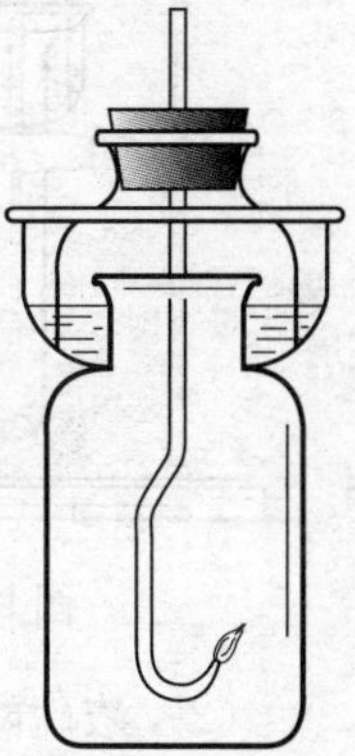

图 3-2-4-6

④ 瓶口容器内的氢氧化钠溶液由红色变成无色。吸取少量溶液于试管内，滴加硝酸银溶液，有白色沉淀生成。

此外，使用该液封集气瓶还可以进行红磷在氧气或氯气里燃烧、铁丝在氯气里燃烧、钠在氯气里燃烧及氯水的制取等实验。

2. 液封试管的使用。

(1) 浓硝酸与铜的反应。

① 将胶头滴管插入橡胶塞中，然后用橡胶塞把玻璃罩的上口

盖紧。

② 在液封试管中放入两片铜片，在试管口的容器里注入约占其$\frac{1}{3}$体积的1%氢氧化钠溶液，滴入酚酞溶液后呈红色。将该液封试管固定在铁架台上（如图3-2-4-7）。

③ 用胶头滴管吸入1～2 mL浓硝酸，将其伸入试管里，玻璃罩浸入氢氧化钠溶液中。

④ 挤压胶头，使浓硝酸慢慢滴入试管中与铜发生反应，生成的红棕色二氧化氮气体在试管里逐渐增多，上升到试管口后被氢氧化钠溶液吸收。

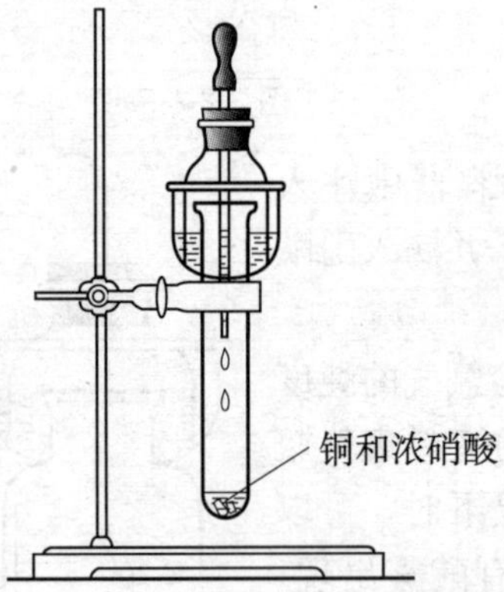

图3-2-4-7

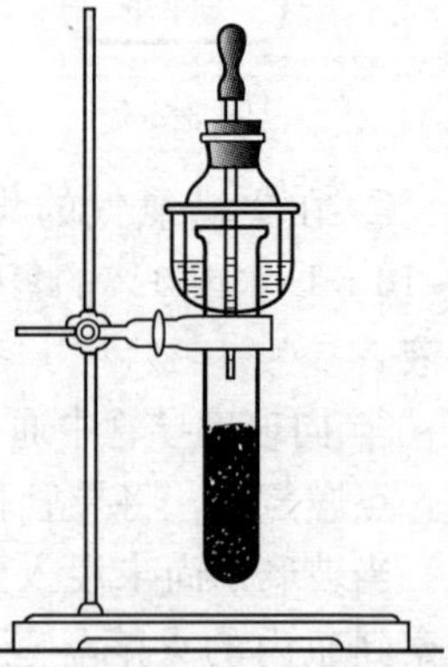

图3-2-4-8

（2）浓硫酸与蔗糖的反应。

① 将胶头滴管插入橡胶塞中，然后用橡胶塞把玻璃罩的上口盖紧。

② 向液封试管内加入2.5 g蔗糖、0.5 mL水，然后向试管口的容器里注入约占其$\frac{1}{3}$体积的1%氢氧化钠溶液，滴入酚酞溶液后呈红色，然后将其固定在铁架台上。

③ 用胶头滴管吸入1～2 mL浓硫酸，将其伸入试管里，玻璃罩浸入氢氧化钠溶液中（如图3-2-4-8）。

④ 挤压胶头，使浓硫酸慢慢滴入试管中与蔗糖发生反应。观察到蔗糖由白变黄，最后变黑。黑色物质不断膨胀、上升。产生的二氧化硫气体上升到试管口后被氢氧化钠溶液吸收。

此外，使用该液封试管还可以进行铜和稀硝酸反应、制取溴苯等实验。

（郑自铨）

五、安全环保型气体发生器

【用途及特点】

目前中学化学中涉及到的气体的制取和使用的实验，存在着操作环节多、气体取用不便等缺陷。为解决这些问题设计制作的“安全环保型气体发生器”适用于中学化学实验室制取 H_2、O_2、CO_2、Cl_2、NH_3、NO、H_2S 等多种气体。该装置具有如下特点：

1. 结构简单，操作方便。该仪器将制气、集气与储气三者融为一体，简化了操作步骤，制取气体速率快、纯度高。

2. 密封性好，不污染环境，且节约药品。该仪器在制气之初其内部基本无空气，制得的气体纯度高，取用气体方便自如，可用注射器定量取用；仪器内的气体几乎可以全部用于实验，多余的有害气体可在仪器内用稀碱（或酸）液吸收，最大限度地避免了有害气体外逸造成的污染和对师生身体健康的危害，同时也节约了药品，降低了实验成本。

【构造原理】

1. 装置如图 3-2-5-1 所示。

2. 基本部件包括主体、导气管和磁性底座三部分。

(1) 主体由优质 PVC 透明薄膜、气门、插头、插口及铁制标签热合而成，如图 3-2-5-2 所示。主体分为上下两个腔体，二者通过插入式接口紧密连接。上下两个腔体各安装一个气门，用于连接导气管和加入液体反应物。上腔体的插头上有小孔，用于通过液体和气体。下腔体放置固体反应物。为了放置平稳，主体上下各镶嵌一枚铁制标签。如图 3-2-5-3 所示。

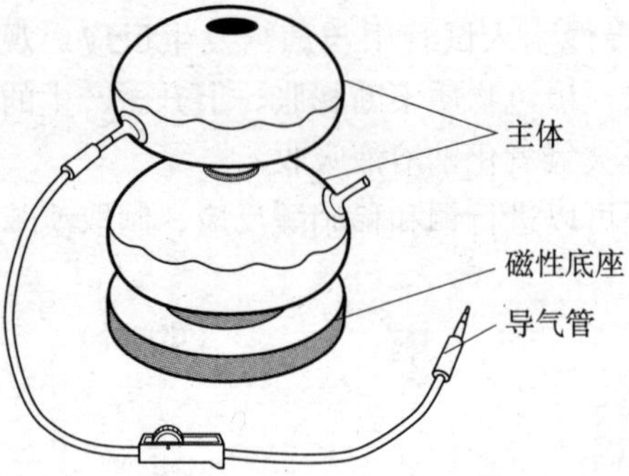

图 3-2-5-1　安全环保型气体发生器（充气状态）

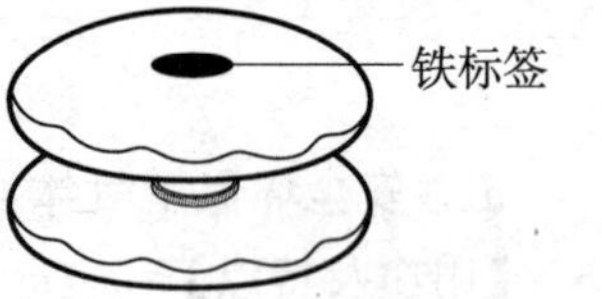

图 3-2-5-2　主体（初始状态）

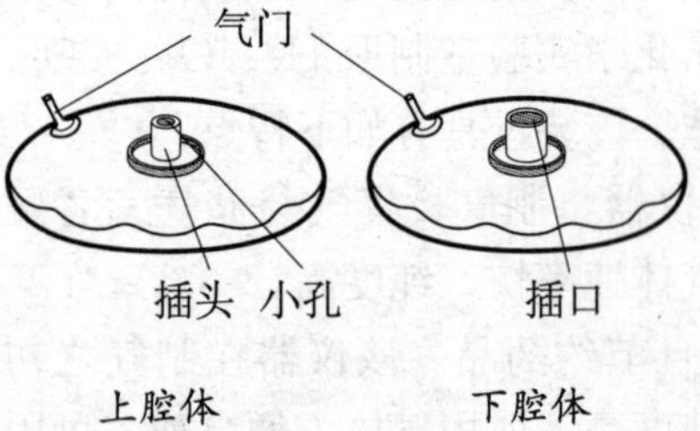

图 3-2-5-3　主体

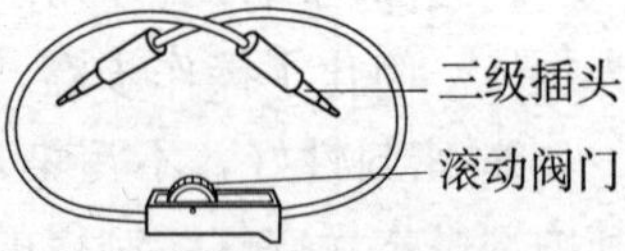

图 3-2-5-4　导气管

（2）导气管两端安装三级插头，可方便地连接不同粗细的导气管。其中间装有滚动阀门，可以十分方便地为实验供气。如图 3-2-5-4 所示。

（3）磁性底座上镶嵌有磁铁，与主体上的铁制标签配合，可使发生器主体放置平稳。如图 3-2-5-5 所示。

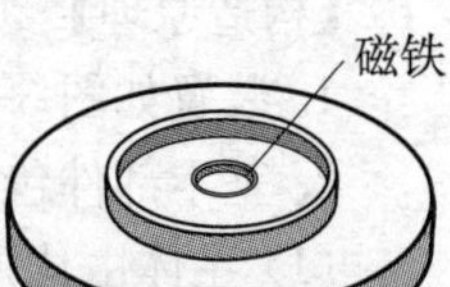

图 3-2-5-5　磁性底座

【使用方法】

1. 操作步骤。

（1）将上下两个腔体分开。

（2）在下腔体内放入固体反应物并排除空气，在上腔体上安装导气管，并关闭导气管上的滚动阀门。

（3）紧密连接上下两个腔体，用注射器从下腔体的气门注入液体反应物，然后关上气门。

(4) 当气体充满上下腔体后，停止反应。

(5) 打开阀门，轻压腔体，气体即可排出供实验使用。

2. 反应控制。

(1) 块状固体与液体反应的控制。

当不需要反应时，上下反转发生器的主体，轻轻挤压下腔体，使液体流入上腔体，从而固体和液体反应物分离，反应停止。当需要反应时，再将发生器的主体上下反转，使固体和液体反应物接触产生气体。

(2) 粉状固体与液体、液体与液体反应的控制。

可以用小注射器滴加液体，通过控制液体反应物的量来控制反应。

3. 使用后的清洗。

(1) 制取 H_2、O_2、CO_2 后的发生器可连续循环使用，不需清洗。

(2) 制取 Cl_2、NO、H_2S、NH_3 等气体后，应避免长时间储存，最好及时用稀碱（或酸）溶液吸收剩余气体，并洗涤发生器，减少对发生器的腐蚀。

【注意事项】

塑料制品的使用温度范围为 10～45 ℃，避免在过低或过高温度时使用。

（曹治淮）

六、放电反应实验仪

【用途及特点】

1. 用途：

本仪器主要用于中学化学教学中氮气与氧气在高压放电条件下发生反应的实验。

2. 特点：

(1) 进行氮气与氧气反应的实验时，只需 2 min 左右便可明显地看到有红棕色的二氧化氮气体生成。与传统的利用感应线圈放电的方法（反应时间大约为 15～20 min）相比，大大缩短了实验时间，提高了教学效率。

（2）在保障人身安全方面，仪器在高压输出部分采用了全封闭、全隔离等可靠、有效的保护措施。即使用金属针触碰正在放电的任一电极，均不会有任何电击感。

（3）造型美观，体积小巧，实验操作简单方便，适合学生分组实验。

【构造原理】

全套仪器由 1 台放电反应实验器、1 个反应器、两条两端带电极的导线组成，如图 3-2-6-1 所示。

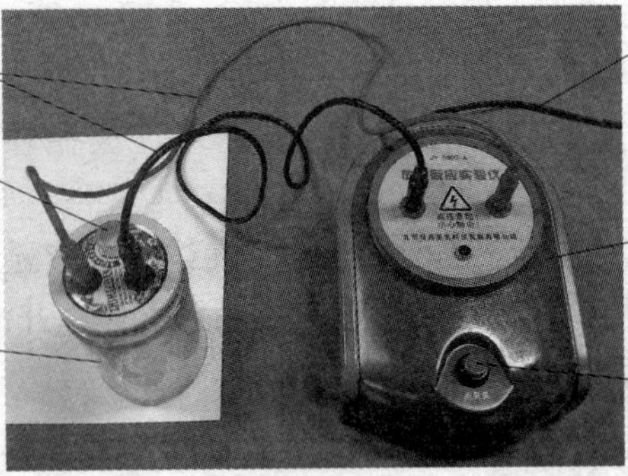

图 3-2-6-1

通电后，放电反应实验器产生的 1.5 万伏以上高压使固定在反应器盖子上的两个电极发生电弧放电。在此条件下，空气中的氧气和氮气发生反应，生成了无色的一氧化氮气体，一氧化氮进一步与空气中的氧气反应，生成红棕色的二氧化氮。

【使用方法】

如图 3-2-6-1 所示连接好导线，将电源线插头插在 220 V 电源上。按下放电反应实验器的点开关，可以观察到反应器中的两个电极间发生电弧放电。随着时间的延长，瓶内气体颜色逐渐变深，大约 2 min 之后，当二氧化氮气体的颜色比较明显后，停止放电。

打开反应器盖子上加液孔的孔帽，向反应器中加入少量蒸馏水，振荡，再将紫色石蕊溶液滴入反应器中，可以观察到反应器中的溶液变红。

最后向反应器中加入少量氢氧化钠溶液，吸收残留气体。打开反应器的盖子，清洗容器。

【注意事项】

反应器盖子上固定的电极之间的距离已由厂家调整好，使用时不要私自改变，以免损坏内部电路。

（郭汉兴）

七、氢燃料电池演示器

【用途及特点】

氢燃料电池演示器是一种用于向中学生普及氢能及燃料电池知识的教具。该演示器深入浅出、直观形象地展示出质子交换膜电解池制取氢气和氧气以及质子交换膜燃料电池发电的工作过程。其结构美观，操作简单，演示性强。教具部件采用透明材料，利于学生观察内部的变化和实验过程，有利于激发学生的实验兴趣，提高教学效果。

【构造原理】

氢燃料电池演示器的构造如图 3-2-7-1 所示。

其工作流程是：在接通电源的情况下，水在质子交换膜电解池中被电解，生成氢气和氧气；氢气和氧气流入燃料电池，在质子交换膜燃料电池中以氢气为还原剂，以氧气为氧化剂，将化学能转化成电能，带动风扇转动。

质子交换膜电解池电解水的工作原理是：接通外电源，水在电解池阳极催化剂的作用下电解形成氧气和质子（H^+），同时释放出电子。氧气携带部分水进入氧气储气柱，带出电解池产生的热量，储水柱中的水不断地补充到电解池阳极流场中，从而起到冷却的作用。在电场的作用下，质子（H^+）以水合质子（H_3O^+）的形式从阳极一侧穿过质子交换膜到达阴极一侧，同时电子从外电路

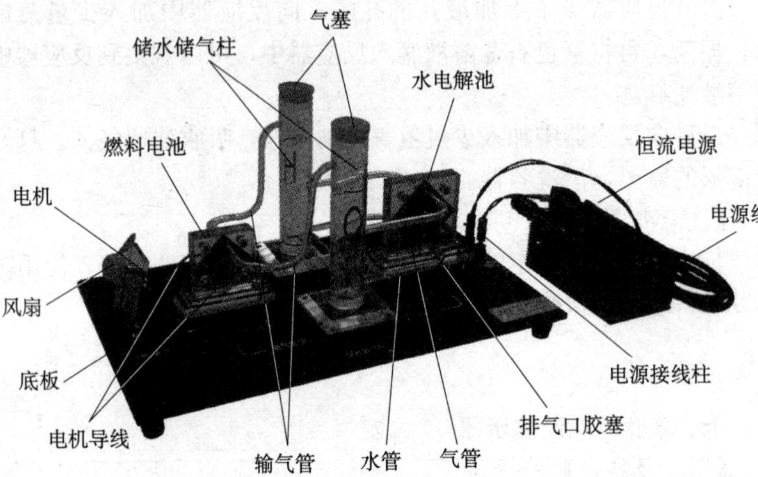

图 3-2-7-1

迁移到阴极，在阴极催化剂的作用下，水合质子（H_3O^+）得到电子，生成氢气并释放出迁移水，氢气携带部分水进入氢气储气柱。质子交换膜电解水产生的氢气和氧气纯度高，不会互混。电极反应式为：

阳极：$6H_2O-4e^-=O_2\uparrow+4H_3O^+$

阴极：$4H_3O^++4e^-=2H_2\uparrow+4H_2O$

总反应：$2H_2O\xlongequal{电解}O_2\uparrow+2H_2\uparrow$

质子交换膜燃料电池的工作原理是：储气柱中的氢气和氧气通过管路分别到达燃料电池的负极和正极。氢气在燃料电池负极催化剂作用下，释放出电子，被氧化成质子（H^+）。电子通过外电路到达燃料电池正极，质子以水合质子（H_3O^+）的方式穿越质子交换膜到达燃料电池的正极一侧，氧气在燃料电池正极催化剂作用下得到电子，被还原成 OH^-，OH^- 与 H^+ 结合生成水。电极反应式为：

负极：$2H_2-4e^-=4H^+$

正极：$O_2+2H_2O+4e^-=4OH^-$

$4H^+ + 4OH^- = 4H_2O$

总反应式为：$O_2 + 2H_2 = 2H_2O$

质子交换膜燃料电池的反应实际就是质子交换膜电解水的逆过程。

【使用方法】

1. 将蒸馏水或纯净水注入储水管至水位线，盖上气塞，打开燃料电池下部的排气胶塞。

2. 将恒流电源输出端按正负极颜色插入电解池的插座上，接通220 V电源，电解池开始工作，水电解产生的氢气、氧气分别输入氢、氧储气管。

3. 储气管中的气体通过管道进入燃料电池中，发生电化学反应，产生电能，带动负载（小风扇）运转。

4. 实验结束，拔下电源，并将燃料电池下部的排气口的胶塞盖上。

【注意事项】

1. 建议使用去离子水，市场上销售的纯净水和蒸馏水也可以使用，不能用自来水和矿泉水。储水管内的水不必每次倒出，可下次继续使用，但水位不得高于水位线。

2. 储水管中无水时不能接通电源。外电源的正负极不可和教具的正负极接错，不得随意更换恒流电源。

3. 开始演示时，一定要将电解池下部的胶塞拔下。保持室内通风，禁止任何明火，远离热源。实验后及时关闭电源。

4. 勿用任何清洗剂或有机溶剂擦拭教具。

（刘学温）

八、化学实验废水处理装置

【用途及特点】

本装置是一套用于学校化学实验室的常规仪器。它既是处理化学实验废水的环保装置，也是对学生进行环保教育、帮助学生了解水的净化处理过程的教学仪器。本装置具有以下特点：

1. 在废水处理方法上，采用中学生易于理解的、与工业废水处理基本相似的流程，能使学生对化学废水处理的原理及过程有一个基本了解。

2. 在制作材料上，选用耐腐蚀的、具有较高强度的透明材料，既耐用又轻便，且利于观察。

3. 在结构设计上，不仅考虑水处理流程的需要，而且注重以人为本，装置安全可靠、操作简单、清洗方便、移动灵活。

4. 选用的水处理剂易于得到，价格低，用量少。

5. 可以处理中学化学实验废水中的绝大多数污染物，经处理后的废水能达到国家规定的排放标准。

【构造原理】

1. 水处理方式及处理流程。

在水处理方式上，本装置采用的是批次处理法，即先将废水收集起来，待收集到一定量后，集中处理一次。处理完一批之后，再进行下一批的处理。经过处理后的水可以直接排放到下水道。

在处理流程上，本装置采用的是中学生易于理解的、与工业上处理废水基本相似的流程。第一步，调节废水的 pH，一方面使酸碱废液得到中和，另一方面也使重金属离子形成沉淀物。第二步，加入凝聚剂和助凝剂，使污染物凝聚成大的团块以利于快速沉降。第三步，过滤，使沉淀物与水分离。第四步，用活性炭吸附，使水中的微量污染物被进一步清除。最后，将处理后的水排入下水道。整个处理流程如图 3-2-8-1 所示。

废水 → 中和 → 凝聚 → 过滤 → 吸附 → 排放

图 3-2-8-1

2. 结构与材质。

为了实现废水处理的流程设计要求，在结构上该装置包括一个反应槽，在该反应槽上置有一盖板，在该盖板上置有搅拌机和 pH 计，在反应槽底置有水阀和过滤槽。在过滤槽槽底有多个过滤孔，在过滤槽下方置有一吸附槽。吸附槽内放有活性炭包，在吸附槽后有排水孔。反应槽的上方有药品槽，其中置有酸、碱、凝聚剂、助凝剂。反应槽槽底由外向内呈斜坡形，水阀置于坡底。在过滤槽内放有滤纸，为了方便更换滤纸，过滤槽采用抽屉式结构。如图 3-2-8-2 所示。

为了使学生能够观察到废液处理的整个过程，本装置采用棕色、透明高分子材料制成，既轻便、耐腐蚀，又有较高强度。

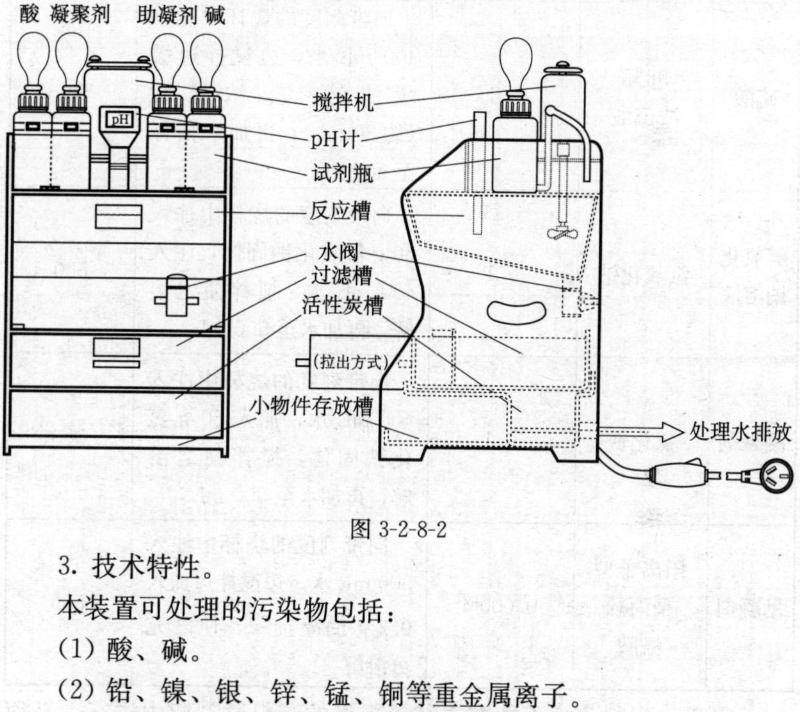

图 3-2-8-2

3. 技术特性。

本装置可处理的污染物包括：

(1) 酸、碱。

(2) 铅、镍、银、锌、锰、铜等重金属离子。

(3) 6 价铬的化合物（需要做前期处理）。

(4) 汞的化合物（需要做前期处理）。

(5) 部分除去有机磷化合物、砷化物，降低 BOD（生化需氧量）、COD（化学需氧量）。

主要技术参数：

(1) 处理量：每次最多处理的废水总量为 6 L。

(2) 电源：AC 220 V　50 Hz　120 W。

(3) 主机尺寸：320 mm（长）×355 mm（宽）×460 mm（高）。

(4) 主机重量：6.5 kg。

【使用方法】

1. 药液的配制方法见下表。

药液名称	配制药液所用的试剂	药液浓度① g·mL^{-1}	配制方法	试剂瓶的容积/mL
硫酸	98%浓硫酸	0.1	向带刻度的烧杯中注入400 mL 水，边搅拌边缓缓注入 50 g 浓硫酸（约 30 mL），再加水稀释至 500 mL	500
氢氧化钠溶液	氢氧化钠	0.1	向带刻度的烧杯中加入50 g 氢氧化钠固体，注入400 mL 水，搅拌使之溶解，再加水至 500 mL	500
凝聚剂	氯化铁	0.1	向带刻度的烧杯中注入400 mL 水，加入 50 g 氯化铁固体，搅拌使之溶解，再加水至 500 mL	500
助凝剂	阳离子型聚丙烯酰胺	0.000 4	向带刻度的烧杯中注入500 mL 水，边搅拌边加入0.2 g 助凝剂②，使之充分溶解	500

注意：配制药液不能在本装置提供的塑料试剂瓶中进行，必须事先在烧杯里配制好，并冷却到常温后再倒入试剂瓶，防止其受热变形。

---

① 药液浓度$=\dfrac{\text{配制药液所用试剂的质量}}{\text{溶液的体积}}$

② 助凝剂是难溶性药品，溶解时间在 40 min 以上。溶解后保存时间若超过一个月则失效。

2. 处理前的准备。

（1）确认搅拌机电源开关处于关闭状态，再将电源插头插在电源上。

（2）确认试剂瓶中的药液都已备好，试剂瓶的导管都已插入反应槽。

（3）确认反应槽下方的水阀处于关闭状态。

（4）确认滤纸已正确地放在过滤槽里，且过滤槽已处在工作位置。

（5）确认活性炭包已正确地放在活性炭槽里。

（6）确认排水口通畅。

（7）废水的液面应在反应槽正面水位线以下（如图 3-2-8-3）。处理前，若废水液面未达到水位线，需加水补充到水位线。

（8）确认 pH 计探头上的防护帽已取下，开关已打开。

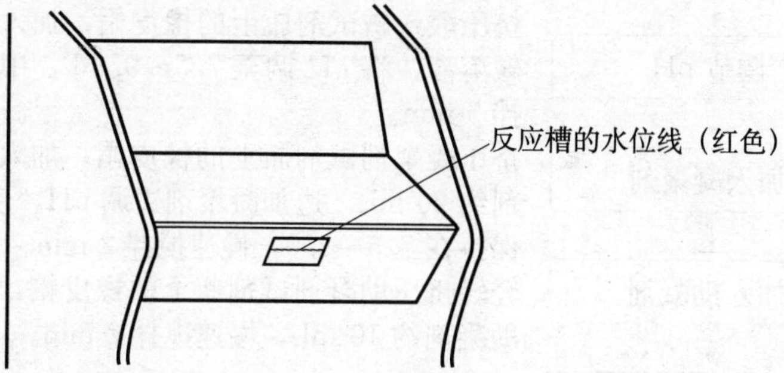

图 3-2-8-3

3. 处理方法。

根据废液成分的不同，主要有以下两种处理操作方法。

（1）酸碱废水的处理方法。

开启搅拌机 —— 打开搅拌机的电源开关，调节搅拌机的转速，使其以中速旋转。

↓

调节 pH —— 挤压酸或碱试剂瓶的橡皮帽，加入酸或碱溶液，将 pH 调至 6.0～9.0。

↓

停止搅拌	废水的 pH 稳定在上述范围内 2 min 后，将调速旋钮调至零位，停止搅拌。
↓	
打开水阀	反应槽中废水通过水阀流入过滤槽。
↓	
过滤及活性炭吸附	水流过滤纸、活性炭，从排水管排出。

(2) 含重金属离子废水的处理方法。

在一定的 pH 条件下，重金属离子可形成氢氧化物沉淀。一般来说，重金属沉淀物非常细微，单独沉降的速率很慢。加凝聚剂和助凝剂可以把絮状氢氧化物聚集起来，形成大的颗粒，容易沉降，也容易过滤。含有 6 价铬的化合物的废水和含有汞离子的废水均需要进行前期处理。

开启搅拌机	打开搅拌机电源。调节搅拌机的转速，使其以中速旋转。
↓	
调节 pH	挤压酸或碱试剂瓶上的橡皮帽，加入酸或碱溶液，将 pH 调至 7.5～9.0①，中速搅拌 5 min。
↓	
加入凝聚剂	挤压凝聚剂试剂瓶上的橡皮帽，加入凝聚剂约 20 mL。边加凝聚剂边调 pH，使 pH 保持在 7.5～9.0，慢速搅拌 2 min。
↓	
加入助凝剂	轻轻挤压助凝剂试剂瓶上的橡皮帽，加入助凝剂约 10 mL，慢速搅拌 2 min。
↓	
停止搅拌	将调速旋钮调至零位，停止搅拌。
↓	
打开水阀	反应槽中水及沉淀物通过水阀流入过滤槽。
↓	
过滤和活性炭吸附	水流过滤纸、活性炭，从排水管排出。

① 废水中如果含有 Mn^{2+}、Ni^{2+}，处理时需将 pH 保持在 11～12，后续方法与处理其他重金属离子一样。

4. 处理后的工作。

(1) 经滤纸过滤后的沉淀物，可以自然放置，待风干后和滤纸一起作为固体废弃物处理。对于含有重金属等有害物质的污泥和活性炭不能视同为一般的废弃物。应把它们放在塑料袋里暂时保管起来，然后请有关部门回收。

(2) 装置使用完毕应清洗干净，然后自然晾干。清洗装置时要用到刷子和洗瓶。装置若长时间不用，最好套上防尘罩或放入机柜。

5. 安全事项。

(1) 使用本装置之前，一定要认真阅读使用说明书。

(2) 对于含 6 价铬或汞的化合物的废水，在处理时应由具有化学知识的教师或实验员操作。操作时室内要注意通风换气。

(3) 搅拌机发烟或产生异味时，应立刻切断电源，以免发生火灾或触电。不要自行拆卸搅拌机，勿使电源线破损，以防漏电。

(4) 搅拌机在转动时，勿用手指、刷子、纸张、纤维等接触搅拌杆。

(5) 一定不要将废水倒入过滤槽，而是要倒入反应槽。倾倒废水时，动作要轻稳，勿使废水溅到反应槽外。

(6) 配制药液、补充药液、倾倒废水、取放过滤后的沉淀物及使用过的活性炭包时，一定要戴上胶皮手套。

【实验举例】

使用“化学实验废水处理装置”
处理含 6 价铬的化合物、汞离子的废水的方法

使用本装置可以处理含有 6 价铬的化合物、汞离子的废水。需要指出的是，这两类废水应该加以分别收集，进行分别处理。

1. 处理含有 6 价铬的化合物的废水。

(1) 原理。

在酸性溶液里先把 6 价铬用亚硫酸氢钠还原成 3 价铬，再将 pH 调整到 8.0～9.0，产生氢氧化铬沉淀。

$Cr_2O_7^{2-} + 3HSO_3^- + 5H^+ = 2Cr^{3+} + 3SO_4^{2-} + 4H_2O$

$Cr^{3+} + 3OH^- = Cr(OH)_3\downarrow$

(2) 药液的准备。

除了酸、碱、凝聚剂、助凝剂以外，还需要亚硫酸氢钠溶液作为还原剂。处理时所需亚硫酸氢钠的质量是废水中 6 价铬总质量的 3 倍。例如，废水中 6 价铬的浓度为 1 g/L，则处理 6 L 废水所需亚硫酸氢钠的质量应该是 1 g/L×6 L×3=18 g；若亚硫酸氢钠溶液中溶质的浓度为 50 g/L，则相应的溶液体积应为 360 mL。亚硫酸氢钠在溶解时，产生有毒的刺激性气体二氧化硫，故在溶解时要保证室内通风良好。

(3) 处理方法。

① 确认水阀处于关闭状态，向反应槽中倒入含有 6 价铬的废水。废水量少时，应加水补充，使液面达到水位线。

② 接通电源，打开开关，搅拌机开始运转。

③ 打开 pH 计上的开关，向废水里注入酸，使 pH 在 2.0～3.0。

④ 将预先配制的亚硫酸氢钠溶液用滴管注入反应槽，此时若 pH 上升，需再次注入酸，将 pH 调整到 2.0～3.0。经过还原反应，废水的颜色由橙红色（6 价铬）变成绿色（3 价铬）。为保证还原完全，应再加入少量的亚硫酸氢钠溶液（约 20 mL）。

⑤ 按照上文【使用方法】中“3.（2）含重金属离子废水的处理方法”介绍的程序进行后续处理。

2. 含汞离子的废水。

(1) 原理。

汞离子和硫离子结合，可生成不溶于水的硫化汞。

$Hg^{2+} + S^{2-} = HgS\downarrow$

硫化汞不易形成絮状沉淀，需要加入凝聚剂（氯化铁）。此时，过量的硫化钠与铁离子反应，生成硫化铁沉淀。

$2Fe^{3+} + 3S^{2-} = Fe_2S_3\downarrow$

(2) 药液的准备。

除通用的标准试剂以外，还需要准备硫化钠溶液。处理时所需硫化钠的质量是废水中汞离子总质量的 2 倍①。例如，废水中汞离子的浓度是 0.1 g/L，则处理 6 L 废水所需硫化钠的质量是 0.1 g/L×6 L×2=1.2 g。

（3）处理方法。

① 确认水阀处于关闭状态。向反应槽中倒入含汞离子的废水。废水量少时，可加水补充，使液面达到水位线。

② 接通电源，打开电源开关，搅拌机开始运转。

③ 打开 pH 计，用酸或碱将废水的 pH 调节在 7.0～8.0。

④ 将预先配制的硫化钠溶液用滴管注入反应槽②。

⑤ 按照上文【使用方法】中“3.（2）含重金属离子废水的处理方法”介绍的程序进行后续处理。

（刘济昌　彭实）

① 实验证明，硫化钠的加入量是汞离子处理效果的关键。加入量过小，汞离子沉淀不完全；加入量过大，汞离子和硫离子生成配合物，也会使沉淀的量减少。

② 一般含汞离子的废水中，汞离子含量极低。加入氯化铁溶液将过量的硫化钠除去是没有问题的。废水变黑即说明生成了 Fe_2S_3，它表明含有汞离子的废水中已注入了硫化钠。

第四章
实验室废液的绿色化管理

第1节 相关法律法规

在我国，与学校实验室废液管理相关的法律法规有：《中华人民共和国水污染防治法》（简称《水污染防治法》）《中华人民共和国固体废物污染环境防治法》（简称《固体废物污染防治法》）、原国家环境保护总局 2004 年 2 月 26 日颁布的《关于加强实验室类污染环境监管的通知》、国家教育部和原国家环境保护总局 2005 年 7 月 26 日发布的《关于加强高等学校实验室排污管理的通知》、原国家环境保护总局 2005 年 8 月 30 日颁布的《废弃危险化学品污染环境防治办法》、国家环境保护部和国家发展和改革委员会 2008 年 6 月 6 日发布的新的《国家危险废物名录》以及中华人民共和国国家标准——《污水综合排放标准》（GB 8978—1996）等。

对学校废液管理来说最重要的是《固体废物污染防治法》。该法的第 4 章是“危险废物污染环境防治的特别规定”。关于危险废物的定义，第 6 章附则第 88 条明确指出：“危险废物是指列入国家危险废物名录或者根据国家规定的危险废物鉴别标准和鉴别方法认定的具有危险特性的固体废物，”同时第 89 条指出：“液态废物的污染防治，适用本法。”通过与 2008 年 6 月 6 日最新修订的《国家危险废物名录》对比可以发现，中学化学实验室产生的不少废弃物均在该名录之内，如有机溶剂废物，含铬、铜、锌、汞、铅、钡废物，废酸、碱，含酚、醚废物，有机卤化物废物等。

在排放要求方面，相关的规定有：《水污染防治法》第 29 条

“禁止向水体排放油类、酸液、碱液或者剧毒废液”，第 31 条“禁止将含有汞、镉、砷、铬、铅、氰化物、黄磷等的可溶性剧毒废渣向水体排放、倾倒或者直接埋入地下”；《固体废物污染环境防治法》第 55 条“产生危险废物的单位，必须按照国家有关规定处置危险废物，不得擅自倾倒、堆放”；《关于加强实验室类污染环境监管的通知》第 3 项的第 3 小项“禁止随意丢弃有毒有害固体废物、废液等”；《关于加强高等学校实验室排污管理的通知》第 4 条“实验室科研教学活动中产生和排放的废气、废液、固体废物、噪声、放射性等污染物，应按环境保护行政主管部门的要求进行申报登记、收集、运输和处置。严禁把废气、废液、废渣和废弃化学品等污染物直接向外界排放”。

在使用者责任方面，相关的规定有：《固体废物污染防治法》第 1 章总则第 5 条“国家对固体废物污染环境防治实行污染者依法负责的原则。使用者对其产生的固体废物依法承担污染防治责任”；第 3 章第 16 条“产生固体废物的单位和个人，应当采取措施，防止或者减少固体废物对环境的污染”；第 4 章第 53 条“产生危险废物的单位，必须按照国家有关规定制定危险废物管理计划，并向所在地县级以上地方人民政府环境保护行政主管部门申报危险废物的种类、产生量、流向、储存、处置等有关资料”；第 55 条明确规定“废物处置费用由产生危险废物的单位承担”；第 62 条“产生危险废物的单位，应当制定意外事故的防范措施和应急预案”。

在废物的收集、储存、运输、转移、处置等方面，相关的规定有：《固体废物污染防治法》第 4 章第 52 条“对危险废物的容器和包装物以及收集、储存、运输、处置危险废物的设施、场所，必须设置危险废物识别标志”；第 57 条“禁止无经营许可证或者不按照经营许可证规定从事危险废物收集、储存、利用、处置的经营活动。禁止将危险废物提供或者委托给无经营许可证的单位从事收集、储存、利用、处置的经营活动”；第 58 条“收集、储存危险废物，必须按照危险废物特性分类进行。禁止混合收集、储存、运输、处置性质不相容而未经安全性处置的危险废物”“禁止将危险废物混入非危险废物中储存”；第59条“转移危险废物的，必须按照国家有关规定填写危险废物转移联单”。

在监管范围方面，《关于加强实验室类污染环境监管的通知》中要求，2005年1月1日起正式将科研、监测（检测）、试验等单位的实验室、化验室、试验场按照污染源进行管理。《关于加强高等学校实验室排污管理的通知》明确规定“将高校实验室、试验场等排污纳入环境监督管理范围”。

在污水排放标准方面，《污水综合排放标准》（GB 8978—1996）中规定了一切排污单位在生产与生活活动中排放的污水中污染物的最高允许排放浓度。例如，总汞为0.05 mg/L，总铬为1.5 mg/L，6价铬为0.5 mg/L，总铅为1.0 mg/L，总镍为1.0 mg/L，甲醛为5.0 mg/L，总铜为2.0 mg/L，总锌为5.0 mg/L，pH为6～9。

第2节 加强实验室废液管理的重要性

化学是一门以实验为基础的自然科学，以实验为基础是中学化学教学的最基本特征。化学实验对于提高化学教学质量、全面落实培养科学素养的目标具有其他化学教学内容和形式所不能代替的特殊作用。

由于实验教学的需要，众多学校化学实验室每天都不可避免地产生着各类成分复杂的污染物。虽然每次实验产生的污染物的量看似不大，但由于学生人数众多，各种实验在日复一日、年复一年地进行，污染物积少成多。

以最简单的化学实验“锌与硫酸的反应”为例，若取5 g锌与10 mL 1∶4的硫酸反应，完全反应后，溶液中的锌离子浓度约为253 000 mg/L，根据《污水综合排放标准》的规定，排出污水中总锌的浓度不能超过 2.0 mg/L，这意味着这个实验所产生的废液中的锌离子的浓度是国家规定排放标准的 126 500 倍。也就是说，这看似很少的废液，需要用 1.2 t 水稀释后，才能达到国家规定的排放要求。

实验室产生的废液通常成分复杂，毒性较大，未经处理就排入下水管网和普通的生活污水混合到一起，有可能会损害生活污水处理厂的处理能力。现有的污水厂大多采取的是生活污水处理措施，不可能消除这些特殊污染源的污染物。当污染物进入水体后，日积月累就会造成水体的污染。水污染破坏生态环境，危害人体健康和工农业的发展。例如，大量的有机废物进入到水体后，在微生物作用下分解成无机物，在分解过程中消耗氧气，使水中溶氧量减少，严重时影响鱼类和其他水中生物的生存。废水中的重金属离子，如汞、铅、镉、铬、铜、锌等进入水体被生物吸收后，最终进入人体造成慢性中毒，导致多种疾病，严重时可导致死亡。酸碱废液会改变水体的酸碱度，当水体 $pH < 6.5$ 或 $pH > 8.3$ 时，水中生物的生长受到抑制，水体自净能力下降，影响渔业生产，还会腐蚀桥梁、毁坏船只、导致农业减产绝收，给工农业生产和生活造成严重后果。此外，水污染还会加剧我国水资源短缺的状况，加大我国城镇供水的难度。

中学化学实验室是不可忽视的污染源，必须严格执行国家的有关规定。随着普通高中入学率的提高和高中化学课程标准的实施，以及学校实验条件的改善，教学中化学试剂的用量和废液产生量都在大大增加。根据高中课程标准编写的各套高中化学教材中的实验数均在一百个左右，其中半数以上的实验适合学生动手来完成。相关实验涉及到的化学试剂有一百种左右。以广东省某省级示范高中为例，该校共有学生 3 000 人左右，每年大约消耗原装化学试剂酸 90 L、碱 26 kg、有机物 57 kg。教育部教学仪器研究所为了从不同的侧面了解我国高中化学实验室的废液产生量，于 2007 年至 2008 年利用基于实验内容的废液量统计方法，对十所处于不同地区、使用不同教材、具有不同办学规模的高中一年内产生的废液量进行了统计。初步结论是，高中废液（指原液，不包括洗涤用水）绝大部分属于危险废物，危险废液的产生量大约为每位学生平均每年几百毫升。由于高中废液量基本上与学生人数成正比，因此以此数据为参考，可以推算不同规模高中的危险废液总量。根据 2007 年 10 月 10 日教育部网站发布的统计数据推算，我国普通高中校均人数为 1 556，以此可以进一步推算出普通高中校均危险废液产生量大约为每年几百升（其上限与一些高校化学实验教学中心产生的废液量规模相当）。尽管就一所高中而言，其废液量与工业废液相比要小得多，但是全国有 1.6 万所普通高中，化学实验室的数量多、分布广，整体上来讲是一个不可忽视的污染源。高中危险废液中产生量最大的是废酸和废碱，其次是重金属废液（主要是含铜、钡、锌废液，其中含铜废液所占比例最大）。高中化学实验室废液如果还像以往一样直接排入下水道，然后沿下水道进入污水管网或直接排入江河湖海或渗入地下，则会直接污染环境。所以中学化学实验室的废液绝不能随意排放，其中大部分必须经过回收和无害化处理。因此，对实验室废液进行规范化管理就成为了实验室管理工作中的一项重要内容。

此外，对学校实验室废液进行管理的意义还不仅仅在于对环境的保护，更重要的意义在于对学生的教育。学校是对学生进行环保教育的基础场所，是帮助他们建立正确观念并养成良好行为习惯的地方。学生在学校所获得的环保教育能使其了解个人对环保的义务和责任，使其进入社会后仍能终生遵守环保习惯。化学教师和实验室管理人员认真、自觉地对废液进行管理，将绿色化学的理念体现在一言一行之中，这本身就是对学生的一种正面影响。而学校实验室废液随意排放所产生的不良示范作用，对学生的影响同样也是深远的。日后这些不正确的行为和观念一旦被带入社会，极有可能造成巨大的社会成本支出与对环境的破坏，不利于整个社会的可持续发展。因此，全社会都要关注学校实验室的废液问题，促进形成以随意排放废液为耻、师生人人自律的良好风气，为青少年环保观念的建立和良好行为习惯的养成创造条件。

第3节 实验室废液管理规范

为了加强学校实验室废液的管理，防止实验室废液污染环境，维护环境和公共安全，保证师生身体健康，做好实验室废液的处置工作，非常有必要建立规范化的废液管理机制。

一、建立废液管理制度

建立实验室废液管理制度是对废液进行规范化管理的前提和保障。对废液进行管理是建设绿色化校园的重要组成部分，要将其纳入学校的日常管理工作，并由主管教学的副校长亲自监督这项工作的落实。学校每年都要有用于废液处理的专项经费，高中化学实验室要按照《高中理科教学仪器配备标准》的要求配备废液处理装置，存放废液要有专门的场地。要将做好废液处理工作纳入《中学化学实验教师岗位职责》，记入实验教师工作量，并作为考核内容之一。在《学生化学实验守则》中要明确规定“实验后要按照要求将废液倒入指定的容器，不可随意排放”。在学生实验过程中，教师有责任指导和督促学生对废液进行收集。此外，由于某实验室不需要的试剂对于其他实验室并非完全无用，因此提倡信息共享，建立试剂交换再利用的机制。例如，在一个地区各校统一安装基于互联网的“化学试剂管理系统”，使教育行政主管部门、各学校领导和教师都能实时了解各校实验室化学试剂的库存状况，减少试剂配备的盲目性，使试剂在学校之间进行交换，尽可能地提高试剂利用率，最大限度地降低废弃试剂量。

二、危险废液的识别与分类

废液，顾名思义是指液态废物。废物可分为危险废物和非危险废物，因此废液也分为危险废液和非危险废液。通常所说的废液，如果不加以特殊说明指的是危险废液。危险废物是指列入《国家危险废物名录》或者根据国家规定的危险废物鉴别标准和鉴别方法认定的具有危险特性的固体废物，通常具有毒害性、易燃性、腐蚀性等特征。尽管中学化学实验室产生的废液大部分属于危险废液，但是并非全部都是危险废液。如果对危险废液和非危险废液不加区分地全部回收，则势必增加用于废液处理的人力物力，提高废液管理成本，造成不必要的浪费。

那么，如何来识别危险废液呢？

一般来说，氯化钠、醋酸钠、硫酸钙、淀粉、蔗糖等普通无机盐类及无害有机物，一般均为无毒性及低反应性物质。只含有这类物质的废液属于非危险废液，通常无需处理，可以直接排入下水道。

强酸、强碱溶液具有强腐蚀性，含重金属盐类的废液具有较强毒性，多数有机废液具有毒性或易燃性，以上几类废液均属于危险废液，必须回收，绝对不能直接排放。分子中含四个碳以下的醇、醛及酸类，通常水溶性高，且易被微生物分解，因此在量少时不视为危险废液。

为了便于废液的收集和处理，应该建立统一的废液分类标准。建议按照以下方法对实验室危险废液进行分类：

1. 含卤有机废液，指含卤素的有机废液。如三氯甲烷、四氯化碳、溴乙烷、溴苯等。

2. 不含卤有机废液，指不含卤素的有机废液。如甲醛、乙酸乙酯、苯、甲苯、二甲苯、硝基苯、苯酚、苯胺、石油醚等。

3. 含氰废液，指含有氰化物的废液。

4. 含汞废液，指含有汞及其化合物的废液。

5. 含 6 价铬废液，指含有 6 价铬化合物的废液。

6. 含重金属废液，指含有一种或多种重金属离子（如镉、镍、铅、铬、铜、锌、银、锰等离子）的废液。

7. 含氟废液，含有氢氟酸或其他氟化物的废液。

8. 废酸，含有硫酸、硝酸、盐酸、磷酸等的废液。

9. 废碱，含有氢氧化钠、氢氧化钾、氢氧化钙、碳酸（氢）

钠、碳酸（氢）钾、磷酸钠等的废液。

研究显示，在中学实验室废液中没有“含氰废液”。实际收集废液时，如果废液中含有多种成分，则以其中有害性最大的化合物的类别进行归类。例如，某无机废液中既含有汞离子，又含有铜离子，则应将此废液归为第 4 类“含汞废液”。

三、废液处置流程

实验室废液具有量少、种类多、浓度大、排放不连续等特点。实验之后，根据废液的类型，先将废液分类收集在容器中，暂时储存在实验室，待累计至一定数量后，再进行集中处置。处置办法包括自行处理和转移处理两种。自行处理是指根据实验室条件（如利用化学实验废液处理装置），在能力所及范围内自行对容易处理的有毒有害废液（如某些无机废液）就地进行无害化处理，具体方法可参见本章第四节“废液处理方法”。转移处理是指对在实验室难以处理的废液（如有机溶剂等）可转移给有经营许可证的专业处理公司进行处理。以下是在实验室处置废液的流程图：

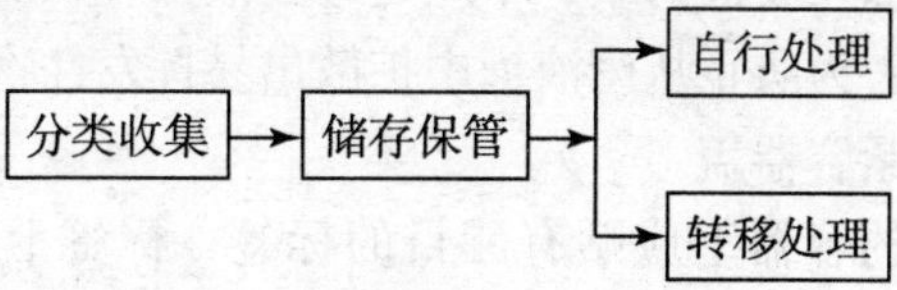

图 4-3-1　实验废液处置流程图

就我国目前的情况看，有资质的危险废物处理公司还比较少，收费也比较高。按照上述废液处置流程来区别处置废液，不但可以减少废液对环境的污染，而且也降低了废液处理的费用，是一种行之有效的方法。需要说明的是，不论是自行处理还是转移处理，都应得到环保部门的许可并受到监管。处理过程中产生的废渣也应妥善处置，以免产生二次污染。

1. 废液的分类收集。

发达国家的经验表明，在产生废液的源头对废液进行分类收集是非常重要的程序，是对废液进行有效处理的前提。可以根据上文介绍的分类方法，将废液收集在规定的容器中。收集废液时要注意，由于废液之间有可能相互发生化学反应，放出大量的热，或引起爆炸，或释放出有毒气体而造成危害，所以严禁把相互间易发生剧烈化学反应或反应后会释放有害物质的废液混合收集。例如，下表中A、B两栏中的废液不能相互混合。

A栏	B栏
氢氟酸、盐酸等挥发性酸	不挥发性酸
铵盐、挥发性胺	强碱
硫化物、次氯酸盐	酸
过氧化物	有机物

2. 废液的储存保管。

要选择洁净、无破损、不易被废液腐蚀、带有密封盖的容器来盛放废液。例如，可统一使用半透明的高密度聚乙烯（HDPE）容器。废液桶中加入废液的量，不应超过废液桶容积的70%～80%，不能装至全满。为防止从废液桶中扩散出易挥发性物质，每次倾倒废弃物后应盖紧容器盖。

储存废液的容器上应贴有醒目的标签，标签上要标明废液种类、成分、大致浓度、储存时间等内容，以保证废液信息完整，利于对废液的全程管理和最终处理。为了更好地起到警示作用，标签上最好还要有危险警示标志。

储存废液要选择能保证废液不受自然外力，包括风、雨等破坏的地点。尽可能避光存放，还要远离热源，以免加速某些化学反应。储存时间不宜过长，要定期进行处理。非指定人员不得进入储存废液的场所。含有剧毒、易燃、易爆药品的废液的储存应符合危险品管理规定的有关要求。实验室储存的废液必须有专人管理，管理者应定期检查储存场所及储存的废液，包括检查容器是否有漏液、被腐蚀或密封不良等现象。废液的管理者要对收集的废液种类、数量、时间进行登记，以便随时查对。

3. 废液的转移清运。

不能自行处理的废弃物，必须送交环境保护行政主管部门认可、持有危险废物经营许可证的单位处置。在移交废液时，应严格执行转移联单制度。具体办理手续可以与当地县级以上环保行政部门联系，按环保部门的要求进行转移处置。绝不可将危险废物提供或者委托给无经营许可证的单位从事收集、储存、利用等经营活动。

第4节 废液处理方法

实验室废液的处理是一项十分重要而且难度较大的工作。不仅过程烦琐、不易坚持，而且专业性也比较强。在实验室工作的人员不仅要有较强的环保意识和责任心，而且还要掌握一定的废液处理知识、技能和方法，才能真正做好实验室废液的处理工作。

一、实验室处理废液的一般方法

在实验室处理废液，处理方法不但要简便易行，处理效率高，投资小，而且应尽最大可能使其被综合利用。

通常可采用加入化学药品将有害物分解、固化或转化生成其他无毒或低毒的化合物的方法来达到处理的目的。以下是几种在实验室常用的废液处理方法。

1. 混凝法。

利用混凝剂将废水中的胶体、悬浮固体凝集成较大的可沉降的固体，从而由水中分离出来。常用的混凝剂有硫酸铝、氯化铁、多元氯化铝（PAC）以及其他聚合物等。

2. 沉淀法。

向废水中加入某种化学试剂，使之与其中的污染物发生化学反应生成沉淀，然后进行分离。常用的沉淀剂有氢氧化物、碳酸盐及氯化物等。例如，将氢氧化钠用于重金属废液，当 pH 提高至 7.0 时，废水中 Ag^{+} 的去除率达 97.6%，Pb^{2+} 达 94.6%，Hg^{2+} 达 42.03%，Cr^{3+} 达 80.2%；再提高 pH 至 9.0 时，去除率可分别再增加 2%～5%。因此，常使用氢氧化钠来除去废水中的 Cd^{2+}、Cu^{2+}、Pb^{2+}、Ni^{2+}、Cr^{3+} 等重金属离子。

3. 氧化还原法。

在废水中溶解的某些有毒有害物质，可通过氧化还原反应使其转化成无害物或易从水中分离除去的形态。例如，处理废水中 6 价铬就可以采用加入还原剂，将其还原到 3 价，然后 3 价铬离子与氢氧根离子作用生成氢氧化物沉淀而被除去的方法。常用的还原剂有硫代硫酸钠、硫酸亚铁等。

4. 中和法。

当混合无危险时，将废酸、废碱混合，使之中和。

5. 吸附法。

利用吸附剂如活性炭等物质，吸附除去有毒有害物质。吸附法可用于处理实验室含重金属的废水及含有机溶剂的废液。

6. 萃取法。

选用与水不互溶但能够较好地溶解污染物的萃取剂，使其与废水充分混合后提取污染物，达到净化废水的目的。

7. 离子交换法。

利用离子交换树脂除去无机离子。该法可应用于实验室废水中有用物质的回收及废水处理。

二、常见实验废液的处理方法

1. 有机物废液的处理。

处理有机类废液一般可采取焚烧法、溶剂萃取法、氧化分解法、水解法和生物化学处理法。对用量较大的有机溶剂要尽量回收，重复使用。

对于甲醇、乙醇、醋酸等可溶于水的废有机溶剂，由于其能被细菌分解，所以对含这类物质的稀溶液，只要用大量的水稀释后即可排放。对于毒性较大的有机溶剂如三氯甲烷、四氯化碳、苯等绝对不能随意倾倒。

处置废有机溶剂较好的方式是回收再利用，以减少浪费。具体做法是，实验后暂时将有机废液分类收集存放，然后集中处理。回收处理有机溶剂时，通常先在分液漏斗中洗涤，将洗涤后的有机溶剂进行蒸馏或分馏处理，若得到的有机溶剂纯度较高，则可重复使用。由于大部分有机溶剂易燃，因此实验室有机溶剂的处理需格外小心，回收有机溶剂的操作要在通风橱中进行。下面介绍实验室常见废有机溶剂的回收处理方法。

对于含碘的四氯化碳废液，可将其倒入分液漏斗，然后加入氢氧化钠溶液，振荡，待混合液由紫色变为无色后停止振荡。静置，分液，收集下层的四氯化碳。

石油醚废液可用10%的氢氧化钠溶液洗涤一次，再用纯水洗涤两次，除去水层，以无水氯化钙干燥，过滤后在水浴中加热蒸馏进行回收。

乙酸乙酯废液可用水洗涤几次，用无水硫酸钠干燥后蒸馏，收集76～77 ℃的馏出液备用。

有机溶剂焚化处理也是可以考虑的处理方式。但对于含有卤素及硫的溶剂，应注意其燃烧之后产生的废气对环境的污染。

对于难以自行处理的有机废液，应集中存放在废液桶中，定期送交给由环保部门指定的、有废液处理资质的公司处理。

2. 含汞废水的处理。

对含汞废液，因其毒性大，经微生物等的作用后会转变成毒性更大的有机汞化合物。因此，处理时必须做到充分除净和安全可靠，可用硫化物共沉淀法、活性炭吸附法或离子交换树脂法进行处理。

具体方法是，先将含汞盐废液的 pH 调节至 8～10，然后加入过量的硫化钠，使其生成硫化汞沉淀。再加入硫酸亚铁与过量的硫化钠反应生成硫化亚铁沉淀，并将悬浮在水中难以沉淀的硫化汞颗粒吸附共沉淀，经固液分离后排放。

3. 含铬废水的处理。

在一般实验室废水中，铬通常以 6 价铬（CrO_4^{2-}、$Cr_2O_7^{2-}$）和 3 价铬（Cr^{3+}）的形式存在。6 价铬的毒性比 3 价铬大得多。因此，处理含铬废液时主要是把 6 价铬还原为 3 价铬来降低毒性。然后再提高溶液的 pH，生成 $Cr(OH)_3$ 沉淀除去。

具体做法是，用酸将含 6 价铬废水的 pH 降至 3 左右，再用还原剂如亚硫酸氢钠或硫酸亚铁等将 6 价铬还原为 3 价铬，之后加入废碱液或熟石灰，控制 pH 为 8～9，使 3 价铬以氢氧化物的形式沉淀，过滤分离沉淀后可排放。

4. 含其他重金属离子废水的处理。

对含有镉、铅、锌、锰、镍、铜等重金属离子的废液，可用氢氧化物共沉淀法或硫化物共沉淀法，把重金属离子转变成难溶于水的氢氧化物或硫化物，然后用过滤或倾析法将沉淀分离。为提高沉淀物的沉降速率，可加入混凝剂（如氯化铁、硫酸铝等）。滤液经检验不含重金属离子后再排放。沉淀物经浓缩、脱水程序可进一步固化。

例如，处理含铅、铜、锌离子的废水时，可加入氢氧化钠溶液，充分搅拌，调节 pH 为 8～9，使重金属离子转变为难溶于水的氢氧化物沉淀；然后加入混凝剂氯化铁溶液，即产生 $M(OH)_2$ 和 $Fe(OH)_3$ 共沉淀。经过滤分离沉淀物，滤液经检验不含这些重金属离子之后，废水即可排放。

5. 含钡废水的处理。

使用沉淀法，向废液中加入硫酸钠溶液，过滤除去沉淀后即可排放。

6. 含酸碱废水的处理。

酸和碱具有腐蚀性，在混合无危险时，可将含酸和含碱的废液相互中和。剩余的酸或碱可用氢氧化钠或稀硫酸中和，用 pH 试纸检查废药液的 pH 为 6～9 后即可排放。处理废酸也可以考虑使用生石灰，其优点是价格较便宜，缺点是溶解度不高，反应较慢，污泥产生量较多。当实验室酸碱废液量不大时，也可采用稀释法处理。

三、废液处理注意事项

在处理废液时，一般应注意以下事项。

1. 先采用物理分离法，将沾附有害物质的滤纸、药棉、活性炭等物质从废液中拣出，并将沉渣分出，单独进行处理，以减少废液的处理量。

2. 必须充分了解废液的主要性质，在按计划加入少量所需的药品时，要边观察反应情况边进行操作，并对可能产生的有毒气体、发热、喷溅及爆炸等危险有所准备。

3. 尽量选用无害或易于处理的药品，防止二次污染。要本着“以废治废”和节约的原则进行处理。例如，应尽可能利用废酸液来处理废碱液。

4. 应在通风橱内处理废液。处理废液时要戴防护眼镜、橡胶手套和口罩，防止突发事故的发生，保证人身安全。

5. 对于用量较大的有机溶剂，原则上要进行回收利用。

6. 处理废液后所产生的污泥也应妥善处理。一般可采用浓缩、脱水、干燥或燃烧等方式处理。尤其是处理含重金属离子和其他有毒物质等废水所产生的污泥，则更应进一步进行固化处理，妥善储存，送至环保部门开辟的危险废弃物掩埋场进行处理。

参考文献

[1] 梁文平，唐晋．当代化学的一个重要前沿——绿色化学[J]．化学进展，2000（2）：228．

[2] 朱清时．绿色化学［J］．化学进展，2000（4）：410．

[3] 闵恩泽，傅军．绿色化学的进展［J］．化学通报，1999（1）：10．

[4] 焦蓉．建立绿色化的高中化学实验及实验教学新体系[J]．化学教学，2007（11）：6．

[5] 张玉彬，章端．如何在中学化学实验教学中体现绿色化学思想［EB/OL］．［2006-12-8］http：//chem. cersp. com/HXJS/200612/2125. html.

[6]《化学教学》编辑部．化学活动课及微型实验设计与实践[M]．北京：民主与建设出版社，1999．

[7] 胥会敏．化学实验教学的新亮点——微型化学实验［EB/OL］．［2006-12-27］http：//chem. cersp. com/HXJS/200612/2317. html.

[8] 王磊．中学化学实验及教学研究［M］．北京：北京师范大学出版社，2009．

[9] 张改香，赵明志．利用微型实验培养学生创新思维的初步探索［J］．发明与创新，2007，增刊：103．

[10] 刘一兵，沈戮．关于微型化学实验课程资源开发和利用的思考［J］．发明与创新，2007，增刊：97．

[11] 张奉国．铜和稀硝酸反应的实验改进［J］．实验教学与仪器，2005（6）：18．

[12] 林宝凤等．基础化学实验技术绿色化教程［M］．北京：科学出版社，2003．

[13] 王磊，魏锐，范林. 传感技术——化学实验探究手册[M]. 北京：北京师范大学出版社，2007.

[14] 毕华林. 化学新教材开发与使用 [M]. 北京：高等教育出版社，2003.

[15] 周宁怀. 微型无机化学实验 [M]. 北京：科学出版社，2000.

[16] 李安峰，卢巍，赵峰. 微型实验与化学新课程改革 [J]. 化学教学，2005 (10)：4.

[17] 唐静. 浓硫酸与铜反应演示实验的改进 [J]. 实验教学与仪器，1999 (7-8)：15.

[18] 高传理. 关于铜与浓硫酸反应实验的几点改进意见 [J]. 湖北中小学实验室，2001 (4)：15.

[19] 杨丽君，沙丽丽. 铜与浓硫酸反应实验的探究 [J]. 玉溪师范学院学报，2006 (12)：43.

[20] 华文清. 氨的喷泉实验创新设计 [J]. 化学教育，2007 (9)：49.

[21] 李保山. 基础化学 [M]. 北京：科学出版社，2006.

[22] 斯琴高娃，乌云. 银镜反应实验研究 [J]. 化学教学，2006 (12)：4.

[23] 李安峰，张景玉. 巧做蛋白质的盐析实验 [J]. 化学教学，2008 (4)：11.

[24] 曹干林，肖超斌. 蛋白质盐析的实验探究 [J]. 化学教育，2008 (6)：59.

[25] 曲福祥，宋淑明，刘本强. 甲烷与氯气取代反应实验的改进 [J]. 化学教学，2006 (9)：7.

[26] 刘怀乐. 中学化学实验求证与探索 [M]. 重庆：西南师范大学出版社，2002.

[27] 翟志勇，金前英. 对“石蜡的催化裂化”实验微型化改进新探索 [J]. 化学教学，2008 (8)：8.

[28] 顾晔. 对实验“四氯化碳萃取碘水中碘”的探究 [J].

化学教学，2007（3）：7.

[29] 满旭. 从碘的四氯化碳萃取液中回收四氯化碳的探究 [J]. 化学教学，2007（9）：9.

[30] 杨基松. 几个创新设计和改进实验的介绍 [J]. 化学教学，2007（5）：8.

[31] 王金龙，丁爱军. 溴乙烷消去反应的实验探究与反思 [J]. 化学教育，2009（2）：62.

[32] 谢劲松，丁渝. 溴乙烷消去反应实验创新 [J]. 中学化学教学参考，2009（5）：49.

[33] 黄秋玲. 乙醇催化氧化成乙醛实验装置的探究 [J]. 化学教育，2006（1）：57.

[34] 蒋海明，杨赶龙，唐煜等. 乙醇氧化生成乙醛演示实验的创新与改进 [J]. 化学教育，2006（5）：57.

[35] 彭贤春. 乙炔制备实验的探析 [J]. 化学教学，2006（9）：9.

[36] 王娜，白新瑞. 新教材中乙酸乙酯制取实验的改进 [J]. 化学教育，2008（9）：59.

[37] 刘波，王程杰. 对乙醇脱水制乙烯实验的新研究 [J]. 化学教学，2007（5）：12.

[38] 朱恩. 浅谈中学微型化学实验的三个问题 [J]. 化学教学，2002（4）：8.

[39] 刘建，徐学良，刘富裕. 水污染及其危害 [J]. 地下水，2004（3）：167.

[40] 彭实，陈允任，张学运等. 普通高中实验室废液量及其主要污染物的研究 [J]. 化学教学，2009（6）：23.

[41] 刘知新. 基础化学实验大全 [M]. 北京：北京教育出版社，1991.

[42] 杨建设，刘琳. 实验室废液的处理方法 [J]. 安徽农业技术师范学院学报，1998（1）：47.

[43] 王家祺. 关于化学实验室废液处理的探讨 [J]. 化学教

育，1998（3）：30.

[44] 李霞荣. 实验室废液处理的几种方法 [J]. 宿州师专学报，2001（3）：103.